贝克欧洲史 — 08

C. H. Beck Geschichte Europas

Lutz Raphael

Imperiale Gewalt und mobilisierte Nation: Europa 1914 –1945

©Verlag C.H.Beck oHG, München 2011

Arranged through Jia-xi Books Co., Ltd. / Literary Agency.

封面图片为《希特勒青年团》，拍摄者不详；

封底图片为《希特勒青年团制服》，收录于Die Uniformen und Abzeichen,

Fahnen, Standarten und Wimpel der SA, SS, HJ, des Stahlbelm, Brig. Ehrhardt,

Amtswalter, NSBO, NSKK。

〔德〕鲁兹·拉斐尔——著

Lutz Raphael

帝国暴力

民族动员 和

IMPERIALE GEWALT

UND

MOBILISIERTE NATION：

EUROPA

1914－1945

1914~1945年的
欧洲

秦　祎—译

社会科学文献出版社

SOCIAL SCIENCES ACADEMIC PRESS (CHINA)

丛书介绍

"贝克欧洲史"（C.H.Beck Geschichte Europas）是德国贝克出版社的经典丛书，共 10 卷，聘请德国权威历史学者立足学术前沿，写作通俗易读、符合时下理解的欧洲史。丛书超越了单一民族国家的历史编纂框架，着眼欧洲；关注那些塑造每个时代的核心变迁，传递关于每个时代最重要的知识。如此一来，读者便可知晓，所谓的"欧洲"从其漫长历史的不同阶段汲取了哪些特质，而各个年代的人们又对"欧洲"概念产生了何种联想。

丛书书目

本卷作者

鲁兹·拉斐尔（Lutz Raphael）是德国历史学家，自1996年起在特里尔大学担任现当代历史教授，并在巴黎社会科学高等学院、巴黎第七大学、柏林洪堡大学、牛津大学圣安东尼学院、伦敦政治经济学院和伦敦德国历史研究所担任客座教授和研究员。2007年至2013年，拉斐尔担任德国科学与人文理事会成员。2014年，他成为美因茨科学与文学学院院士。他于2013年荣获莱布尼茨奖。

本卷译者

秦祎，中国人民大学哲学博士，法国巴黎高商管理学硕士，美国哥伦比亚大学社会学硕士，挪威奥斯陆大学哲学学士，旅居欧美十余年，曾任奥斯陆市政府翻译处中挪笔译员。

目　录

导　言
帝国暴力与民族动员时期的欧洲

　　20世纪上半叶标志着欧洲历史的一个重要转折点。欧洲在此前和此后都经历了很长的和平时期。这同时也给欧陆大部分的主要地区带来了未曾预见的经济增长和社会活力。两次世界大战确切的战争死亡人数尚不清楚。特别是对欧洲东部地区来说，估值有时存在很大差异。多数研究者认为，发生在欧洲（包括苏联）的两场战争可能导致超过5600万人死亡（超过1400万人死于第一次世界大战，约4200万～4400万人死于第二次世界大战）。[1]内战和暴力冲突又导致另外800万～900万人死亡，西班牙型流行性感冒则夺取了超过200万人的生命，发生于1921～1922年和1930～1931年的苏联饥荒又造成了1100万～1200万人死亡。如果我们还记得，1920年共有4.59亿人生活在欧洲和苏联的欧洲部分，而这些令人扼腕的损失仅发生在弹指30年间，那么，其严重程度便一目了然了。

　　对于幸存者来说，这几十年也是经济动荡和物资困难的时期。在战争期间和战后的年代里，重要物资是限量配给的。在许多地方，通货膨胀导致了储蓄贬值。正如1923年在德意志国（Deutsches Reich）①所发生的一样，这种情况有可能进一步导致货币崩溃。最终，一场世界性经济危机震荡了欧洲大

---

①　德意志国（Deutsches Reich）是德国1871～1943年的正式国号。本书脚注均为译者所加。

8 陆。在 1929 年至 1936 年间，这场危机给除苏联外的整个欧洲都留下了一道深深的印记。

然而，这个时代的恐怖远不止于此。除此之外还有流离失所、大逃亡、驱逐和种族大屠杀。相比之下，这个时代仅仅给人们的日常生活带来了极少的进步——尽管少，但依然有进步。这些进步主要出现在卫生、健康，物质财富和技术工业创新领域。欧洲开始变为世界上相对繁荣且技术工业发达的地区。这一转变从 18 世纪开始从西北欧向外蔓延。戏剧性的政治和军事事件短暂地延迟并破坏了这一趋势。尽管如此，经济、社会和文化的变革进程依然在向前发展。冲突和暴力甚至还在一定程度上加速了这一进程。

倘若将欧洲的科学家、艺术家和知识分子在科学和文化方面所取得的成就都囊括在内，这段时期所交出的答卷则会更加耀眼夺目。如果没有这种现已成为"经典"的现代性及其在艺术、文学、电影和建筑方面的前卫性，我们当前对艺术和文学的理解几乎是不可想象的。这里，我们不妨同另一个革命式的年代相较，即 1780 年至 1820 年的几十年。在此期间，欧洲无论在知识和文化产出方面，还是在政治军事的戏剧性方面，都达到了前所未有的程度。正如那时，在 20 世纪上半叶，欧洲大陆又变成了一块试验田，供激进而富有野心的未来计划和创造设想所用。

相应地，两次世界大战的那段时间曾经存在且仍然存在于欧洲各国的历史文化及集体记忆之中。争议话题的清单很长，囊括了第一次巴尔干战争和第一次世界大战中的驱逐、屠杀和"种族清洗"，1914 年 7 月的战争责任问题，20 世纪三四十年

9 代发生在苏联的犹太人大屠杀、饥荒、驱逐和大规模杀戮，以及被"第三帝国"占领的国家和地区之间在通敌与抵抗之间的冲突，等等。在所有这些情况中，记忆都将国家和政治阵营划

分了开来。我们至多承认关于犹太人大屠杀和第一次世界大战的受害者的记忆是欧洲的共同记忆。

对这个时代的历史研究可谓浩如烟海。大量的细致知识和专门研究使之成为欧洲悠久历史中被研究最多的阶段。仅是介绍性文字，再加上对两次世界大战、犹太人大屠杀、极权主义（totalitär）和威权主义（autoritär）独裁、《凡尔赛条约》后果的解读之争，就值得被写成一系列专著。

因此，接下来的篇章须在很大程度上删芜就简。我们需另辟蹊径，在一些较新的争论之间建立联系——这些争论关系到这个时代在 18 世纪后的欧洲史上的地位。在最近对欧洲历史的各种叙述中，有一种解释方法变得尤为受欢迎。这种方法将欧洲这 50 年的灾难归咎于欧洲的"现代性"（Moderne）及其在欧洲社会与文化方面的发展势头。更早的一种讲述方式受到了新方法的反对。早先，内战和两次世界大战的主要原因被归结于保守势力和有倒退危险的社会团体的反抗。在最近的争议中，这种论调不再占据上风。人们提到更多的是：自 19 世纪 80 年代以来，欧洲社会在工业化、政治参与、文化自由化进程中所经历的变化越来越快。面对如此多的"问题"和"骚乱"，在政治上和文化上的回应，一言以蔽之就是"混乱"。现代化势头所遗留下来的这种混乱既具多样性，又具争议性。许多人为这种现代性设计了崭新、稳定的"秩序"。在第一次世界大战、内战和经济危机发生之后，所有这些设计蓝图中最极端、最暴力的一个秩序设计在德意志国、苏联和意大利占据了上风，并把其解决问题的想法贯穿到不断螺旋上升的暴力、恐怖和战争中来，席卷了欧洲的大部分地区。因此，在第二次世界大战中，欧洲变成了暴力且极端的社会变革的大舞台。在东欧和东南欧，随着有斯大林特色的苏联模式得到强力推行，这一阶段甚至持续到 20 世纪 50 年代。[2]

这种新的宏大叙事（Großerzählung）①解释了 1880 年至 1914 年间在快速现代化的进程中失控的暴力。但在最近，尤其是那些研究 1953 年斯大林去世之前的布尔什维克主义历史的史学家们，对此提出了质疑。他们指出，过度暴力不能仅仅通过那些现代秩序蓝图自身的势头来解释；农村落后的生活条件、国家行政及现代法律秩序的无力和孱弱，再加上传统生活世界（Lebenswelt）的影响力，才助长并常常引发了过度暴力。最近，对东南欧种族清洗、驱逐和屠杀的研究也描绘了一幅更加复杂的图景，其中凸显了传统冲突的暴力倾向、羸弱的国家以及脆弱的社会结构。

自 18 世纪中叶以来，欧洲越来越多的地区逐步发生了根本性的结构变革，催生了工业和大城市，促进了教育、科学和技术发展，并且使日渐增长的大众福利成为可能，但这种变革与 20 世纪上半叶爆发的暴力事件之间并无直接联系。诚然，这些变化的基本进程和这一时代的动荡之间显然存在某种联系。最恰当的描述是"现代"秩序模式与这一基本进程之间是相互作用的。

11　　　最迟在法国大革命之后，欧洲历史一直以开放的未来可能性为特征。欧洲的各个社会开始将自己的文化、政治、经济诠释和设计为"摩登的"（modern）、可以在历史中变化的秩序。与此同时，在 19 世纪，行动和叙事空间变得越来越大。自 19 世纪 80 年代以来，借着工业化生产势头、科技创新和人民日益提高的政治参与度，回旋余地的增长速度远超过去 100 年。1880 年后的几十年间，文化和政治蓝图日益增多，社会经济

---

① 宏大叙事（Großerzählung）是法国后现代主义哲学家让－弗朗索瓦·利奥塔（Jean-Francois Lyotard）首先提出的说法。在他看来，知识是具有叙述性的，关于历史的知识亦是一种叙事。宏大叙事力图挖掘各种历史事件之间的内在联结，以从整体上解释历史，并构成一套能够自圆其说的叙事体系。

变革日益加快，这都将这段时间造就为战争时代最直接的前传
（Vorgeschichte）。

　　欧洲与当时世界上少数其他几个地区一样，变成了一间
现代性的实验室。社会专家以及学者、艺术家、政治家、工程
师和企业家们设计了新的秩序模式、政治形式、生活计划和环
境。规划和乌托邦成为不知所起的发展趋势与现代的对秩序的
（人为）设计之间密切互动的重要表现，现在在整个欧洲被广
泛讨论，同时反映具体的地区或国家的情况。这是必须考虑欧
洲主要地区之间巨大差异的另一个原因。

　　如果我们从 19 世纪末向前回溯到该世纪伊始，便会发现，
东欧和西欧、南欧和北欧之间的对比更强烈了。在早先的历史
时期中，这些地区就产生了宗教、文化和政治方面的不同。在工
业化、扫盲、现代国家行政或是民族建设方面迥异的势头，进一
步深化了这些不同。因此，尽管这些异质的地区之间存在暴力上
的，特别是与战争有关的相似之处和联系，但在讲述这一阶段的
欧洲历史时，也必须将其视为一段关于地区差异以及有地区特性
的发展路径的历史。但在所有地区中，我们依然可以观察到相同
的现代化的基本进程。然而，无论使其加速还是减速，掌权者首
先还是要按照自己的秩序蓝图对这一进程进行操纵。

　　欧洲这些在现代性领域的、利用现代性所进行的实验的广
度与活力影响了一个更广阔的时间范围。这一范围超出了我们
在这里所关注的 20 世纪上半叶，直到 20 世纪 80 年代。有些
解读方式则认为其影响直至今日。本书既然着重介绍 20 世纪上
半叶，便应当重点关注这一较短历史阶段的特别之处。一方面，
在世界大战的几十年间，意识形态的对抗同社会阶层和社会种
族群体之间的冲突交织在了一起。在欧洲几乎所有地方，这些
冲突和对抗都变得尖锐起来，且超出了纯粹的经济利益冲突的
范围，变成了为了维护或贯彻政治和社会秩序模式以及未来蓝

12

图而进行的斗争。大罢工、强制停工 ①、示威游行、社会动荡、武装民兵和执法部队之间的巷战……简而言之，社会暴力的失控和内战是这一时期社会冲突常见的表现形式。这表明，既定社会秩序的合法性受到了深深的动摇。相应地，那个时代的人普遍有一种正在经历一个"危机阶段"的想法；而且，这些人中的一部分还期望通过极端的政治手段来解决这一社会危机。

在欧洲这一非常狭小的空间内，有两种共存的政治秩序模式，即帝国（Imperium）和民族（Nation）。漫长的 20 世纪中的世界大战时期还受到了二者之间的冲突的影响。"帝国的负隅顽抗"（die Beharrungskraft der Reiche）⁵ 是一个参照点，它将欧洲历史与国际历史紧密地连接在一起。从全球历史的角度来讲，1880 年至 1945 年的这段时间可被视作帝国权力释放和竞争的顶点。一方面，这导致了第二次世界大战前夕欧洲殖民统治的高潮；另一方面，这导致了主要帝国主义国家之间在全球范围内的军事和外交冲突。自世纪之交以来，这些国家包括英国、法国、俄国、德意志国以及美国和日本。在欧洲，帝国圈还包括哈布斯堡和奥斯曼帝国，但它们在这一阶段已经没有足够的能力去征服殖民地了。

帝国主义的时代并未随着 1918 年的结束而终结，也没有随着奥匈帝国、俄罗斯帝国和奥斯曼帝国的解体而告终。日本、美国以及欧洲的意大利提出了新的主张，作为盟友，法国和英国也并不只是袖手旁观。在战间期（Zwischenkriegszeit），德意志国和苏联重新崛起为强国。这些新竞争者为了争取大国地位、谋求帝国扩张，所采取的政策具有以下特征：权力竞争不断加剧，国内政策（尤其是经济政策）严格以保持或扩大军事

---

① 强制停工（Aussperrung）指的是雇主通过禁止工人进入厂房等手段，阻止工人进行工作的行为。在劳动争议中，雇主可通过这种手段，强迫工人接受雇主方提出的条件，如更低的工资等。

力量为目标。如果不考虑这些方面，德国、意大利和苏联所造成的政治和社会激进化，以及他们导致的由战争引起的过度暴力都无法得到充分解释。

这些帝国虽不尽相同，但它们作为一种秩序模式，仍具有一些标志性特点：在其中生活的不仅是公民，而且更是在被征服和吞并的领土上的殖民地臣民；因此，它们的人口在宗教、语言和种族方面都呈现出多样性；而且，只有其中的极少数人参与了将帝国团结在一起的政治统治和精英文化。在全球的背景下，以上所有欧洲帝国都具有这些特点；与此同时，在欧洲之内，尤其是东部的三个王国——罗曼诺夫、奥斯曼和哈布斯堡——也表现出了这种异质性；此外，爱尔兰在大英帝国的境况也提醒着我们，在欧洲之内，大英帝国并非完全缺乏这些标志性特点。尽管如此，就欧洲西部的四股帝国主义势力（大不列颠、法国、德国和意大利）而言，它们同时也是民族国家的典型代表。

一个民族（Nation）①是由什么构成的，尤其是谁属于它、其合法边界在哪里，这些是 19 世纪和 20 世纪欧洲政治的关键问题。相应地，有关民族和民族主义的研究创造了许多定义，并引发了不少争议。首先我们要注意，民族是一个关于秩序的理念，它对国民的政治和文化共同体建设提出了最低要求：这一共同体的成员是一个国家（Staat）的公民，他们不再仅是臣民，因此他们享有（依然永远受限的）参政权，并且通过共同的历史，也通过语言或文化联结在一起。我们还需感谢法国宗教学学者欧内斯特·勒南（Ernest Renan）为我们提供了一

14

---

① 有学者指出，民族（Nation）一词应被翻译为"国族"，以与以共同的血缘、语言、社群等为特征的人类学概念"民族"或"族群"（ethnische Gruppe）区分开来。"国族"是政治维度上的概念：不同的民族可以在同一个政治实体（国家）内凝聚成同一个国族。除特殊标明外，本书中的"Nation"依旧被翻译作"民族"或"国家"，"Nationalismus"和"Nationalstaat"也相应地被翻译成"民族主义"和"民族国家"，而非"国族主义"和"国族国家"。

个最为精辟的表述。对他来说，民族就是"日复一日的全民公决"，是一个政治意志共同体，但同时也是一个"巨大的团结共同体。它由一种牺牲感所构成；这既包括人们曾经做出的牺牲，也包括人们甘愿继续做出的牺牲。它须以一个过去为前提"。[6]

自 1789 年法国大革命以来，"民族"这一秩序模式已经开始在欧洲取得胜利。但它远未在各处都取得权力政治上的成功，在意识形态方面也还不具有强大的说服力，因此，它还不具备无可辩驳的有效性。因为与帝国秩序相比，这一概念在语言、文化、历史和经济条件方面需要更多的先决条件。一个民族若想成为一个既有说服力又有效力的政治理念，还需依赖一个社会文化联系网络，以及成员之间的经济交流。然而，欧洲各地还远不具备这些条件。这些秩序原则的激进的开路先锋们也深信，必须具备一定规模的领土和人口，才能组建起一个民族和一个民族国家。这些领土和人口，大多与之前的统治建设密切相关。这在 19 世纪和 20 世纪的欧洲不可避免地造成了歧视性的影响和各种冲突。民族具备将权力政策以及文化和语言政策强加给外国人和邻国人的执行能力，还具有战胜帝国的意志，以及对其公民参与权的承诺。像迪特·朗格维舍（Dieter Langewiesche）所指出的那样，我们应把公民参与权和对外国或邻国的侵略理解为民族国家建设的重要伴随现象：就这种秩序模式而言，"价值共同体"和"权力机器"是硬币的两面。[7]

欧洲大多数国家可以算作中等大小的民族国家，当我们考量这样的国家时，国（Reich）和民族这两种政治秩序建构之间的紧张关系也会变得清晰起来。

在大国竞争和充满危险的气氛中，各民族国家或像荷兰、比利时、西班牙和葡萄牙一样，通过维持其殖民帝国来弥补欧洲内的竞争弱势；或像波兰、南斯拉夫那样，试图扮演地区领导的角色。最近的研究越来越强调欧洲殖民主义的连续性，以及这种殖民主义与欧洲大陆特有的帝国主义形式的融合。在这里，我们也会关注它对欧洲内部发展的影响。帝国式的权力主张及自我认识在许多方面都露出了蛛丝马迹，例如日常生活和消费中的许多殖民主义影射、政治宣传，以及政治领导阶层和文化商业精英们所倡导的社会达尔文主义式的民族主义。帝国主义的权力主张以多种方式同具有种族主义基调和社会达尔文主义基础的文明化使命 [1] 以及优越感产生了千丝万缕的联系。20 世纪上半叶，由于欧洲主要地区之间在经济、宗教和社会方面存在差异，这种欧洲内部的文明化使命和优越感变得如此激进，以至于在程度和形式上都像极了帝国大都市同其欧洲之外的殖民地之间的常见相处模式。

与此同时，在 1900 年至 1945 年间，欧洲社会经历了一波民族动员的浪潮。民族主义成为政治上的主导思想。它不仅在漫长的战争时期决定了政府和议会的议程；在短暂而艰难的和平年代，民族安全问题和内部团结的要求也处在政治社会辩论和计划的中心。早在 1900 年，尤其是在西欧和中欧，民族主义就已经激进化并被明确地表达出来。其主要形式为新型右翼极端主义运动及政党。第一次世界大战令人印象深刻地记录了民族动员之间的差异，尤其是农村人口在这方面的异同：一边是北欧、西欧和中欧；另一边是东欧和南欧。相比之下，第二次世界大战成了通过民族动员来反对德意志国的帝国主义主张的高潮。从挪威到希腊，从英国到乌克兰，欧洲的全部人口都被卷入战争之中。面对第二次世界大战的经济后果，即便是中立国家也不得不采取紧急措施并呼吁民族团结。1939 年至 1945 年间，民族热情被燃起——从整个欧洲的角度来看，其程度和社会广度甚至连第一次世界大战也望尘莫及。苏联还动员

---

[1]　"文明化使命"（Zivilisierungsmission）：欧洲国家在 15 至 20 世纪进行殖民时，曾打出这种传播文明的旗号，将其侵略行为合理化。

其各个民族——尤其是俄罗斯民族——参加到被称作"伟大的卫国战争"的防御战中来，以抵御德国侵略者及其同盟。

因此，民族动员是本书的第二个重点。因为在那几十年以及战后的年代中，社会"民族化"的强度上了一个新台阶，并达到了前所未有的广度。在早先的历史图景中，民族主义和民族运动的顶点被定位在了 19 世纪。本书的论点则有异于此：从欧洲的角度来看，直到 1910 年至 1945 年间，民族才首次取得突破并成为经济和社会秩序的首要政治文化参照点。直到那时，民族团体才从东欧和南欧的民族文化运动以及知识分子的民族主义中发展起来，1918 年出现的新的民族国家也尽其所能，大力推动其内部的民族建设进程。它们试图将多民族领土上的既定秩序转变为在语言和文化上同质的民族国家。与此同时，通过学校教育、消费、社会政策和政治参与，民族共同性和归属感在西欧、北欧和欧洲中部更老牌的民族国家中进一步加强。民族竞争和帝国竞争不断加剧；在民族国家中，对融合工作的需求也日益增长。这些情况激发了社会改革派的规划者们的想象力，并将 20 世纪上半叶的欧洲变成了新式社会调控和控制的实验田。这是在新社会科学的精神指导下进行的，其目的是提高国家的服务能力。但是，只有第二次世界大战期间的驱逐和种族灭绝才首次造就了这种同质化，并使欧洲社会在 20 世纪下半叶相对较短的时间内成为在语言和文化上同质的民族社会。然而，1989 年后，东德和西德之间打通了边界，全球化和欧洲化进程中出现了新的劳务移民浪潮——这些都再次给这种建立完全民族化社会的政治幻象和幻想打上了问号。

帝国争霸和民族动员这两个因素尤其凸显出来，并以两种方式嵌入了 20 世纪上半叶的欧洲历史：一是在欧洲国家体系和欧洲民族国家更为漫长的历史之中；二是在涉及欧洲的帝国主义和殖民主义主张及经验的那段世界历史之中。

第一章
1900 年前后的欧洲：世界政治和经济权力中心

20 世纪初，欧洲在世界上正处于其政治力量、文化魅力以及人口和社会影响力的巅峰。从全球的角度来看，20 世纪是欧洲挥别其帝国主义野心的一段历史，这一过程有多缓慢，就有多暴力。与此同时，这也是一段欧洲大陆转型的历史——它转变成了世界上最繁荣的地区之一，在过去 60 多年中基本上是和平的，而且是 20 多年来世界上最民主的地区之一。这表明，欧洲在世界上的地位已经发生了深刻的变化。若仅从内部视角来撰写欧洲历史，则很有可能忽视这一事实。

1 作为世界帝国主义中心的欧洲

1900 年前后，欧洲成为全球的中心。这主要是工业时代新的技术发展和发明的结果。新的通信技术遍及了全球。自 19 世纪 80 年代以来，电报便将海外的欧洲殖民帝国联结在一起，并为连接伦敦、巴黎、汉堡、格拉斯哥等大都市和其他五大洲的商贸网络提供了良好的服务。自 1865 年以来，英国和印度之间便已建立了电报联系。电报消息仅需五个小时就能从孟买传到伦敦。人和货物开始沿着新的全球航线前往亚洲、美洲或非洲并返航。海运公司从欧洲的大规模移民中获利。它们在 20 世纪的第一个 10 年中将英国人（包括英格兰人、苏格兰人、爱尔兰人）、意大利人、沙俄人（尤其是波兰人、犹太人和乌克兰人），以及德国人、瑞典人、丹麦人和挪威人带到了北美和南美，还带到了澳大利亚和新西兰。1901年至1910年间，每年约有116万人离开欧洲，去"海外"碰运气。有些人来回穿梭在新家和老家之间，有些在几年后返乡定居，但其中约三分之二的人留在了他们的新家，并将他们的一部分欧式习惯、经验和思维方式带到了"新世界"。从1824年到1924年，约有4100万人从欧洲永久移民。这些欧洲人及其直系后裔极大地塑造了"欧洲以外的欧洲"。第一次世界大战前夕，这些地区已是广袤千里。

欧洲移民中的较小一部分人在属于欧洲帝国的一些地区定居下来。仅是英国和法国殖民地所吸引的欧洲移民数量就值得一提。尤其是澳大利亚、新西兰和加拿大，在1850年至1915年间，分别接收了360万名、50万名和340万名移民[8]。法属阿尔及利亚在1911年则有855555名欧洲移民。

1913年，欧洲所统治的人口再次超过了其本身居民数的两倍。在欧洲国家控制下的人口估计占了世界人口的27%~30%。19世纪80年代早期，非洲大陆被鲸吞蚕食。最后一些有争议的地区被包括英国、法国、西班牙、葡萄牙、德国、意大利、荷兰和比利时在内的欧洲殖民国家瓜分。1898年，西班牙在与美国的战争中败北，不得不割让其残余殖民帝国的中心部分，即古巴和菲律宾。与此同时，第一次世界大战前夕，意大利从奥斯曼帝国手中夺取了利比亚和爱琴海的一些岛屿，成为一个后来居上的帝国主义国家。

在这几十年中，欧洲行政的典型要素传至非洲及亚洲。在英国这一最大的殖民帝国中，虽然传统的本地统治形式仍在许多地区继续存在，而且新的殖民力量被局限为一种附带军事控制权的监管机构，但是，在既设的当地主管机构之外，越来越多高效的殖民权力机关被建立了起来。这样不仅可通过税金和关税开源增收，还可以抵消掉殖民远征和管理的高成本。与此同时，欧洲人在最重要的港口城市、殖民地和保护国的行政中心"抱团"住了下来；一个个小小的"欧洲城"如雨后春笋般涌现，它们在建筑设计和城市规划方面都同其周围的土著环境有天壤之别。在被隔离出来的城市或城区中，殖民地官员、企业家、冒险家和移民生活在一个平行世界里，他们在此保持着故乡的生活方式和习惯。与此同时，富有"异域风格"的商品以及具有"东方情调"的潮流从这些欧洲或西方的据点出发，传到了欧洲。

因此，欧洲主要大国之间的竞争与合作遍布全球。法国、英国、俄罗斯、德国和意大利力图主张其帝国的重要地位，并寻求其殖民地之外的政治势力范围和经济渗透区。第一次世界大战爆发前的几年恰处于帝国主义时代中期。帝国主义主要由欧洲列强之间的竞争所煽动，但亦非完全如此。美国在自己国内广泛批评了欧洲殖民主义；尽管如此，随着1898年美西战争的胜利，美国还是踌躇满志地踏上了帝国强权的舞台。随着1894年对华战争和1904年至1905年对俄战争的胜利，日本被公认为唯一一个与美国势均力敌的亚洲强国。1910年，日本通过征服、吞并朝鲜，再次突显了其帝国野心。

帝国主义竞争意味着海、陆军备竞赛。德国同英国的舰队装备竞赛便是一个令人叹为观止的例子。但这绝非孤立事件，因为美国、法国、俄国和日本也都纷纷效仿。与此同时，陆军装备也愈发精良，其队伍力量也在增强。1913年，欧洲是拥有最大军火库和最多武装部队的大陆。另外，这种军备扩张同帝国主义的政治风格结合在了一起。这种政治风格本来就喜欢以武力相要挟，或者打（所谓的）军事优势牌。在皇帝威廉二世统治下，德意志帝国在外交领域属于臭名昭著的"黩武主义者"（Säbelrassler），却没有相应的政治影响力。此外，在第一次世界大战之前，俄国（在 1904 年至 1905 年的对日战争中）、意大利（在 1896 年败给埃塞俄比亚的阿杜瓦战役中）以及英国（在 1899 年至 1902 年与布尔共和国奥兰治自由邦和德兰士瓦共和国的布尔战争中）也都已充分领教了纯粹军事手段的局限性。

在帝国主义和殖民主义的庇护下，欧洲公司的全球经济活动也展开了。欧洲的世界贸易地理分布与殖民地和帝国主义冲突的地理位置迥然不同。世界贸易的最大推动力源于国内工业。其出口产品包括工业生产的纺织品和家居用品，以及当地工业建设，尤其是交通基础设施建设所需的机械、船舶、汽车、机车和铁轨。其中，交通基础设施是进一步在亚洲、美洲和非洲更广袤的地区进行经济开发和渗透所不可或缺的。与之相对的是，欧洲主要进口自用的初级产品（茶、咖啡、香料、水果，皮革）以及自己的工业所需的原材料（矿石、橡胶、剑麻）。欧洲的最大贸易伙伴是以极大优势领先的美国，其次是南美洲、南亚和东亚。

1870 年至 1914 年间的几十年常被描述为全球化的第一个阶段。这一阶段的一个特点是，国际经济关系的自由主义规则体系在很大程度上是稳定的。这要归功于欧洲主要货币和美元以黄金为支撑的稳定汇率制度，以及较低或适中的保护性关税。此外，欧洲国家国民经济的开放性也是这一发展阶段的典型特征。1913 年，在欧洲国内生产总值中，出口所占的份额为 7.63%；在英国（接近 15%）或德国（12%）等国家，这一比重明显还要更高。直到 20 世纪 70 年代，出口才达到了更高的比重。[9] 尽管欧洲殖民主义在政治和文化方面有着举足轻重的影响力，我们不应该忽视这样一个事实，即这种自由的全球经济网络所连接的主要是在工业社会的道路上已经走得更远的国家。因此，只有不到 20% 的欧洲产品出口到了亚洲或非洲，也就是属于未来"第三世界"的被殖民地区。

在 1914 年之前的全球自由经济中，欧洲不仅是世界其他地区的工厂工作台，也是它们的银行主。一马当先的是英国，它在 1914 年占了欧洲在外国所有投资的近 45%。与法国（25%）和德国（16.5%）的投资者一起，英国投资者以极大的领先优势主导了这一领域。与此同时，美国吸引的投资最多。22.5% 的欧洲境外投资流向了那里。欧洲国家向南美洲以及自己殖民地的投资的比例却相对较低。无论如何，英国仍从这些长期海外投资中获取了约 10% 的国民收入。

在全世界，欧洲取得了军事、政治以及工业和金融方面的支配地位。在文化方面，欧洲中心主义随之出现。欧洲自认为是其他民族和文化的导师，是进步与文明的传播者。殖民主义从这种文化自信中获取了道德上的推动力。残暴的军事镇压以及明显为欧洲殖民统治者的利益服务的严苛行政管理，通通被正当化为适用于所有外国文化的文明化计划的一部分。

在殖民和帝国扩张的庇护下，基督教传教活动突飞猛进，并明显表现出了这种欧洲中心主义。天主教徒和新教徒都纷纷全心全意地投入到了传教团体和修会的工作中。在有些地区，例如撒哈拉以南的非洲、大洋洲或南亚部分地区，基督教不会与伊斯兰教或印度教直接竞争，而是只与本土宗教为敌。传教活动在那些地区取得了尤为显著的成功。与此同时，传教站（Missionsstation）也非常重要。在许多地区，它们成了欧式教育唯一的传播机构。鉴于其殖民地的成本预期，欧洲人并没有尽力将大多数人口进行欧洲化培养（比如在义务教育学校中）。而亚洲和少部分非洲传统精英阶层的情况则有所不同。他们越来越倾向于欧洲教育的标准。当时，在欧洲模式的基础上（很少依照美国模式），科学已成为高等教育领域相关改革或改革目标的组成部分。在这些殖民地中，年轻一代的本

26　　土精英们以上欧式高中为目标，最具雄心壮志的人则以读一所欧洲大学为梦想。因此，在 1900 年前后，"西学"的外传方兴未艾。在那个年代，"西学"主要还是指来自欧洲的学问。兴起于 19 世纪 80 年代的日本文化改革及革命以及 20 多年后中国的革新，都记录了西方教育在亚洲上流文化中所产生的长远影响。

图 1　第一次世界大战前德属非洲西南部一次洗礼仪式中的修会传教士们

　　欧洲的权力扩张和独断专行唤醒一种优越感。海归——尤其是从殖民地回来的海归，以及帝国主义的鼓吹者、知识分子和学者正当化和系统化了这种优越感。英国作家鲁德亚德·吉卜林（Rudyard Kipling）写于 1899 年的一首诗的标题，《白人的负担》（*The White Man's Burden*），便非常精辟贴切地表达了欧洲应统治异国文化和民族的滥调。[10] 社会达尔文主义成了帝国主义和殖民主义绝佳的意识形态。这一观点认为，欧
27　洲人是一个特别的种族，他们在意志力和智力方面都优于亚洲人、非洲人和大洋洲人。它的各种流行变体滋养了到处散播的

殖民种族主义（Kolonialrassismus）的多种表现形式，而殖民种族主义与对"白种人"的狂热崇拜具有共同的基础。这种"种族观念"在所有殖民国家中传播开来，并以多种多样的文化形式得到了阐述，这其中既包括当时的探险小说，也包括少儿读物以及来自本国殖民地的旅行报告。最终，在这种背景下，展示原始民族和他们的"风俗"（甚至包括自然分娩）便有了一种马戏表演的感觉。

这种欧洲优越感势如破竹，对外国文化的漠视亦是与日俱增。反对这二者的力量自然是存在的，但却仅局限于艺术界和科学界的小圈子。只有少数决策者和殖民地管理者对文明化使命和进步神话持怀疑态度。在政治和经济方面，欧洲只受到日本和（特别是）美国的挑战。日本只不过被认为是一个好学的小学生，勤奋地跟在欧洲和美国后面亦步亦趋；但欧洲人却将美国视作他们自己文化的产物。然而，随着美国崛起为最大的经济体和富有竞争力的强国，欧洲发展出关于美国的一种说法。这种说法将那片曾经的殖民地视为独立的文明以及未来的力量。"美国主义"（Amerikanismus）成为一种新的解释模式。面对工业社会的势头，这一解释模式反映了欧洲人对损失的恐惧。

作为历史学研究的对象，1900 年前后的欧洲远远超越了这块大陆的狭小疆域。来自欧洲的商品、命令和人前所未有地主导了世界事务。他们解释世界的模式和日常习惯都带有欧洲的印记，且为世界上几乎所有地区都奠定了基调，或被视为典范。从外界看时，欧洲的共同点显现了出来，英国人、法国人、德国人或俄罗斯人之间的差异则模糊了起来。如果从全球历史的角度将欧洲的共同属性和统一性纳入视野之中的话，那么，当我们再关注 1900 年前后欧洲内部的关系时，我们所看到的将会是另一番景象。

28

2　君主制和自由宪法

　　一种共同的宪法模式以及一个基本趋势塑造了 1900 年前后的欧洲政治地图：20 个国家中，有 15 个是自由主义君主制或君主立宪制国家。因此，君主政体是普遍现象。只有瑞士、法国和葡萄牙（自 1911 年以来）是共和国。此外，在此期间，行政权与立法权之间的权力分立已成为宪法所规定的原则。在俄罗斯和奥斯曼帝国，王朝元首放弃直接和不可分割的权力仍是有争议的；但是，除这两个国家以外，君主、总统与议会和政府首脑共同分享权力。从全欧洲的角度来看，基于民法典的普遍公认的独立司法权原则背后的法律政治究竟如何，则更加难以评估。法治远远没有在每一个地方，对欧洲国家的每一个公民或臣民，都以廉洁、普遍可及的法院形式变得具体化起来。1780 年至 1820 年间，欧洲大陆的司法系统经历了彻底的改革。但阶级正义（Klassenjustiz）以及法官在政治上的依从和偏袒仍是司法系统的两个根本罪恶。在沙皇俄国、奥斯曼帝国的统治区及其分裂后成立的国家中，这种自由主义司法模式显然远非根深蒂结。但总的来说，1900 年前后，在多数欧洲国家中，无财产或较贫穷的多数人能有效获取法院帮助的机会寥寥无几。在防止国家行政机构或强势的邻居和企业主的侵犯方面，仍存在显著差异。在这一点上，西北欧和中欧那些具有自由或民主宪政传统的国家表现得要优于有着威权（autoritär）国家传统或等级差异的国家。

　　可见，整个欧洲的宪法模式的跨度还是很大的。一端是英国充分发展起来的议会君主制。在那里，由选举产生的下议院的权力终于在 1911 年得到加强，上议院的否决权则被废除。在多样性刻度尺另一端的是君主立宪制国家。其国家元首在军事和外交领域拥有强大的特权。德意志帝国和哈布斯堡皇朝便位列其中，其议会权力被严格限于立法，且政府需获得君主的信任。

然而，当我们考察欧洲君主在政治和社会中的角色时，会发现其相似性又有所增加。君主们的门庭仍然是社会生活的中心，他们对政治的非正式影响也相当可观。不仅新旧贵族的世界在这里找到了其传统的参照点，而且军方和高级行政官员也都是忠心耿耿的君主主义者。街头小报和电影等新式大众媒体也在群众中间广泛宣传宫廷礼俗，并使王公贵族重新广受欢迎。帝国重返舞台，这也将君主们重新拉回到聚光灯下。在辉煌的宫廷式国家接待仪式上，少数的几个国家总统始终像格格不入的局外人。

君主制传统的复兴也与反对自由主义议会制宪法模式的威权主义倾向密切相关。上至部级官僚机构，下到一般公务员，许多国家的行政机构都是按照严格的君主制和保守派的原则组建的。在有自由主义宪法的国家，这套机构还会确保执政党能定期赢得选举。这种做法在南欧和东南欧以及德意志帝国易北河以东的地区尤为常见。

这便是欧洲东西部地区之间存在明显政治差异的原因。在西北部临大西洋的欧洲以及地中海西南部地区，自由主义模式已经建立了起来。另外，在欧洲东南部（保加利亚、希腊和塞尔维亚），自由主义宪政原则与宪政现实之间的鸿沟极深。那里的宪政现实更多地受到了威权主义和寡头主义的影响。总的来说，专制传统在东欧打下了深深的烙印。在德意志国以及哈布斯堡皇朝统治下的奥匈帝国，自由主义和保守主义的君主制传统亦是龙争虎斗。

在 1900 年前后的宪政辩论中，选举权扮演了最重要的角色。扩大政治参与权的要求既是以民族主义也是以社会主义的名义提出的。它尤其反对建立在财产、出身和教育上的政治特权。自由主义的资格性选举权（Zensuswahlrecht）便体现了这种政治特权。在大多数国家，国家议会只从拥有一定收入或财富的男性中选举产生。像普鲁士的三级选举制度（Dreiklassenwahlrecht）这样的资格和阶级选举权盛行一时。男性普遍选举权于 1848 年被引入法国，于 1867 年被引入北德意志联邦（Norddeutscher Bund），于 1871 年被引入德国国会选举。自 19 世纪 80 年代以来，选举权一直是所有欧洲国家中民主主义和社会主义左派的核心宪政问题之一。与此同时，自世纪之交以来，争取妇女选举权的斗争动员了西欧和中欧越来越多的妇女，社会党人和民主党人便同意了这项要求。这两个运动都显示了民主化的压力。1900 年前后，所有自由主义和立宪制宪政制度都遇到了这一问题。在那几年中，越来越多的国家引入了男性普遍选举权：西班牙于 1890 年，挪威于 1897 年，意大利于 1912 年。最终，妇女也于 1906 年在芬兰和挪威获得选举权，并于 1915 年在丹麦获得选举权。

3　欧洲生活世界的多样性：在帝国与民族之间

欧洲东西部在宪政上的鸿沟与欧洲不同地区之间的社会结构差异绝非一致。这些差异在一定程度与政治文化方面和宪政制度上的差异相悖。它们也比政治宪法所涵盖的范围要广得多。

首先，这些社会差异的一个重要来源是人口的年龄构成和增长。欧洲不同地区的人口增长速度不同。法国已经在向有两个孩子的家庭模式过渡，其人口增长速度因此十分缓慢；与此同时，西北欧和中欧工业化国家的家庭结构和儿童数量的变化则较为迟缓，而且不同的社会群体呈现出了各不相同的变化速度。在这些国家的城市和农村下层阶级中，人们结婚普遍较早，这是出生率居高不下的主要原因。然而，与之相对的是，尤其是在中产阶级和一部分上层阶级人士之中，已经出现了法国模式那种明显更小的家庭规模。正是这些社会差异引发了社会改革者、医生和人口学家的激烈争论。在他们看来，社会平衡和社会等级的人口基础在中长期内都受到了威胁。而最重要的是，在这些专家们看来，这些内部失衡正威胁着他们民族的经济和政治未来。

东欧和南欧的人口增长则非常不同。在这些地区，特别是农村家庭，产生了大量的富余人口，给这些地区带来了很大比例的年轻人。这些人在农村经济结构中找到的生存空间十分有限，并形成了 1914 年前移居海外的大量移民。

在这些出生率的巨大差异背后，隐藏着更为复杂的家庭和亲属体系。正是在这些体系中，不同的社会群体或阶级对其所处环境的经济和社会动态做出反应。

其次，在 20 世纪初，宗教差异、特定的教派或宗教文化给欧洲打上了深深的烙印。在这里，我们可以识别出一个相当持久的结构特征。这一特征已被现代化的各种进程所改变，但绝没有被消除。相反，自 19 世纪 80 年代以来，政治化浪潮与宗教身份和教派差异联系在一起，并重新把它们拉回到人们的意识中，且加以强化。因此，地中海沿岸的天主教国家受到了一种日益尖锐的对立的影响。一方面存在一种反教权主义的、温和自由主义的或激进社会主义的，有时也是无政府主义的少数群体文化。在市民阶层和贵族的自由主义氛围中，以及城市和农村的新兴劳动力中，这种少数群体文化落地生根。它的对立面是天主教神职人员和政治天主教，后者在各地进行重组。与此同时，这些宗教文化和政治文化之间的分界线往往纵穿社会等级体系，并尤其在中层和上层阶级中造成了内部分裂。

33　　在 1900 年前后的欧洲中部混合宗派地区，自由主义和天主教之间的文化斗争后果仍然清晰可见。在那里，天主教徒和新教徒更偏向于在其封闭的环境内自我组织起来。在斯堪的纳维亚国家和英国的自我认识中，他们是坚定的新教社会；在英国，悬而未决的爱尔兰自制问题（home rule）使得英格兰人、苏格兰人和爱尔兰人之间宗派对立一直具有重要的意义。

　　无论宗教信仰是否同时承载着国族的或民族的内涵，它都塑造了欧洲东部三个帝国的社会结构。在这些地区的城市中，不同宗教团体的共存是日常生活的一部分。而在农村，宗教往往是一个人归属某一本地社区的最重要的标志——它比民族（ethnisch）、语言或国族（national）等标准要重要得多。这些往往会在新的冲突中浮出水面。例如，在世纪之交，东欧帝国为了将其行政管理现代化而进行第一次人口普查时，宗教归属的重要性便凸显了出来。

　　三个帝国中的宗教信仰与政治权力相结合的程度各不相同。在 20 世纪初，沙皇主义在东正教会及其农村臣民的东正教信仰中找到了最庞大且最可靠的支持。犹太教等其他宗教团体则受到了公开歧视。人们越来越不信任通常讲德语的新教徒，或主要由波兰人和立陶宛人组成的天主教宗教团体。在知识分子小阶层中，以及社会主义反对派的圈子中，形成了一种激进的反教会的、无神论的反派文化。这与南欧拉丁国家的情况如出一辙。另外，尽管天主教的重要性在 20 世纪初明显下降，但在传统上，它仍是哈布斯堡皇朝多民族国家重要的一
34　环。此外，在奥斯曼帝国与巴尔干地区新成立的基督教国家之间的冲突中，当地的宗教信仰扮演了重要的角色。这些基督教国家严格规定了他们的民族宗教信仰，并建立了自己民族国家的"国家教会"（Landeskirche）。这种国家教会组织与君士坦丁堡的希腊东正教教父权力机制划清了界限。因此，若要理

解东欧和中欧各个多民族（multiethnisch）和多宗教帝国所经历的多重冲突，一张 1900 年前后的欧洲宗教地图是不可或缺的。

最后，欧洲社会之间的差异还在于各个地区的就业结构。1900 年前后，19 世纪欧洲经济发展的工业化大趋势不同程度地影响了欧洲的各个地区。以商贸和工业为特点的地区与以农村和农业为主的地区之间存在着天壤之别。只有少数几个国家在整体上可以算作第一类国家。因为在这些国家中，农村和农业地区也都已紧紧跟随城市工业中心的步伐，并被它们深刻地影响着。英格兰、威尔士、苏格兰、比利时、法国北部和东部的部分地区、德国西部和中部、瑞士、意大利北部和加泰罗尼亚的部分地区，以及斯堪的纳维亚半岛的人口密集地区无疑位列其中。地中海地区以及东欧和南欧的许多港口城市、首都和商业贸易中心的辐射范围则要有限得多。

在第一类地区，一边是商业资产阶级和贵族上层阶级，另一边是极具多样化的工人阶级，再加上中间不断壮大的市民中产阶级，三者共同决定了社会的结构。在这些地区，包括艺术家联合会、地方工会在内的城市社会化形式形成的网络使得大众传播的新形式在各处迅速扩散开来，其中既包括街头小报，又包括电影。这一城市化的、只有部分工业化的欧洲从圣彼得堡延伸到塞维利亚（Sevilla），从贝尔法斯特（Belfast）到君士坦丁堡；然而，在易北河以东和地中海沿岸的许多地方，这种城市型社会被第二类主要以农业为特征的农村型社会所包围。它们与城市工业型或城市商业型社会的联系绝对不是不言而喻的。在西西里岛、意大利南部、加利西亚（Galizien）和葡萄牙北部等地区，它们的道路与其说通向本地区的大城市，不如说是通向国外的。在俄罗斯的欧洲部分，向外移民的农村地区亦是如此。在那里，人们从乌克兰经过敖德萨

35

（Odessa），去往北美。

欧洲的这些农业地区又由无数的乡村社区或乡村社会（Dorfgesellschaft）组成，它们竭尽所能解决内部冲突，并保持经济自主独立。然而，一个巨大的差异依然横亘欧洲，塑造社会结构，并将这些乡村世界大致分为了两种。一种是农民型农村。在那里，大多数家庭作为所有者，在自己拥有的土地上劳作。在另一种村庄中，村民作为佃户和农业工人，耕种他人的土地。大地产（Großgrundbesitz）、庄园经济（Gutswirtschaft）和大型农场经济（Latifundienwirtschaft）塑造了地中海沿岸的大片地区、巴尔干地区的肥沃平原，以及东欧很大一部分地区。但这在西欧也绝不是闻所未闻的。爱尔兰的例子就表明了这一点。在19世纪80年代的土地改革之前，绝大多数农民都是英国贵族的佃户。这种差异在很大程度上决定了所有这些村庄与其周围环境所保持的关系。

这些乡村社会与周围城市工业化社会的政治、经济和文化的融合程度各不相同。一方面，在 1900 年前后，有些乡村社会与城市中心建立了各种网络。在许多地方，它们是民族政治传播语境的稳固组成部分。在仍受到农业和农村深刻影响的法国、斯堪的纳维亚国家，工业化程度较高的英国（除爱尔兰外）、瑞士和德意志帝国，情况都是如此。在 1900 年前后，以小农所有制为主的芬兰、塞尔维亚、保加利亚以及克罗地亚，也展现出城乡之间、乡村社会和国族（Nation）之间日益紧密的联结。当我们来到东欧和南欧时，则会发现它们之间的距离要更远一些。随着人口在南欧和东南欧的乡村社会逐渐增长，那里要求土地改革的呼声自然也越来越高。这也增强了人们对政治问题的兴趣。民族运动、社会改革运动和革命运动都找到了其支持者。由此，这些乡村社会与城市中心以及民族和国际交流的联系更加密切了。在爱尔兰，民族自治的要求与爱

尔兰天主教佃农反对英国圣公会地主阶级的斗争以及他们拥有
自己土地的希望紧密结合了起来。在意大利，社会主义以农业
工人运动和半佃农运动的形式传播了开来。西班牙无政府主义
在安达卢西亚的农业劳动者和佃农中落地生根，这是这种进程
的另一个例子。

　　所有这些都清楚地表明：1900年前后的欧洲社会与1945
年之后相比，同质化程度要低得多。社会团体、社会网络和社
会环境尚未被压缩进民族社会的"集装箱"里。1945年之后，
问卷调查数据和社会统计数据显示，这种民族社会几乎成了社
会政策和社会历史"必然"的目标。社会网络、宗教联结和文
化交流跨越了国界；横跨大西洋的大移民运动为欧洲南部和东
部地区创造了全新的联系。只有在欧洲的西北部和中部，大型 37
国有化机构、学校、军队和工业部门才雇用了大多数人口，并
已经在日常文化中留下了清晰的印记。

　　较为特别的是欧洲东部的三个帝国。它们的社会结构更加
复杂。它们更应被描述为一个毗邻共存的、松散关联的子社会
的聚合体，而不是像英国、瑞典或德国那样的阶级社会。

　　这种社会的多样性被一种势头越铲越平，其手段主要包
括暴力和战争、经济约束，有时也包括社会和文化变革。接下
来，在讨论这种势头时，必须要考虑到欧洲比较社会史的这一
发现。

第二章

帝国冲突：第一次世界大战及其后果

　　起初，斐迪南大公（和妻子）于 1914 年 6 月 28 日在萨拉热窝遇刺；最后，海军上将邓尼茨（Dönitz）于 1945 年 5 月 8 日签署了大德意志帝国无条件投降书。一本戏剧性地描述 1900 年至 1950 年欧洲历史的书稿完全可以以这句话开头。这种戏剧性描述方式强调了第一次世界大战对接下来一切的重要性。面对一小撮激进民族主义恐怖主义者发动的恐怖袭击事件，奥匈政府做出了外交回应，即臭名昭著的对塞尔维亚的"最后通牒"，从而引发了所谓的七月危机。在这出剧本中，这一危机升级成为一系列政治军事事件链条的开端。德意志帝国向沙俄和法国宣战，1914 年 8 月 4 日入侵中立的比利时，使得这一链条继续向前推进，并导致了第一次世界大战的爆发。在战争的第三个年头，即 1917 年 3 月，（据俄罗斯通行的儒略历，此时为二月，故称"二月革命"），俄国革命爆发，开启了一条革命性变革和军事政治冲突的长链。1918 年 11 月 11 日，随着贡比涅战场的停火，第一次世界大战在至关重要的西线上暂时结束。随后于 1919 年和 1920 年在巴黎近郊签订的和平条约也只是暂时的。重新修正和约及其权力平衡成为德意志国的中心目标，并决定性地推动了纳粹领导下的新的军事动员。1939 年 9 月 1 日，随着波兰受袭而爆发的第二次世界大战便是其后果。

　　这种直线式的看问题的方法降低了复杂性，而且是片面的。但其优势在于，它既能使这两个重要事件在欧洲历史上所标记的转折点一目了然，又能突出其所处的背景。本章终究也遵循了这一视角。这一章所涉及的是第一次世界大战在 20 世纪欧洲历史中的地位和影响。

第一次世界大战的直接前史包括 1911 年意大利攻击奥斯曼帝国，意大利吞并爱琴海上的十二群岛（Inselgruppe der Dodekanes）、的黎波里塔尼亚（Tripolitanien）和昔兰尼加（Cyrenaika），以及 1912 年~1913 年的两次巴尔干战争。在第一次巴尔干战争中，塞尔维亚、希腊、罗马尼亚和保加利亚共同抵抗奥斯曼帝国。停火一个月后，第二次巴尔干战争爆发，其他所有国家又反过来进攻保加利亚。随着巴尔干战争的展开，出现了针对平民的大规模战争罪行。超过 80 万人被迫移居或被驱逐，其中主要是穆斯林。而且，谋杀和暴行不计其数。从那时起直至 1918 年 11 月，东南欧和安纳托利亚的战争状态只中断过几次。1920 年，希腊进军安纳托利亚，该地区再次陷入战争。随着希腊军队惨败，1922 年冬春季节，"希腊裔"人口被从小亚细亚大规模驱逐出去，这时战争才宣告结束。1923 年的洛桑条约首次将希腊和土耳其相互之间的人口驱逐作为一种"交换"而合法化。土耳其组织驱逐了 150 万在其境内的希腊人，希腊驱逐了 80 万土耳其人。

在东南欧战争战场上，我们可以观察到在特别残酷和暴力的情形下发生的种族清洗。这种行径后来席卷了整个欧洲，尤其是中欧和东欧地区。从全球历史的角度来看，早在 1904 年至 1907 年间，这种系统地驱逐平民并意图置其于死地的做法就已经开始了。当时，今属纳米比亚和坦桑尼亚的德国殖民地中的土著居民"起义"遭到了残酷无情的镇压。因此，最开始的并非萨拉热窝的暗杀，而是欧洲外缘的民族和帝国战争。

对于欧洲大陆的其他地区来说，第一次世界大战的经典

40

年表（1914 年 8 月至 1918 年 11 月）也并不适用。在这些地区，进一步的军事冲突延长了战争的恐怖。在 1918 年 11 月至 1922 年的内战战役和运动中，原俄罗斯帝国的领土遭到了不同程度的打击。此外，世界大战在经济和社会方面的伴随现象及后果使欧洲所有地区都蒙受打击。1919 年至 1922 年间，西欧的爱尔兰接连经历了两场"肮脏的"战争，其主要形式是恐怖活动、军事镇压和游击行动。1923 年才是欧洲自 1910 年之后第一个没有战争或内战的年头。

鉴于其规模及巨大后果，第一次世界大战的起因是历史研究长期以来一直重点关注的问题。这项研究在战争期间便已展开。当时的研究认为，两个阵营都对战争的爆发负有各自的责任。有关战争罪责的《凡尔赛条约》第 231 条进一步加剧了 1919 年后的政治及历史辩论。随着时间的流逝以及欧洲国家敌意的下降，道德指控不再发挥主要作用。大多数国际研究都一致认为，第一次世界大战的情况与第二次世界大战不同，它不能说是单纯地由德意志国的政治军事领导层故意"发动"的。相反，维也纳、柏林和莫斯科的政治家们都期望通过一场有限的战争来实现其在帝国权力斗争中的目标。军事战略上的计算助长了承担风险的意愿。这种计算推测，近期冲突获得成功的希望比以后要大。同时，一种社会达尔文主义的观点认为，战争应被接受为民族之间"自然"斗争的一种手段。此外，还有一些短期的外交考量。各国都不希望削弱自己的盟友。例如，德意志帝国会考虑到奥匈帝国，法国会考虑到俄罗斯。因此，在 1914 年夏天，欧洲国家的联盟体系已俨然成为战争的加速器。

在"七月危机"期间，无论是德国、法国还是英国，都不愿干预并缓和塞尔维亚、奥匈帝国和俄罗斯在外交方面不断升级的冲突。因此，我们不能简单地用欧洲主要大国之间的紧张局势和利益冲突来解释第一次世界大战。在此前30年里，这些问题也一直存在，并且始终能通过妥协得到和平解决。首先，从根本上来说，不仅所有政治家和军事家都甘愿冒险发动一场全面战争，大部分国内公共舆论也都接受这一风险。其次，我们必须考虑到联盟机制这一因素。这种机制将法国与俄罗斯，俄罗斯与塞尔维亚，以及将另一边的德意志帝国与奥匈帝国联系在了一起。最后，我们绝不应忽视军队领导所怀有并加以传播的战争幻想。他们期待一场短暂的、类似于一场战役的战争。据此，他们通过预防性的战争计划为此做好了准备——尽管在他们的队伍中也有人曾发出警告。例如，德国参谋长赫尔穆特·冯·莫尔特克（Helmuth von Moltke）曾对战争无法估量的风险做出过警告："所以，该来的总会来。若非如此——如果能在最后一刻阻止一场将在未来几十年摧毁将近整个欧洲的文化的战争的话，便几乎能称得上是奇迹。"[1] 毕竟，早在1912年，德国和平主义者拉姆祖斯（Lamszus）便已在一本书中栩栩如生地描绘了一触即发的战争之恐怖。该书标题极具纲领性，即《人类屠宰场——即将来临的战争的图景》。[2]

1　一场全面战争

这场战争在各主要战场进行的方式各不相同。在西部，战争集中在法国北部和比利时全长700公里、宽度约30~60公里的区域内。1914年秋天至1918年夏天，德国、英国和法国军队在这里展开了阵地战。他们的"消耗战"造成了前所未有的死亡人数，在军事上却没有任何决定性意义。有一种战术在索姆河战役（1916年7月至11月）和凡尔登战役（1916年2月至8月）中达到了触目惊心的顶点。该战术旨在通过自杀式袭击，强行造成决定性的结果。协约国和同盟国之间的阿尔卑斯战线上也发生了类似的情况，尤其是在意大利和奥匈帝国之间。将军们的嚣张气焰一直持续到 1917 年；那时，战争的疲惫似乎在所有军队和国家中占了上风。军工业工人的罢工和前线士兵的叛乱使领导者们明白，只有向人民让步，战争才能继续。

43   巴尔干、东欧、安纳托尼亚东部以及近东地区的战场则呈现出另一种特征。在那里，交战的一方获取了大片领地（德意志国和奥匈帝国自 1915 年起占领了俄罗斯帝国的领土，俄罗斯和英国征服了奥斯曼帝国的土地，奥匈帝国占领了塞尔维亚的地盘），它们征服了敌人的国土并占领多年。与西欧相比，焦土战略（Strategie der verbrannten Erde）以及对平民的驱逐与遣返在这里起到了更重要的作用。根据目前的估计，在这一军事背景之下，统一计划的针对安纳托尼亚东部的亚美尼亚人的驱逐和杀戮行动在 1915~1916 年冬天造成约 60 万至 80 万人身亡。人们往往忽视这场全面战争对东欧和东南欧以农业为主的经济所造成的巨大负担。1912 年至 1918 年间，塞尔维亚失去了 120 万人，约占其总人口的 28%。在这里，平民伤亡以及经济损失的程度要远远大于最终在军事上起到决定性作用的西部战场。

从很多方面来说，1917 年是这场战争的转折之年。俄国的二月革命消灭了沙皇政权，自 1917 年夏天以来，俄罗斯军队再也无力应对同盟国的军事压力。与此同时，为革命工人和士兵委员会定下基调的社会主义潮流提出了对"和平与面包"的需求。很快，这一口号在俄罗斯境外也流行了起来。由此，布尔什维克打造了一份应急政治方案，于 11 月夺取政权，并迫使俄罗斯于 1917 年 12 月 15 日退出世界大战。1918 年 3 月，他们接受了德意志帝国强加给他们的《布列斯特 - 立托夫斯克和约》。1917 年 4 月 6 日，美国加入战争，这完全弥补了俄罗斯盟军的离开。自 1917 年 6 月以来，随着美国军队到达西部战区，技术和人员方面的力量平衡发生变化，向着绝对有利于协约国的方向发生了倾斜。此前，自 1917 年以来，协约国的经济封锁便对同盟国产生了日益显著的影响。从 1918 年夏末起，协约国部队在所有前线均采取主动，并向前开进。因此，同盟国不得不接二连三地要求停战。保加利亚、奥斯曼帝国和奥匈帝国分别于 9 月 29 日、10 月 30 日、11 月 3 日签署停战协定，最终，德意志国也在 1918 年 11 月 11 日签署协定。

从今天的角度来看，与第二次世界大战的死亡人数相比，第一次世界大战的受害者人数（依然超过了 1460 万人）显得微不足道；大多数死者还是士兵。平民在战争中幸存下来的机会更大。但在四年的营养不足之后，他们已精疲力竭。此外，西班牙型流行性感冒于 1918 年至 1920 年间在欧洲蔓延，造成 230 万欧洲人身亡。在俄罗斯，已查明阵亡的士兵有 170 万人，德意志国的阵亡士兵人数达 180 万人，奥匈帝国有 120 万士兵阵亡。获胜的协约国一方，法国有 135 万人阵亡，损失惨重的大英帝国痛失 90 万名士兵，意大利则有 65 万人阵亡。此外，总共还有 2000 万人重伤，800 万人落下残疾。西线战场伤亡极大，有关图像和描述已成为这场战争令人毛骨悚然的象征。但在东欧、东南欧以及安纳托利亚，战争对平民造成的打击更大。在那里，疾病和瘟疫所造成的人员伤亡尤其多。

在幸存者的经历中，第一次世界大战无处不在。在德国、俄罗斯和法国，几乎所有家庭都曾在战争中痛失亲人。然而，对所有为国捐躯者的集体记忆掩盖了这种私人的恸悼。在战后社会中，退伍军人协会一再提醒着人们这种集体牺牲。它们在获胜国的民族宣传中扮演着重要的角色；同时，作为游说团体，他们也很有影响力。

45

图 2　一战对平民的打击：1916 年，在前线，被德国强制征召的
塞尔维亚人在去劳动的路上

　　仅这些战争受害者统计数据就已经清楚地显示：交战国动
用人以及所有可用的物质和非物质资源的程度是空前的。这是
第一次波及整个欧洲的"全面战争"。一系列现象表明了这一
特征。从武器技术上来说，手榴弹、重型炮、机枪、毒气，以
及最后抵达的首批坦克改变了前线的战争进程。用潜水艇打击
商船、通过系统的经济封锁切断对手重要战争资源的供应——
如军备原料、给平民的食品等——这些都突出了双方交战的
"全面"这一特征。此外，不加限制的战争宣传宣扬了仇恨，
诋毁了敌人，这些也属于"全面"战争的一部分。从这个角度
来看，第一次世界大战作为为了满足高技术化战争的需要而
有系统地动员全民的一个例子，已经成为样板。随着一战的展
开，军事战役的年代似乎至少在欧洲已成往昔。
　　这场"全面"战争也提高了所有参与者的创造力。武器技

46

术也从一波科技创新中获益。新式飞机、炸药、有毒气体和坦克被研发了出来，无法获得的原材料的替代品被发明了出来。与此同时，艺术家们的表达方式和时人的观赏期望也发生了变化。表现主义对恐怖的夸大以及对战争时间的摄影记录分别体现了富有情感的表现力和冷静的客观性。这表明，看待和描述这场战争及其后果的方式朝两个相反的方向发生了深刻的转变。骑士塑像以及有经典教育意义的冗长的纪念演讲等军事英雄崇拜的传统文化形式得以维持，但不再是理所应当的事，而且其可信性也受到了威胁。当时，与之竞争的是新的、更激进的、脱离了传统的现代表达方式，如哀悼、指控及媒体报道。

2　帝国与民族

1900 年前后，民族情感和民族主义是政治和文化的重要因素，但是，以帝国主义或国际化导向为形式的反对势力并不甘示弱。这种帝国野心造成了一系列政治军事后果，包括军备竞赛、霸权主张，以及外交政策中的虚荣心、对全球或欧洲经济和安全利益的巩固等，并最终对 1914 年 7 月塞尔维亚与奥匈帝国之间的地区冲突升级为欧洲大国之间的战争，起到了决定性的作用。最初，军事上较弱的欧洲国家并未被卷入战争，而且，中立国家的范围也很大。

帝国主义的野心首先在关于战争目标的公开和秘密辩论中暴露出来。虽然英法这两个自由主义帝国首先致力于持久削弱普鲁士－德国在欧洲的权力地位，自然也希望巩固自己的殖民和帝国地位，但与此同时，俄罗斯、德意志帝国、奥匈帝国和意大利在领土，尤其是强权政治方面，明确提出了影响深远的目标。战争的结果使所有这些争论变成了一纸空谈。然而，这些权力幻想在政治和军事领导人的头脑中，以及德国和意大利的民族主义阵营中，留下了深刻的印记。

在德国，大量规划都特别突出了三个基本要素。从那时起直至 1945 年，这些要素对德国扩张主义在欧洲的进一步发展而言，一直具有重要意义。除了军事优势外，德意志国还要确保其在欧洲西部的霸权地位。达到这一目的的首要方式是对比利时、卢森堡和法国东部进行经济渗透。在中欧，德国获得了巨大的空间，成为那里毋庸置疑的霸主。最后，特别是在战争的最后阶段，德国占领区极大地向东扩展，直到波罗的海国家和乌克兰，由来自德国的定居者在东欧开辟新殖民地的计划随之形成。按照这种观点，作为尚待定义的东欧国家世界的保护力量，德意志帝国应以类似殖民统治的方式渗入该地区。在第二次世界大战的初步胜利之后，这三个因素与民族社会主义（Nationalsozialismus）一起，重新回到了德国关于"欧洲新秩序"的辩论中来。

48　　就意大利而言，民族运动试图吞并亚得里亚海地区东北部讲意大利语的边境地区的旧要求与在非洲和地中海东部（从亚得里亚海沿岸到叙利亚）进行帝国扩张目标结合在了一起。这种扩张主要是以牺牲德意志帝国、奥匈帝国和奥斯曼帝国的利益为代价的。俄罗斯的扩张主义主要针对的是君士坦丁堡、安纳托利亚东部（"大亚美尼亚"①）和巴尔干地区。正如德意志国一样，这里也出现了用卫星国作为边界的想法，以便在未来能够抵御从西面来的进攻。

与此同时，在战争过程中，帝国权力地位和联系的意义也日益显著。尽管规模比较有限，但第一次世界大战也曾在殖民地区展开过，并于 1916 年随着协约国军队征服所有德国殖

---

① 大亚美尼亚（Großarmenien）即古亚美尼亚王国所在地，是位于黑海、里海、地中海之间的一片地区。

民地而终止。但毫无疑问，对欧洲大都市本身的人力和物力来说，这一事件使得海外资源在经济和军事方面重新变得重要起来。法国动员了其殖民地和帝国的资源来支持在欧洲的战争，英国更是如此。这在经济上很快显示出其重要性。因为，这两个西方殖民大国获取原材料和食品要比同盟国容易得多，后者类似的补给已被完全切断。此外，海外领土也通过军队和劳动力，直接加入了欧洲的战场。新西兰人和澳大利亚人在达达尼尔海峡、法国和中东地区为大英帝国而战。法国调用了约 60 万非洲军队，并招募了北非和越南工人，在前线后方制造军备物资。在经济上，印度是大英帝国最重要的组成部分，并向母国提供货物。此外，印度自 1914 年获得 1 亿多英镑贷款后，每年向英帝国的战争金库还款 2000 万至 3000 万英镑。印度部队还在非洲和近东地区作战。

在普通群众中，第一次世界大战并未激发强烈的帝国强权幻想，而更多地激发了一种防御爱国主义。在英国、法国、德国、塞尔维亚、意大利，随后在保加利亚、希腊和罗马尼亚，"全面"民族国家的时刻到来了。各国政府都成功地唤起了其公民的民族情感，并将战争合法化为一场防御战，旨在保卫受到威胁的民族共同体。然而在这场旷日持久且损失惨重的战争中，只有依赖民族政治共同体的国家才能最终取得成功。那里设立了援助委员会，以便照顾战争受害者；那里的志愿爱国演讲家和政治评论家一再鼓舞士气，并呼吁同胞做好为国牺牲的准备。政府及其行政管理机构以民族的名义对经济和私人生活进行了干预。以前，这在自由主义者或保守派看来是无法想象的。而且，在 1914 年之前，这被认为是典型的社会主义做法。民族国家动员其公民，寻找志愿军人，并照顾了那些留守家乡的人，之后很快又照顾起战争遗孀、孤儿和在战争中伤残的人。民族国家监督、组织了武器生产，监控了农业经济，调节了价格。自由的战前经济秩序消失了，并让位计划经济（Lenkungswirtschaft）。后者尽管限制了企业的自由，但却保证了高额利润。

此时，罗曼诺夫帝国、哈布斯堡帝国和奥斯曼帝国更加脆弱，它们的官吏机构更加威权化，它们的多民族帝国更难用能抓住人心的口号动员起来。1916 年夏天之前，这三个帝国在战争中的胜负仍悬而未决，但其权威主义领导层却无法在更长时期内有效调动国内有限的物质资源进行战争。供应短缺、运输困难、军队统帅以及整个军官团队的错误和软弱，再加上四处蔓延的饥荒，将这三个农业帝国权力基础的边界线赤裸裸地呈现在了执政者眼前。平民和士兵肩负着沉重的压力，因此，自 1916 年以来，忠诚度和牺牲意愿明显减弱。在失败开始出现、战争负担增加之后，奥斯曼帝国和俄罗斯帝国的军事和政治领导人开始质疑特定人口群体的忠诚度。边境地区"不可靠"的人口群体被"清理"，其中包括亚美尼亚人、乌克兰人、犹太人和讲德语的人口。驱逐造成了难民的苦难、反犹骚乱（Pogrom）及大屠杀。早在 1915 年，不再愿意为多民族的祖国而死、不再认同官方的帝国爱国主义（Reichspatriotismus）的捷克人、斯洛伐克人、斯洛文尼亚人、意大利人和克罗地亚人便曾集体逃离哈布斯堡多民族帝国的军队；这种现象在 1916 年愈演愈烈。在东欧帝国，战争的负担加剧了民族之间和宗教团体之间的紧张。在俄国、奥斯曼帝国和奥匈帝国的匈牙利部分，帝国的统治者煽动了俄罗斯人、土耳其人和穆斯林以及匈牙利人等主体民族（Trägernation）①的民族主义，从而使其领土上的冲突更加

---

① 当一个多民族国家以某一个民族（往往是人口占绝大多数的民族）的名称为国家命名时，这一民族就是该国的主体民族（Trägernation）。例如，俄罗斯帝国是以俄罗斯人的民族名称为国家命名的，俄罗斯民族就是该国承载着国家名号的主体民族。

尖锐。

在整个欧洲，我们可以观察到政治民族（Staatsnation）①的民族动员是如何濡染其他"国族"（national）或"种族"（ethnisch）群体的。这场战争在尚未建立自己国家的人民中引发了一波民族期望的浪潮，助长了民族运动及其领导人的政治幻想。只有这样，这三个东部帝国的军事崩溃才得以引发建立民族国家的浪潮。自1917年夏天以来，这一浪潮从今属意大利的里雅斯特（Trieste）到瑞典吕勒奥（Luleå）一线向东席卷了欧洲。芬兰自治区是1917年夏天第一个脱离沙皇帝国的国家。1918年，爱沙尼亚、拉脱维亚、立陶宛、波兰、乌克兰、格鲁吉亚、亚美尼亚、阿塞拜疆和白俄罗斯纷纷效仿。1921年至1923年，奥斯曼帝国的主干国家衰退的漫长阶段画上了句号，土耳其随之成立。最后，爱尔兰作为地理上的例外，在1916年的复活节起义和1921年至1922年的英爱战争之后，于1922年以大英帝国自治领的身份获得独立。

英国、法国、意大利及其盟国比利时、塞尔维亚、希腊和罗马尼亚等获胜的自由议会制民族国家作为模范，影响了东欧新民族国家建国的浪潮。然而，所有这些新建国家又各自卷入了新的战争冲突。而且，新国家之所以存在，主要不应归因于西方获胜势力的政治意愿，而是要归因于在抵御邻国侵略或阻止邻国夺回土地时所取得的军事胜利。以乌克兰和高加索地区的共和国为例，它们分别于1919年和1920年至1922年在军事上败给红军。它们转瞬即逝的独立时期随之告终。

在哈布斯堡皇朝的基础上发展起来的两个新兴多民族国家踏上了一条与众不同的建国之路。捷克斯洛伐克以及塞尔维亚

51

---

① 政治民族（Staatsnation）指的是围绕政治意义上的国家所形成的民族（国族），是具有国家背景的政治单位。

人、克罗地亚人和斯洛文尼亚人王国（1929 年后称南斯拉夫）都不是典型的民族国家。它们在其领土上团结了多个要求平等地参与新国家的民族，但有某些民族却企图攘权夺利（捷克人以及塞尔维亚人）。这些民族的政治领导人与战胜国有着特殊关系。

3　战争中的国家和政治

1900 年前后，自由主义的君主立宪制主导了整个欧洲。然而，战争联盟的形成导致这些自由君主立宪制的相似性逐渐褪去。法国、英国和意大利的战争宣传者一方面喜欢借助西方民主制，另一方面喜欢借助与之相对的东方专制、军国主义君主制。他们在德国的对手则用"1914 年思想（Ideen von 1914）"（民族共同体、有组织的经济以及强大的国家）来反对"西方"及其有关民主和资本主义普遍有效性的主张。随着沙皇的倒台以及美国在协约国一方的参战，这种意识形态上的指控被进一步推动，并在很长一段时期内发挥作用。当时，自由主义、议会主义和民主制被视为西方"文明"的缩影；共同体、强势的国家，以及（民族）社会主义，被视为中欧和德国"文化"的体现，以及斯拉夫和俄罗斯的传统。反自由主义潮流在同盟国国家赢得了支持。一个有影响力的民族主义阵营初具雏形。尤其是战争的最后两年，面对日益加重的战斗疲劳和左翼民主和平阵营的重塑，这一民族主义阵营变得激进化了。

起初，战争敌手们面临着非常相似的国内政治问题。在参战问题上，各国都试图使所有政治力量达成全国共识。各国政府通过以市民中产阶级为代表的少数活跃群体的战争热情而得到认可。由工人和农民组成的大多数人忠诚地接受了战争的爆发，这更是给政府吃了一颗定心丸。其直接结果是各方跨越了意识形态和宗教的鸿沟，结合在了一起。德意志国的"城内和平"（Burgfrieden）和法国的"神圣联盟"（union sacrée）确保了当时包括社会主义者和（法国）天主教徒在内的边缘反对派团体都被纳入其中。在英国，工会和工党也表现得忠心耿耿。

　　由此，社会主义工人运动的温和派开始融入民族防御共同体。战争持续的时间越长、国防工业和交通运输的重要性越大，这一步就变得越重要。事实上，工人阶级在国内政治中占据关键地位，其忠诚度是各国能够继续进行战争所不可或缺的先决条件。此时，工会会员参与了军火工业工作条件的谈判以及劳动力的构建。在法国和英国，工人党代表被纳入战争内阁，工会干部与商界领袖和政府官员一起，在监督和协调战争经济及军备生产的各个组织中占有一席之地。德意志国的领导人则望尘莫及。但是，1916 年 12 月，德国企业引入了雇主和雇员平等参与的委员会，以规范所有与劳动力部署有关的问题。并非所有国家吸纳工人组织的做法都取得了成功。1915年 5 月，在意大利社会主义运动中，支持参战的人仍占少数。该国的军工企业要服从军事指挥，并承担军事义务。这样，其军火工业才得以维持。但在这种情况下，工人还是取得了公司层面的发言权。社会主义领导的工人和战争支持者之间的彻底决裂只发生在了俄罗斯。1917 年的二月革命清楚地表明，尽快达成和平的要求得到了工人阶级和农民的广泛支持。从1917 年 8 月起，布尔什维克将自己树立为这一和平要求的激进代表，从而赢得了大多数工人和士兵委员会的支持。

　　军事领导人在政治方面的控制权是所有交战国的另一个根本问题。军事领导干部们获得了广泛的权力。在保密义务（Geheimhaltungszwang）的宽广卵翼之下，他们可免受民事控制的干预。正如哈布斯堡皇朝和沙皇俄国一样，在德意志国，君主作为军队最高总司令，是宪法规定的唯一责任人。这意味着，无论政府还是议会都无法控制军事行动。但事实上，在君主立宪制国家中，君主们纷纷退居到获胜的强大军队将领身后。像保罗·冯·兴登堡（Paul von Hindenburg）或阿列克谢·布鲁西洛夫（Alexei Brussilow）这样的将领，被尊崇为人民英雄。德意志国实际上确立了兴登堡和鲁登道夫（Ludendorff）领导下的第三最高陆军指挥部（die dritte Oberste Heeresleitung）和帝国政府的双重统治。法国和英国则出现了相反的趋势。在那里，政府、议会和军队之间斗争激烈。1916 年，民事当局从中获胜。尽管菲利普·贝当（Philippe Pétain）等将军仍受到欢迎，但是，在当年数次进攻失败后，两国议会的秘密委员会确保了对军事行动的有效控制，并由此贯彻了政治方面对军队的最终决定权。

最后，在所有参战国家中，战争经费已成为一个日益紧迫的问题。各国都因发行短期债券和公债而债台高筑。在通过增加税收来筹集战争资金的道路上，政府只是踌躇前行。只有英国更加坚定地走了这条路线。在德意志国，不到 17% 的战争支出是由税收支付的，法国最多只有 15%，而在英国，这一比例明显要高得多，达到了 26%。结果，所有欧洲大陆国家的政府都给继任者们遗留下了沉重的财务困难和不断增长的通货膨胀。

4 "为祖国而死"——战争中的士兵和平民

在第一次世界大战结束之际，除中立国家外，整个欧洲的家庭都蒙受战争带来的伤亡。在四年多的时间里，战争颠覆了日常生活，儿子和父亲被迫与家人分离，农业、贸易和工业部门的工作岗位亟待填补，或一直空缺。在"家乡"和在"前线"的体验却截然不同。当然,前线和家乡之间存在着联系。战地信件、度假者、被免除兵役的人和新移民将两个经验世界联系了起来,并在被审查条件下,互相通报前线和家乡的新闻。返乡者则在未经审查的情况下,亲述了自己的经历。据估计,在1918年,每三名德国工厂工人中,就有一人有上前线的经历。但是,机械化战争所带来的新的恐惧和战壕中的煎熬将前线士兵紧密联结在一起,导致他们与平民接触时感到恼怒、失语。士兵往往不信任后方和家乡的乌拉爱国主义(Hurrapatriotismus)[①]。与此同时,前线经验加深了士兵和军官之间的隔阂。各国社会等级之间的差异在这方面也显而易见。只要贵族在军官队伍中占据(准)垄断地位,军队内部的紧张感便会骤然陡增。在这里,权力和能力之间的不一致往往特别明显,同时,农民士兵和他们的贵族军官之间的社会仇恨也变得更加突出。1917年和1918年,所有军队都经历了严重的内部纪律危机。这场危机在沙皇军队和同盟国军队中先后骤变为叛乱。在战壕中,和平时期的社会紧张局势要么被弱化,要么被恶化。在这里,西方民主国家更大的整合力量得到了证实。前线的同志友谊与其说是浪漫的理想,不如说是生存的需要。前线的经历也"发明"了新型男子气概的形象和美德,这不仅深刻影响了幸存者,也塑造了两次世界大战期间的青年男性。在受过教育的人以及市民出身的新一代官员的圈子里,一种活跃的、好战的男子气概成为标杆;源于战壕队伍行为守则的一些消极的美德(passive Tugenden)——如坚韧不拔和英勇无畏的精神,也成为新式男子气概的重要典范。

56

---

① 乌拉爱国主义(Hurrapatriotismus)是一种具有讽刺意味的贬称,指的是美化战争的极端狂热爱国主义或沙文主义。"乌拉"(Hurra)是加油的呐喊声音。

5　战争中的阶级社会和多民族国家

尽管退伍军人十分强调其战争经验的独一无二，并且在对前线同志友谊的崇拜中培养这种经验的排他性，但是，世界大战并不仅仅发生在前线。根据政治领导人的意愿，整个社会都应成为"大后方"（或"后方战线"，德语：Heimatfront）。现实与全面动员的幻想之间差距很大，但是，交战国处处显示出民族共同体化的痕迹。为阵亡者及家属、难民和被疏散者捐款和募捐成为战争期间日常生活的一部分。教师和牧师的爱国主义演说亦是如此。尤其是在农村和小城镇，这些演说发挥了传播爱国主义和坚贞不屈的毅力的重要作用。此外，所有国家都展开了对间谍和叛徒的追捕。外国人一般被认为是可疑的；与此同时，逃避兵役者以及发战争横财者也被树立为敌人。少数民族——特别是犹太少数民族——遭到了普遍怀疑：在德意志国，他们在战争中的投入被单独计到一个特殊的"犹太账目"中；在俄罗斯帝国，他们被赶出了靠近前线的地区。随着价格在战争中持续上涨，最后，只有黑市才能为人民提供食物，这些敌人形象也变得越来越重要。

只有在特别有利的条件下，"大后方"才能得以维持。实际上，只有法国和英国属于这种情况。在整个战争期间，这两个国家成功保证了自己人口的供给。国家干预使得医疗供给和食品营养都有了保障。其他国家的情况则完全不同。在那些国家中，供给状况很快恶化。从 1916 年起，饥荒开始蔓延。缺货变得如此之严重，以至于最晚至 1917 年，城市居民只能通过黑市交易才能养活自己。鉴于运输困难和劳动力短缺，德意志国、俄罗斯、奥匈帝国和意大利的农村局势也十分紧张。供应危机开始将民族和国家强制组成的共同体分裂开来。

主要由中产阶级支持的"国族力量（nationale Kräfte）"

越来越将工人视为攻击目标。产业工人凭借其对战争经济的重要性获取了少许利益，这使得工人阶级与"国族阵营（nationaler Lager）"之间越来越疏远。同职员和公务员相比，他们的工资更能跟上物价上涨的步伐。工人与职员、公务员之间的收入差距缩小。在俄罗斯，两组人的工资差距从 1∶4 缩小到了 1∶1.8。在德国，人们谈起了"中产阶级的无产阶级化"。通货膨胀也开始使资产阶级和小资产阶级圈子的金融资产和储蓄贬值。越来越多的中等收入者不得不放弃本阶级的舒适生活和地位象征：他们负担不起佣人，资本收益收入也有所减少。欧洲大陆的民族动员能否成功，主要取决于农村人口是否能够永久地参与到战争中来。相对而言，他们输送了大多数士兵，在牺牲者中所占的比例也相应较大——只有中产阶级因战争而亡的人数日益增多，因为从中产阶级中招募的军官越来越多。

　　战争加剧了城市阶级之间的紧张关系。它持续的时间越长，为了越来越虚幻、遥远、抽象的目标所做出的牺牲就越大，它就越是变成了一场统治者的战争。战争明显提高了对工业中心阶级结构的认识，且为劳工与企业家、资产阶级民族主义阵营之间新一轮有组织的政治和社会对抗奠定了基础。第一次世界大战在整个欧洲引发了一波罢工浪潮。这些罢工除了要求对多年以来的短缺、额外劳动以及实际工资损失进行物质补偿外，还追求真正的政治目标，例如将关键产业社会化、扩大选举权以及将宪法民主化等。1917 年至 1918 年的罢工拉开了罢工浪潮的序幕。在俄罗斯、德意志国及匈牙利，这些罢工导致了由温和派或激进派的社会主义者所领导的革命。在 1919 年和 1920 年，英国、法国和意大利这些获胜国也发生了罢工。这一"红色浪潮"甚至席卷了中立国家。1918 年至 1919 年，瑞士出现了一次罢工浪潮；在瑞典，1918 年 11 月的总罢工迫

58

59 使宪法得到修改；西班牙也经历了一场大规模的地方和行业罢工浪潮。战争结束时，上层和中层阶级发现，他们之前的权力和社会地位受到了工人阶级的威胁。

与此同时，第一次世界大战在城市和农村人口之间播种了不信任，甚至是相互仇恨的种子。饥肠辘辘的都市人认为，他们面对的是利欲熏心、铁石心肠的农民，这些农民从他们的供应短缺中牟利。另外，面对生产瓶颈和通货膨胀，农民拒绝以国家规定的最高价格出售，而是向更有利可图的黑市供货，或者像在俄罗斯那样，转变为自给自足的经济模式，以保障自己及其村庄共同体的供应。在通货膨胀和粮食短缺未得到国家有效遏制的各个地区，城市消费者和农民生产者之间的紧张关系都在加剧。

但是，从总体上来看，战争给农村带来的正负后果无论如何都尚未明了。各地的农村财产所有人都能够偿还债务。在大多数国家中，农村居民在战争结束时所拥有的金融资产比以往任何时候都多。另外，战争中农民士兵所经受的爱国考验增加了战争结束时对物质赔偿的要求。大地产和土地租约主导的地区，农民对拥有自己的土地的要求变得尤其普遍起来：1917年夏天，在俄罗斯，自发剥夺和再分配（贵族）大地产的浪潮，洗刷了临时政府继续进行战争的所有尝试。越来越多的农民士兵蜂拥回家，分享终结贵族压迫以及拥有自己的土地的集体梦想。在1917年的危机中，意大利前线崩溃，只能在150公里开外的腹地处稳定局面。鉴于这种情况，政府许诺给予农民士兵土地。战争结束后，虽然兑现这种爱国主义式承诺的行

60 动很少，但据记录，意大利农业土地所有者人数从1911年的225万上升到了1921年的417万；大多数新农民都是小型和微型地产所有者。

在多民族聚居区，社会紧张局势同时或主要表现为宗教和

族裔群体之间的冲突。另外，这些地区性或地方性的冲突点很难通过中央政府层面的政治规划来解决。自 1917 年以来，这种中央的政治规划便一直尝试脱离战争，使大后方重获和平。

第一次世界大战后，农村人口在整个欧洲已经成为一个独立的政治因素。他们越来越不接受贵族或资产阶级大地产主的领导主张，而是更喜欢来自自己阶层的领导人。与此同时，在东欧的农村社会中，这意味着大地产主、小农或佃农以及农业劳动者之间的宗教、语言及民族差异正在被政治化。当时，爱沙尼亚人、立陶宛人、拉脱维亚人、乌克兰人、克罗地亚人和斯洛文尼亚人等以农民为主的民族都将自己视为政治上的国族（Nation）。于是，各地出现了新的农民政党。它们致力于代表其农村选民的经济和社会利益，同时清楚地表达其民族的参与要求。

6　战争文化

第一次世界大战在欧洲文化中留下了清晰的印记。一方面，集体阐释的模式发生了变化，有关战争事件的个人和集体记忆有了新的表现形式。这种观念和图像世界毫无个人特色的改变又与画家、作家及建筑家艺术创造的新形式密切相关。

首先，审查制度被引入，同时战争宣传也被组织起来，以确保政治上的一致性。在接下来的四年以至更长的时间内，由此产生的千篇一律、整齐划一，使任何形式的区分几乎不再可能。在海报及图画中，敌人被贬损、被非人化。这些作品里充满了野蛮人、类猿人和食人妖；为了增加仇恨，这些作品认为敌人毫无道德可言。其次，一场毫无限制的英雄崇拜展开了，其核心在于将自己集体英雄化。普通步兵位于这种英雄崇拜的中心，交战国在这种崇拜中各自庆祝自己的身体和道德力量。

61

　　我们并不十分了解战争宣传的意象和隐喻究竟发挥了多么强大的作用。但无论如何，法语和英语中对德国人的称谓"les boches"①和"the Huns"已成为固定说法，并至少在接下来的两代人中流传。

　　战争宣传在知识分子、教授和时政评论家的意识形态战争中，以更微妙却又更持久的形式体现了出来。战争的爆发引发了一场宣言之战。德国方面于1914年10月4日发表了题为《告文明世界书》（An die Kulturwelt）的"九三宣言"（Aufruf der 93）。《泰晤士报》则发表了52位英国作家的声明——《一场正义战争》（Ein gerechter Krieg）。双方在最高道德价值和基本社会秩序原则方面构建了差异，以使战争合法化，并宣扬与对手的天壤之别。在这场"精神之战"中，声调变得越来越尖锐，论证则越来越浅薄。哲学家亨利·柏格森（Henri Bergson）简明扼要地指出，对德国的战争是"文明反对野蛮的斗争"。《丛林奇谭》（Das Dschungelbuch）的作者、大英帝国在文学上的辩护人鲁德亚德·吉卜林（Rudyard Kipling）在《泰晤士报》上发表的一首战争诗中简洁地写道："匈人就在门口！（The Hun is at the gate!）"[3]，维尔纳·桑巴特（Werner Sombart）在他的《英雄与商人》（Helden und Händler）[4]一书中，将英国人贬低为没有道德的物质主义商人民族。在这样的气氛中，国际科学联系中断了。这种沙文主义的高涨和脱轨具有重要的意义，因为在很长一段时间内，其影响依旧。战争结束后，同盟国的科学家和知识分子只勉强获得了进入国际组织的权限。因此，拒绝国际主义、强调文化和知识的特殊性成为两次世界大战期间德语区和匈牙利科学文化的一个根本特征。

---

　　① 法语中的"boche"一词为法国人对德国人的蔑称，大致相当于"德国鬼子"。

民族主义动员注定会成为这个时代的特征。只有国家科学领域中的少数人能摆脱其影响，其中包括新形成的反对一切民族主义和帝国主义的势力。和平主义和社会主义潮流代表着激进的反抗先锋派，其激进性往往与他们在战争的前三年影响小、占少数直接相关。

除了从战争第一天起就被灌输到他们思想中的陈词滥调（"英雄式的白刃战""快乐的冲锋"），参战人员自己有何想法呢？从前线士兵的直接体验，到在一战期间产生并流传的图像，这的确是一条漫长而曲折的道路。这些图像最终通过社会记忆被传承下来。审查方并未公布在前线抓拍的身体部位和尸体的照片。极端的感知体验和焦虑状态留下了严重的心理苦疾，受创人数超过了军医和精神科医生的所有预估。"无法描述"和"空虚"这些反复出现的说法，表明了战争场景是无法向他人传达的。集体传播的新的图像、照片、隐喻和表现形式，将这一缺口逐渐填补起来。通常，文学创作需要一定的时间，才能聚焦经验：巴比塞（Henri Barbusse）于 1916 年出版的《火线》（*Le Feu*）可谓是孤独的先行者，随后，恩斯特·云格尔（Ernst Jünger）于 1920 年以《钢铁风暴》（*In Stahlgewittern*）一书跟进。埃里希·玛丽亚·雷马克（Erich Maria Remarque）1928 年的经典之作《西线无战事》（*Im Westen nichts Neues*）和同年的路德维希·雷恩（Ludwig Renn）的《战争》（*Krieg*）已经成为战争事件发生 10 年后出现的名副其实的文学大潮中的一部分。那时，已发展出梳理各类战争的恐怖的现成格式。在英国，西格夫里·萨松（Siegfried Sassoon）和维尔浮莱德·欧文（Wilfred Owen）这样的诗人的诗歌引起了公众的广泛关注。这些诗歌公开表达了战争经历。

在德国，"朗格马克"神话（Mythos "Langemarck"）流行了起来。1914 年 11 月 10 日，德国在西部战线的一次损失

63

惨重、并不成功的进攻，变成了一部被浪漫化的英雄史诗。据传说，高中生和大学生们唱着德意志之歌，幸福地赴死。德国大学所营造的这种爱国形象，与延续到1945年的德国民族主义的传统英雄崇拜非常吻合。朗格马克纪念活动成了国家节日历法中不可或缺的一部分。1932年，国家举行了"德国青年的荣誉日"中央庆祝活动，德国学生团体组织了"朗格马克捐赠"活动。其他国家也出现了类似的浪漫英雄神话。特别是围绕着战机飞行员，发展出一种浪漫化的英雄崇拜，远远脱离了大规模死亡的现实。

然而，从许多战争参与者的角度来看，对战争事件的描述应当讲求实际、朴实无华。因此，对德国人、英国人和法国人来说，1916年西部战线的两场大规模技术装备战——凡尔登和索姆河战役，成为国家对第一次世界大战的诠释的核心记忆之场①。在那里的不再是理想主义青年，而是普通的步兵，他们英勇地坚持到底，捍卫岗位，从而摧毁了敌人的歼灭计划。"Ils n'ont pas passé"/"他们没有通过"——这是法国凡尔登神话的核心内容。"灰色钢盔组成的前线如钢铁一般，不动摇，不屈服"，这是德国的版本。这两个记忆之场都体现了国家对现代技术化战争的诠释。这种国家释义使得个体成为"传动装置中的小齿轮"；在前线的服务，则成了往"绞肉机"中的投入。

7　为祖国牺牲：民族的死亡崇拜

除了对战士的英雄化和对战斗的神话化，还发展出对这次大战牺牲者的一种名副其实的死亡崇拜。民族主义言论总是

---

① 记忆之场（Erinnerungsort）是一个与集体记忆相关的概念，它指的是在集体记忆中具有特殊意义的特定的地点、物体或事件。

热衷于使用宗教语言，将参战人员的死亡与基督的献身进行比较，并提到"殉难"和"上帝的选民"。战争地点建起了庞大的士兵墓地。它们有样式统一的大规模地盘，大多数都朴素冷峻，在自然环境中被以"英雄林"或公墓的形式建造起来。在英国，一行行坟墓间大多长着虞美人花。无名战士墓成为纪念活动的中心地点。在 1920 年 11 月 11 日的第二次胜利纪念活动中，法国和英国同步举行纪念仪式，分别在凯旋门下和威斯敏斯特大教堂安葬了一名无名士兵。此外，英国于同一天在白厅举行了纪念碑揭幕仪式，该纪念碑是所有在一战中阵亡的英国士兵的空墓。在其他国家，这种空墓纪念碑作为中心纪念场所，也逐渐被建立起来。在德国，直到 1931 年，柏林的新岗哨（Neue Wache）才成为第一座烈士中央纪念碑。但除了这些中央纪念碑之外，每个地方都有战争纪念碑，上面标有牺牲者的名字。在风格上，它们或简洁，或有英雄气概，而戏剧性或现实主义的表现形式则遭到普遍否定。这些地方的纪念活动上升为重要的民族事件。在法国，在退伍军人协会的要求下，他们纪念牺牲"同志"的那一天，即 11 月 11 日，自 1922 年起成为国家假日。在英国，11 月 11 日后的第一个星期日成为国家纪念日。在德国，从 1926 年起，国民哀悼日起到了这个作用，在意大利，胜利日（11 月 4 日）被定为国家假日。

65

　　死亡崇拜的政治意义从一开始就存在争议，有关政治挪用的争执很快开始了。在德意志国和意大利，民族主义右派利用它来为战争歌功颂德，并借此将焦点放在战争对民族的价值上，取得了不同程度的成功。在意大利，法西斯运动——1922年起即法西斯政权——允许了这种死亡崇拜；在德意志帝国，关于这种纪念活动，各政治阵营之间仍存在争议。至 1930 年，社会民主工人运动成功地阻止了右翼阵营垄断这些纪念活动并对其进行有利于他们的解释。从 1933 年起，纳粹政权利用这些纪念日使人们为下一场战争做好准备。英国和法国的情况则不同。在那里，爱国记忆与对战争的和平主义警告融为了一体："永远不重演"（法语：plus jamais ça）是这两国纪念活动所传达的核心信息。

8　从战争到和平：巴黎近郊条约及其后果

在凡尔赛（1919 年 6 月 28 日与德意志帝国签订）、圣日尔曼昂莱（1919 年 9 月 10 日与奥地利签订）、讷伊（1919 年 11 月 27 日与保加利亚签订）、特里亚农（1920 年 6 月 4 日与匈牙利签订）和塞夫尔（1920 年 8 月 10 日与奥斯曼帝国签订）签订的一系列条约共同缔造了一个全新的欧洲政治地图，即"凡尔赛和平秩序"。在胜利者眼中，这一秩序应当确保持久和平，并解决导致第一次世界大战爆发的多种冲突。然而结果却并不符合、也不可能符合过高的期望。因为，获胜国和失败国的政治大众是分别怀着相当不同的期望来阅读条约文本的。人们很快发现，"头脑中的战争"不可能结束。特别是在德国，这种"指令"的道德合法性遭到驳斥。在匈牙利亦是如此。直到第二次世界大战随着德国于 1939 年 9 月 1 日进攻波兰而爆发，"修订"条约的要求一直以来不仅是欧洲外交的长期主题，而且是各战败国中包括共产党人在内的所有政治潮流的外交政策共识。以《塞夫尔条约》为例，仅在三年之后，《洛桑和平条约》就对其进行了修订。后者虽确认割让奥斯曼帝国在中东的领土，但承认了在小亚细亚新成立的土耳其共和国，并在对土耳其有利的条件下修订了该国与亚美尼亚之间的边界。15 年后，中欧也进行了修订。德意志国于 1935 年重新引入义务兵役制，改变了条约体系的权力政治先决条件，另一个里程碑是 3 月的"德奥合并"（"Anschluss" Österreichs）和 1938 年 9

月的《慕尼黑协定》，以及秘密划分了德国和苏联在东欧的势
力范围的希特勒－斯大林条约①。此外，1939年和1940年的
第一次和第二次维也纳仲裁法庭的判决改变了和平会议所制定
的有关匈牙利、罗马尼亚和斯洛伐克之间的基本边界的规定。

　　凡尔赛和平体系的相对失败与所有参与方的努力和期望
形成了鲜明对比。和平会议是一个庞大的机构。专家们成立了
52个专业委员会来处理众多细节问题。在这些委员会的框架
内，参与国的外交人员制作了无数备忘录、地图和报告，这一
过程尤其需要历史和地理方面的专业知识。在战争结束时，获
胜方的联盟中共有27个国家参加了会议，但战败国代表团均
未被接纳。在这个圈子中，法国、英国、美国、意大利和日本
这"五巨头"在所谓的五国委员会中拥有特殊权力。然而，做
决定的是"四巨头"的圈子：劳合·乔治（英国首相）、威尔
逊（美国总统）、克列孟梭（Clémenceau）（法国总理）以及
奥兰多（Orlando）和尼蒂（Nitti）（两位意大利总理）。

　　与会人员被寄予厚望。自1914年8月以来，军事冲突的
持续时间和严重程度、大量的受害者以及巨大的代价极大增
加了各民族对取得令人满意的结果的希望。整个欧洲都沉浸在
一股过热的民族情绪中。战争宣传的这些后期成果影响了各国
公众的要求——尤其是在法国、英国和意大利。人们要求获得
保障、安全、战争赔款以及明显的权力收益。以英国和法国为
例，这种民族主义期望的压力特别强烈。在战争最后阶段，这
两个国家的执政联盟开始转为右倾。然而，包括左翼民主派、
社会民主主义及社会主义工人运动在内的政治左派将这种追求
通过胜利谋取和平的气氛缓和了些许。他们想要的首先是可

> ①　希特勒－斯大林条约（Hitler-Stalin-Pakt）的正式名称为《苏俄互不侵犯条约》，
> 又称《莫洛托夫－里宾特洛甫条约》。

靠而公正的和平。在这个阵营中，俄罗斯工人和士兵委员会于1917 年 11 月 8 日决议退出战争时所提出的口号很受欢迎："没有吞并和赔款的和平"。

68 　　然而，所有阵营都将期望投射到美国总统伍德罗·威尔逊的和平目标上。他于 1918 年 1 月 8 日首次提出了十四点原则，并于 7 月 4 日、9 月 27 日和 10 月 21 日在其向美国国会的致辞中多次解释并重复。在许多人看来，这些原则适合作为和平条约的基石。其中前四点提出了未来国际政治的一般原则：放弃秘密协议、航行自由、减少贸易限制、有控制地减少军备。第六点至第十二点与边界问题有关，具体来说，这几点涉及三个东部帝国的未来。恢复比利时、罗马尼亚、塞尔维亚和黑山的主权，以及将自 1871 年以来属于德意志国的阿尔萨斯 - 洛林归还法国——这些要求既清晰明确，又理所应当。但涉及俄罗斯（"民族自决权"）、奥匈帝国（"奥匈帝国人民自主发展的最自由的机会"）和奥斯曼帝国（"奥斯曼统治下的人民的自由发展"）的未来时，威尔逊仍然含糊不清。第十二点明确提出了建立一个独立的波兰国的要求 ①。此外，最后一点包含了建立一个国际联盟的想法，其目的是为大小国家构建一个集体的安全体系。

　　在并非所有情况都规定了具体形式（联邦、自治地位或完全独立）、并非所有解决争端的方案都已提出的情况下，人民自决权成为重整欧洲国家的指导原则。这两方面的综合问题理应成为巴黎会议关注的焦点。同样引人注意的是，美国总统在第五点中模糊地要求"公正地解决所有殖民问题"，由此可见他在尽可能地迎合其欧洲盟友。这实际上将这一领域完全留给了会议本身上的谈判。十四点原则的影响是灾难性的。在获

---

① 实际上有关建立独立波兰国的要求是第十三点。此处应为作者笔误。

胜国的圈子中，十四点原则打造了一个以原则为主导的自由国际主义的门面，而在其背后则隐藏着帝国扩张和巩固权力的政策。于是，英国、法国及意大利的政客们调整了他们对外扩张的战争目标及吞并土地的主张，以适应新的框架计划；同时，战败国及其政府在遭失败后，对这一计划表示欢迎，并希望借此免受在胜利者主导的和平下可能遭遇的困苦。在长达数月的时间内，威尔逊滋养了战败国一方的幻想，使得各国对具体和平条约的失望更加严重。对威尔逊而言，这恰恰事与愿违。

实际上，在1919年，帝国外交的旧世界再次盛行一时——尽管它于1914年便已失灵。"四巨头"的圈子很快恢复了强权政治。一旦需要重新平衡权力或满足盟友，这种强权政治便会破坏所有原则。例如，在考量民族自决权时，他们针对敌人和盟友，系统性地采用了双重标准。例如，讲德语的南蒂罗尔被划给意大利，匈牙利裔定居区被划给斯洛伐克和特兰西瓦尼亚。自我决定权的悖论在德意志奥地利（Deutsch-Österreich）的例子中变得尤其明显——作为哈布斯堡皇朝解体后所遗留下来的主干国家，这一地区试图与德意志国结合在一起。这将不可避免地造成德国领土和人口的增加。对于法国来说，这一后果无法被接受。随后，法国通过其在国际联盟中的否决票阻止了这一提议。此外，公民投票成为缓和有争议的边界问题的手段。在新边境地区民族动员的条件下，它发展为敌对邻国之间的选举战。针对德国和波兰在东普鲁士和上西里西亚（Oberschlesien）的边界冲突所进行的表决，便是一个例子。

结果，凡尔赛和平秩序是建立在战败的同盟国的去权力化的基础上的。事实上，在哈布斯堡和奥斯曼两个帝国解体后，各国可以向其提请赔偿的旧敌，只剩下此时的民主德意志国。在军事上，德意志帝国沦为了中等强国，失去了空军和舰队，

70

只剩下一支 10 万人的专业军队。西部邻国比利时、卢森堡和法国握有 1914 年德国发动进攻后全国公众强烈要求的筹码，莱茵地区和莱茵河右岸的桥头堡随之被占 15 年。在国际同盟的监督下，在萨尔区（Saargebiet）建立起了一个自治区。由此，法国尤其确保了其矿冶工业方面的利益。最后，《凡尔赛和约》第 231 条将战争的爆发完全归咎于德意志国，从而引发了持续不满。因此，在和约中，世界观方面的战争依然在继续，德国方面欣然接受了挑战，力图在道德上取消整个条约（"强制和平"）的合法性。

匈牙利的政治家和人民更加感到，他们的否定态度是正确的。《特里亚农条约》贯彻了此前在匈牙利国家中被压迫的各民族的所有要求。这些民族现在由他们自己的国家代表，并坚持将自己民族国家的土地补整（Arrondierung）①。而这并不仅是因为邻国罗马尼亚和捷克斯洛伐克在 1919 年反对布达佩斯苏维埃共和国的运动中提供了军事援助。

同样，获胜国方面，右翼和左翼的批评者都发了声。左翼政治阵营的大多数人认为，有必要进行有限的修改，以获得战败国家的认可，建立持久的和平秩序。在右翼一边，有人批评安全保障不够充分，因此有必要对德国进行更深入的控制。另外，由于意大利在分配德国殖民地时空手而归，并无法确保其在小亚细亚的势力范围，因此，在意大利民族自由派和民族主义阵营中，"残缺的胜利"（"vittoria mutilata"）这一说法流传开来。在意大利自由主义者和民族主义者看来，即便是在亚得里亚海地区，与斯洛文尼亚人、克罗地亚人和塞尔维亚人的新南斯拉夫国的主张相比，他们自己的目标被忽视了。

---

① 补整（Arrondierung）源自法语 arrondir 一词，意为在修订边界时，采取"五入"而非"四舍"的方式，以获取更大领土。

　　最后，对和约的历史评估问题依然存在。就此，持批判态度的历史学家指出，负责在巴黎谈判的政治家们错失了一次建立持久和平秩序的机会。与1914年的七月危机相似，一种个人因素凸显了出来，即政治决策者小圈子的负责能力。三个欧洲获胜国的代表显然太过于关注被民族主义所煽动的公众，以及为自己国家争取权力，因而无法超越帝国主义国家利益至上原则的界限。在这方面，通过谈判达成妥协是唯一切实可行的方法。这便突出了在战争结束之际，外交官活动空间之狭小。此外，欧洲许多地方很快显示出，自决权原则和民主国家的政治模式几乎不适合解决讲不同语言、信仰不同宗教的人口共同生活的复杂问题。少数民族和宗教少数群体的权利未能得到充分保护。民族主义的脱缰更是雪上加霜，使得少数民族问题成为两次世界大战期间国内和国际政治的一个持续性主题。

　　同样影响深远的是，整个和平工作在东欧遗留下了巨大的空白。西方盟国不愿承认苏联，故在巴黎谈判期间进行干预，支持俄内战中反布尔什维克的"白军"。结果，东欧的边界问题实际上依旧悬而未决。在1920年至1921年的波苏战争之后，苏联与其西部各个新的邻国之间的双边协议对边界进行了重新定义和确认。

　　美国在欧洲参与了两年多的政治军事事务后，于1919年11月撤出欧洲，没有批准和平条约，也没有加入国际联盟。这成为和平秩序的另一个缺陷。由此，作为调解者和共同缔造者，在金融和经济政策方面最重要的保障力量宣告退出，将场地留给了余下的两个帝国主义大国，即大不列颠和法国。

　　然而，凡尔赛和平秩序的主要障碍在于，它未能在获胜方和战败方之间架起一座桥梁。由于最高司令部隐瞒了自1918年9月以来已是穷途末路的军事局势以及11月11日的匆匆休战，德国公众依然信奉未来的总统埃伯特（Ebert）于1918年

74

1919年至1937年的欧洲

- 1914年以前的德意志帝国
- 1914年以前的俄罗斯帝国
- 1914年以前的奥匈帝国
- 1923年后的边界

挪威

克里斯蒂安尼亚/奥斯陆

瑞典

北海

丹麦
（1920）
哥本哈根

阿尔斯特 贝尔法斯特

都柏林
爱尔兰

大不列颠
和北爱尔兰

荷兰
阿姆斯特丹
伦敦

布鲁塞尔
比利时

凡尔赛 巴黎

柏林

德意志国

布拉
捷克斯洛
（1918

维也纳
奥地利

大 西 洋

法国

瑞士

的里雅斯特
（1919–1920）
阜姆
（1919–1924）

意大利

科西嘉
（法）
罗马

葡萄牙

马德里

里斯本
西班牙

巴利阿里群岛
（西）

撒丁岛
（意）

地 中 海

西西里

丹吉尔
里夫山脉
（法）

摩洛哥
（法）

阿尔及尔

阿尔及利亚
（法）

突尼斯
（法）

0 100 200 300km

芬兰
（1917-1920）

○赫尔辛基

○彼得格勒
（列宁格勒）

林

沙尼亚
（1918-1920）

拉脱维亚
（1918-1920）

里加

立陶宛
（1918-
1920）

○考纳斯

维尔纽斯

莫斯科○

苏　联

华沙○

兰

达佩斯

罗马尼亚

（1918-1920）

黑　海

（1920-1921）
土耳其

利

20）

格莱德

○布加勒斯特

保加利亚

○索非亚

斯拉夫
（1918-1920）

那

○伊斯坦布尔

安卡拉○

土　耳　其

尼亚

希　腊

雅典○

叙利亚
（1920
法国托管地）

伊拉克
（英国托管地，
1932年独立）

十二群岛
（意）

塞浦路斯
（英）

黎巴嫩

克里特岛

巴勒斯坦
（1920英国托管地）

地　中　海

外约旦

11 月所说的"在战场上不败"的幻想。这让德国公众对和平条约有着很高的期待。鉴于这种期待，实际达成的和平条件看起来是无法接受的。

9　凡尔赛和平与欧洲殖民主义：全球视野中的和约

凡尔赛体系的基石是于 1919 年 4 月 28 日成立的国际联盟。具有讽刺意味的是，威尔逊的这个宠儿最终不得不在没有美国的情况下渡过难关。这一新的国际组织的首要任务是监督德意志帝国的原殖民地以及主要讲阿拉伯语的奥斯曼帝国的旧领地。英国、法国和日本这三个帝国主义强国将德国殖民地作为国际联盟的托管地进行了瓜分；而在近东和中东，英国和法国继承了奥斯曼帝国的遗产，并作为占领军和保护国，接管了伊拉克、叙利亚、外约旦和巴勒斯坦等新建立的国际联盟托管区。前述区域是所谓的 A 类托管区，即应当在可预见的未来获得独立的国家。实际上，法国和英国建立起了对保护国的长期管理，并未准备早早离开这一因油田开采而具有战略意义的地区。对于英国来说，该地区可连接英国位于地中海（直布罗陀，马耳他，塞浦路斯，苏伊士运河）和印度洋（亚丁）的基地，并确保与英属印度的交通联系，因此受到了高度重视。

鉴于比利时、法国、荷兰、英国、西班牙和葡萄牙等欧洲成员国的殖民利益，国际联盟影响殖民地和托管地事态发展的机会寥寥无几。尽管如此，管理国被要求定期提交报告，在日内瓦新成立的国际劳工局也处理了 20 世纪 20 年代殖民地的雇佣关系问题。这一组织试图限制私营公司和殖民地政府滥用合同、强迫劳动，但只取得了一定程度的成功。这些努力促使各国通过了一项国际最低标准。然而，直到第二次世界大战为止，只有一部分欧洲殖民国家采纳了这一标准。鉴于殖民地对欧洲经济的重要性日益提高，在两次世界大战期间，通过建设以出口为导向的种植园或矿山，这些殖民地的经济开发和发展得到了加强。在大萧条（Weltwirtschaftskrise）之前，咖啡、糖、茶、橡胶和矿石的产量大幅增加，需要越来越多的本地的或来自亚非其他地区的工人。

　　因此，第一次世界大战的结局与凡尔赛和平秩序一起稳固并确认了既定的殖民秩序。然而，自 1917 年以来，它遭到了苏联和共产国际的批评。他们支持在欧洲的殖民地宣传并实践民族解放运动。

　　然而，与此同时，在战争期间出现了殖民统治结构的第一条裂缝。一方面，由于战争事件和战争宣传，欧洲人在道德上失去了信誉。特别是在印度和阿拉伯世界，第一次世界大战的结束引发了一场殖民统治危机。1917 年，鉴于印度在战略上和经济上对这场战争的贡献，那里的殖民势力尽管含糊其词，但仍第一次被迫向印度许诺建立"自治政府"（home rule government）。1918 年至 1922 年间，印度民族运动在他们的新领导人圣雄甘地（Mahatma Gandhi）的带领下，掀起了一场波及整个印度的抗议浪潮。英国尽力镇压，最终导致了阿姆利则（Amritsar）惨案（1919 年 4 月 13 日）。其间，英国军队杀死了 400~600 名手无寸铁的示威者。甘地制定的非暴力抵抗战略首次为全国运动奠定了广泛的群众基础，并促成了整个次大陆殖民地的团结。但这仍不足以摧毁英国的统治。但是，英国殖民政府还是为了争取时间而被迫做出了越来越多的让步。

　　20 世纪 20 年代初，法国、西班牙和英国面临着伊拉克（1920 年）、叙利亚（1925~1927 年）、埃及（1918~1919 年）和摩洛哥与阿尔及利亚（里夫战争，1921~1926 年）的起义。它们在各地都成功地平定了起义，但在摩洛哥的卡比利亚（Kabylei）地区，法国和西班牙军队需要与独立战士阿卜杜-

克里姆（Abd el-Krim）及其士兵进行一场真正的战争。在埃及，当地民族主义政党出席凡尔赛会议的要求被英方拒绝。之后，该国主要城市发生示威和骚乱。直到 1922 年，英国才承认埃及独立，但并未放弃军队驻扎以及对埃及政治、经济的非正式控制。

阿拉伯世界和印度的这些事态发展清楚地表明，第一次世界大战动摇了欧洲殖民主义和帝国主义的政治合法性，但其经济和军事基础暂时完好无损。对于西欧民主国家，以及在议会制和威权政权之间交替的伊比利亚国家来说，对殖民地的占据既有象征意义，又有物质意义。

10　战争的经济后果

第一次世界大战导致世界经济结构发生巨大变化。它打断了欧洲内部以及欧洲与其他大洲之间的部分国际金融和商品关系。协约国的经济禁运成功地阻止了同盟国的对外贸易，也影响到了中立国家。此外，德意志帝国的潜艇战打击了协约国的商船队，并越来越多地影响了中立国家。反过来，中立国家成为交战国的重要贸易伙伴，并成为其农产品、原材料和工业产品供应商。由于交战国向国防工业转向，这些类产品的产量便不再充足。与此同时，交战国债台高筑。法国、俄罗斯和意大利主要利用了英国和美国的金融市场。在战争结束时，同盟国之间彼此积累了巨额债务。其中，美国占总数额的 45%，英国占 40%。革命的俄国，即苏联，拒绝承担沙皇俄国的任何国际债务。这意味着，约 22% 的债务（约 35 亿美元）被一笔勾销。与此相对的是，美国坚持认为协约国之间的债务需要偿还。此外，住宅、工厂、交通道路和运输工具在战争中遭到了相当大的破坏。另外，在被战争影响的地区，农业也遭受了长期的物

质损失。特别是在法国北部和比利时，农田和林地遭到了持久
性摧毁，土壤也被毒素污染。加利西亚、布科维纳和塞尔维亚
也蒙受了类似的严重破坏。

同时，战争在整个欧洲引发了货币贬值。各地都通过价格
管制来抑制物价上涨，但都未见成效。在战争期间，意大利的
物价平均上涨了四倍，英国则上涨了 2.2 倍。中立国家也由于
缺乏商品而面临通货膨胀。在瑞典这样的依赖出口的小国，物
价上涨了三倍。鉴于债务多、物资短缺，这一涨价进程在战争
结束后并未立即停止。1925 年，大不列颠和意大利的物价上
涨结束，法国则在 1926 年停止。然而，这些国家在此期间所
达到的通货膨胀率却远低于苏联、波兰和德意志国。在这三个
国家，货币贬值于 1921 年至 1922 年间恶化，并在 1922 年和
1923 年导致了恶性通货膨胀。这些国家的通货膨胀率也远低
于哈布斯堡皇朝的各继承国。偿还债务已成为大多数国家政府
经济政策的核心问题。例如，1928 年，债务偿还消耗了希腊
出口所得收入的 32%。

第一次世界大战也阻止了大批迁往海外的移民。尽管死亡
人数众多——尤其是在欧洲南部和东部国家，但鉴于战争所造
成的破坏，在战争结束后，仍然有向外移民的需要。对于那些
饱受战争影响的地区的人们来说，美国尤其是个吸引人的移民
目的地。但是，美国于 1922 年至 1924 年引入配额制度，从而
阻止了大规模移民。该配额制度的主要目的是限制来自东欧和
南欧的移民。

凡尔赛和平秩序的副作用或多或少地在无意中加剧了欧
洲国民经济从战时生产转为和平时期生产的困难。正当威尔逊
看到减少贸易壁垒是快速重建欧洲经济的最佳机会之时，于巴
黎郊区签订的这一和约所划分的政治边界却创造了许多新的壁
垒。欧洲的海关边界总共延长了 7000 公里。此时有了 38 个政

79

治实体，货币种类比战前增加了一倍。大多数国家政府采取了贸易保护主义政策。其结果是，关税常超过战前水平，使进口货物的价格明显上涨。

最后，德国的赔偿成为1919年至1932年间国际经济关系的一个持续性问题。凡尔赛会议并未就此提出解决方案：关于赔偿总额和应覆盖的损失范围仍存在争议——仅赔偿平民伤亡和比利时、塞尔维亚及法国灾区的重建费用，还是也包括残废军人和死者家属的养老金及抚恤金。1921年巴黎会议设定的赔款总额达2680亿金马克，这是英、法两国普遍存在的痴心妄想的结果，其目的是以牺牲敌人为代价，避免本国债务危机的威胁。赔偿给国际经济关系增添了负担，直至1932年，随着大萧条的到来，这一篇章才画上句号。

第一次世界大战通常被称为"20世纪影响深远的重大灾难"①（乔治·凯南，George Kennan）。1918年之后，在贵族圈子中，以及教授和政府部门官员中，人们开始怀念所谓的"幸福的"战前世界。一般而言，老一辈人亦是如此。但与此同时，只有极少数人明白，这个"美好年代"（法语：belle époque）已一去不返。特别是年长的精英们，他们固守对战前稳定秩序的幻想，但这一图景已渐行渐远。战争的势头带来了许多改变。特别是在年轻一代和从工人、雇员到农民的下层阶级中，一种希望被唤醒了。这是对更美好的未来的希望，也是对战争的苦难早日做出补偿的希望。战争带来的多种多样、普遍出乎意料甚至令人震惊的新体验，也为当时的人们带来了新的期望。最大胆的技术计划以及政治乌托邦似乎都是可行的。1914年夏天，由于社会主义工人运动第二国际中多

---

① 美国外交官乔治·凯南（1904~2005）的原话是"the great seminal catastrophe of the 20th century"。

数国家之间存在民族联系，反对帝国主义战争的一场实际斗争
失败了。然而，自 1917 年 2 月以来，不仅俄罗斯的布尔什维
克幻想通过革命来终结以爱国主义为旗号的大规模死亡，而且
社会主义革命的期望在整个欧洲也传播了开来，其传播范围包
括工人、左翼工会会员以及社会主义工人运动成员。在政治光
谱（politisches Spektrum）的另一端，民族主义保守派阵营
的权重也发生了变化。尤其是在新成立的国家和战败国家中，
形成了一个新的右翼阵营。它从战争的经历中汲取政治灵感，
呼吁本着军事纪律的精神、采用"前线团体"的方式来实现社
会团结，以战争计划经济为样板来定义经济效率，以军事动员
和军事领导为样板来构想政治统治。民族主义和社会主义阵营
让人们有了更多样的期待；与此同时，自由主义更加坚定不移
地坚持其 1914 年以前的思想。许多自由主义者希望恢复到全
面动员之前的政治和社会状况，或期待以战前几十年舒缓且可
估的速度在政治和社会解放方面取得进展，走向民主。他们期
望，第一次世界大战只是短暂地打断了漫长的 19 世纪发展进
程。对于今天的读者来说，这种自由主义的观点可能会很容易
引起共鸣。但是，历史学家不得不提醒的是，这种正统的观点
将动员和设计一个不同的战后秩序的所有潜在可能留给了政治
对手，而且，自由主义回到 1914 年前的幻想产生了致命的影
响，尤其是在经济和货币政策领域。此外，自 1929 年起，这
样的幻想也严重影响了大萧条中的危机管理。在民主制的美国
的帮助下，西欧自由主义国家得以实施自己的军事意图。正因
如此，自由主义并不太愿意接受第一次世界大战的前车之鉴，
从而不得不在国际和国内层面经历巨大的失望和失败，然后才
从战争的经验中吸取教训。

第三章

持续负重的民主与民族

第一次世界大战改变了欧洲的政治版图。

它在各地都加快了推行普选制以及贯彻议会民主宪法的步伐。在包括中立国家在内的许多国家，这一进程都采取了改革的形式。君主制的国家形式得以保留，但各地都废除了王室可不受议会多数派的影响而独自任命政府的权力；同时，选举权也得到扩大。

斯堪的纳维亚国家正是这样推动了宪政制度（Verfassungsordnung）改革。瑞典于1919年确立了男性和女性在两院的普选权，并于1919年至1921年通过宪法修正案，将议会世袭君主立宪制确定为新的宪政形式。丹麦早在1915年就通过宪法修正案引入了议会制和妇女参政权。一战之前便已实行君主立宪制的国家将选举权进行了民主化。例如，挪威于1913年已引入男女普选制，荷兰于1917年引入男性普选制，并于1919年赋予妇女选举权。在英国和意大利，选举改革扩大了战后议会选举的选民基础。比利时（1919年推行男性平等普选制）、卢森堡（1919年推行男女普选制）和罗马尼亚（1926年赋予男性普选权，并赋予妇女有限的市政选举权）进行了类似的议会化或民主化的修宪。塞尔维亚王国出现了一种特殊情况：新成立的斯洛文尼亚人、克罗地亚人和塞尔维亚人国保留了议会制宪法，但在当时，该国由其君王统治。

与此相比，除保加利亚外，其余战败国都推翻了君主制，成立了民主共和国（德国、奥地利、匈牙利、土耳其）。在1918年中欧和东欧的君主制多民族帝国瓦解之后出现的新的主权国家，也建立了议会制共和国，如芬兰、爱沙尼亚、拉脱维亚、立陶宛、波兰和捷克斯洛伐克。爱尔兰自由邦是爱尔兰民族主义者在1922年发动的反英独立战争中建立的，是大英帝国的自治领。它也将自己视为一个共和国，但考虑到自身军事力量，不得不接受对英国王室的正式从属关系（直到1949年）。外高加索国家格鲁吉亚、亚美尼亚和阿塞拜疆也采用了这种模式。它们在建立之初为主权共和国，然后在俄罗斯内战中被红军征服，并于1922年重组为苏维埃共和国。因此，它们属于欧洲战后随即建立起来的第三种宪政类型。苏联宪政继承了1905年和1917年革命中的革命工人、士兵和农民代表会议，并发展出了代表会议民主制①的模式。但从一开始，这种宪政制度就因对其他一切政治力量的禁止或迫害，以及契卡的政治恐怖和内战而变了味。但是，在1918年至1920年间，这一模式在匈牙利、意大利和德国被宣传为议会制民主的社会主义替代品，并在慕尼黑和布达佩斯昙花一现的苏维埃共和国中被试用。

总体而言，作为第一次世界大战和凡尔赛和平秩序的结果，议会民主制在欧洲大部分地区盛行，取代了自由主义君主立宪制，成为一种"标准宪政"。即使其领土上数量可观的少数人口都认为他们属于语言上、种族上或宗教上的少数民族，所有这些议会民主国家仍然都将自己视为基于民族政治共同体的民族国家。在东欧和东南欧各国，平均有四分之一的人口属

84

---

① "代表会议民主制"（德语：Rätedemokratie）即"苏维埃民主制"。"苏维埃"是俄语 совéт 一词的音译，意为"会议"或"代表会议"。

于这类少数群体。在苏联，民族主义作为资产阶级意识形态遭到了强烈批斗，但是，在超民族的、最初甚至是跨民族的苏联内部，民族（Nation）被确立为组织原则。获胜的布尔什维克在夺取政权后，立即承认了俄罗斯帝国中各支民族（Volk）分离出去的权利，并在内战阶段重新征服帝国领土时遵守各个社会主义共和国之间自愿联盟和权利平等的原则。因此，在内战最后阶段中被夺回的那些于 1918 年从沙俄帝国联盟中退出的国家，被重建为独立的苏维埃共和国。1922 年，苏联通过了联邦宪法令。

匈牙利限制了选举权，并在实际上对左翼反对派进行了压制。所以，此时只有匈牙利和各苏维埃共和国偏离了议会民主制。20 世纪 20 年代初，民主民族国家逐步成功成为在欧洲占主导地位的宪政类型的原因有三点。首先，美国的参战大大促进了协约国将引入民主和人民自决权放在和平目标的前列。实行议会民主制成为在凡尔赛和平会议上被接受为谈判伙伴的必要先决条件。最初，战败国的保守派和民族力量希望，这一让步可换来更温和的和平。这大大加快了战败国家推行新宪政制度的速度。其次，社会主义工人阶级运动的温和派增加了对执政的资产阶级政府的政治压力，并迫使其引入民主条件。此外，妇女运动在选举权斗争中取得了成果。这也受益于以下事实：妇女在战争期间肩负起越来越多的公众能看得见的工作，例如护士，以及在社会服务或国防工业领域的工作等。这种努力在欧洲西北部、中部和苏联尤为成功。在这些地区，男性和女性拥有了相同的选举权，这大大扩大了政治参与的基础。最后，自 1916 年以来，在国际上活跃的各个"被压迫人民"的民族委员会日益获得成功，它们也主张引入民主条件，以维护其"无国家的"民族的自决权。捷克人、斯洛伐克人、波兰人、乌克兰人、白俄罗斯人、拉脱维亚人、立陶宛人和爱沙尼亚人的民族主义运动在罗曼诺夫、哈布斯堡和霍亨索伦王朝崩溃所造成的权力真空状态下，成功地动员了本国人口和胜利的力量。这种政治化的推动力与人民的社会和经济需求密切相关。在经历了战争年代的艰难困苦和惨重牺牲后，人民首先希望获得补偿。这种补偿会牺牲与旧君主制和特权阶层紧密联系的德国人、匈牙利人或俄罗斯人的利益。分配"外国"贵族手中的大型农业企业和财产——通常来说即实施土地改革，是第一波民族和民主动员中最受欢迎的要求之一。

1　改革计划和结构调整政策

86

在战间期，社会群体的要求具有多样性且互相矛盾。这使得新旧民主国家都面临着结构改革的压力。社会和教育政策是国内议程的重中之重，在欧洲南部和东部以农业为主的国家中，还存在着土地改革和土地所有权重新分配的问题。在新组建的东欧国家中，这两个问题都与维护新的政治秩序密切相关。布尔什维克分别于 1917 年和 1921 年选择了最激进的解决方案，即征用全部大庄园，并将其移交给农民。这样，他们便创建了一个"社会主义的"农村。在 1928 年强制集体化之前，80% 以上的小农都居住于此。类似的影响深远的农业改革仅发生在三个波罗的海国家。在这些国家，波罗的海德国贵族的庄园地产被没收，腾出的土地被分配给当地的农民。因此，这三个新民族国家获得了占人口多数的农民的长期支持。在罗马尼亚，尤其是在新获得的地区，也广泛进行了土地所有权的重新分配。这场改革至少影响了该国 20% 的农业用地。罗马尼亚的小农户从这项具有民族政治和社会动机的农业改革中受益匪浅。在其他东欧国家，重新分配的力度明显要小得多。因为，新政府通常考虑较大庄园的所有者的利益。在这些国家中，这些庄园主往往属于占多数的民族，在国家的民族运动中占有稳固的地位。因此，在波兰东部和匈牙利农村，所有权关系的不平等几乎没有受到农业改革的影响。在西班牙和意大利有关农业改革的冲突极大地加剧了左右阵营之间紧张的内政局势，并导致暴力冲突，最终导致了西班牙内战。

在所有参加第一次世界大战的国家中，政府对战争受害者的支持，尤其是对伤残者、战争遗孀和遗孤的扶助，已成为战后社会政策方面的紧迫任务。全欧洲需要帮助的人数已达数百万（已确认的残废军人达 800 万人）。为这些人口提供养老金、康复措施和就业计划，已成为国家预算的沉重负担。此外，在和平的最初几年内，几乎所有民主国家都决定通过社会政策改革法，压制了工人阶级更为激进的政治要求。此时，东欧仍以农业为主的民族国家也引入了四种经典的社会保险（养老金、事故保险、残疾和医疗保险）。在西欧和北欧的工业化国家，社会保险覆盖的人口范围显著扩大。因此，在两次世界大战期间，领取养老金、获得医疗、事故或伤残保险福利的人口比例大大增加。这一数字因国家而异，但对北欧、西欧和中欧国家而言，有社会保险的人在总人口中所占的比例普遍达到了 30%~60%。在以农业为主的国家中，这一比例明显更低，因为小农和农业工人没有或很少被这些社会保障体系覆盖。对他们而言，由税收资助的养老金或支持性的公共服务更为重要。但是，只有少数国家才有这种社会保障，如英国、丹麦、瑞典，以及明显大打了折扣的法国。1918 年后，许多欧洲国家都朝着引入强制性失业保险迈出了一步。第一次世界大战前，只有英国为其一小部分工业工人建立了这样的国家保险体系；战后，奥地利、比利时、丹麦、德国、芬兰、法国、爱尔兰、意大利、荷兰、挪威、瑞士、匈牙利、波兰和捷克斯洛伐克也引入了国家失业保险或类似的全国性的保险体系。在许多情况下，在法律上引入此类保险制度与其实际实施之间，存在着天壤之别。此外，即使在大萧条爆发之前，劳动力市场的大幅波动以及某些行业和地区日益严重的结构性失业已经给新保险公司的融资基础带来了不小的负担。而且，相当数量的工人事实上仍然游离于这些新的保险系统之外。1929 年之后，仍在筹建中的失业保险最终完全陷入了支付和筹资问题的泥沼。实际上，所有国家都不得不通过特别扶助计划或在一般性贫穷救济的框架内，才能为投保的失业人员提供额外的支持。

在两次世界大战期间的欧洲，有法律保障的社会福利权利显著增加。在工业化国家（例如英国、奥地利或德国），各种社会支出在国内生产总值中所占的比例从战前的低水平（2%、3% 或 9%）上升到 11% 以上。由此产生了一种典型的分配冲突。新的民主主义议会因这些社会福利而爆发了这种冲突。在扩大社会保障覆盖面、增加福利金和保险费这一议题上，（民族主义和自由主义的）资产阶级政党和社会主义政党意见相左。

战间期的另一个典型的社会政策领域是对家庭的扶持。在这方面，民族主义人口政策无疑是一个明显的标志。特别是在战争期间人口大量流失和出生率下降的国家，如欧洲北部、西部和中部的国家，这种政策得到了广泛宣传和传播。为了增加国民人口，这些国家对子女多的家庭提供了支持，例如通过增加儿童补贴以补充工资，或在怀孕和分娩时提供公共福利以及法律保护等。

最后一个迫在眉睫的社会政策问题是住房建设。战争年代建筑工作的大面积停滞进一步加剧了战争结束后城市中心普遍缺乏经济适用房的问题。与此同时，年轻的士兵们得到了回国后能获得更好的住房的允诺。"英雄有房住（homes for heroes）"成了英国政客们的一条流行承诺。在这种情况下，社会租赁住房变成了社会政策的一个重要领域，公共当局为解决城市住房短缺问题做出了巨大努力，在新建住房数量方面取得了不同程度的成功。例如，在英国，公共住房是提供 100 多万套住房的主力军；在德国，这一新的公共住房行业涵盖了 56 万套住房；而在同一时期的法国，社会住房机构只建造了 15 万套住房。与此同时，公有的或合作所有的城市租赁住房也成了社会改革者和卫生领域专家的试验田。他们将这些建设计划与意义更为深远的日常生活改造计划联系在了一起。

90　　　在扩展公立学校和教育体系的过程中，民族政治方面（nationalpolitisch）和民族文化方面（nationalkulturell）的利益也扮演了重要的角色。第一次世界大战前夕，欧洲的学校和教育格局中，明显存在东西之间和南北之间的鸿沟。在两个东方帝国（奥斯曼帝国和俄罗斯）以及欧洲南部和东南部国家，绝大多数人口是文盲（1914 年，俄罗斯的文盲率仍为75%），而在北欧、西欧和中欧，只有一小部分人不会读写。从苏联到西班牙，与文盲率做斗争都是教育政策的主要目标之一。但这一斗争取得的成果却不尽相同。尤其是在诸如葡萄牙、西班牙、阿尔巴尼亚、苏联等国的农村地区，进展仍然较为缓慢。而城市和工业中心却明显追赶了上来。但实现义务教育是东欧和南欧的一项大计划，新民主国家也出于民族政治利益考量而致力于此。这些学校传播了本国语言和民族文化。它们被设计成同化众多少数民族的地方。公立学校教师同时也是传播民族意识和爱国主义的先驱。当这些民族政治计划歧视少数群体关于学校教育政策的主张时，则不可避免地导致了政治冲突。

　　在战间期，中学和大学的扩张只影响到一小部分社会少数群体。但是，这对于发展新兴民族民主国家而言，与普及义务教育具有同等重要性。新兴民族国家所面临的基本任务之一是培养更多的本地医生、工程师、律师和公务员。1914 年以前，清晰的阶级界限已将资产阶级和受过良好教育的阶级与绝大多数人口截然分开。只有西北部的几个国家（例如荷兰、英国和丹麦）将中等收入阶层纳入了进来。在中学相应年龄组中，这一阶层的学生所占比例超过了 8%。在这一点上，民主化也显著提高了参与教育的程度。当时，在北欧、西欧和中欧的工业发达国家，进入中学的年轻人的比例已增至 15%~25%。这些新增的学生大多数来自中等收入家庭，他们通常是其家庭中第一个享受这些机会的人。学生总数日增月益的另一个原因是当时越来越多的女孩进入了中学。在新教国家，女孩已经占了所有学生的 33%~40%。在天主教地区，这一比例明显低得多，为 10%~20%。欧洲南部和东部的增长也十分显著，但总体水平明显更低。

1918 年至 1919 年，东欧的宪政和民族政治发生变革。在教育政策方面，这些变革促成了大学的建立或重组。过去讲德语的大学（例如多尔帕特、伦贝格和切诺维兹）以及匈牙利高校（如普雷斯堡和科洛什瓦尔）被重组，更换了教职人员，并以本国语言授课。尤其在人文学科方面，还重新调整了教学和研究计划的方向。此外，新的国立大学和学院也被建立了起来。同时，面对犹太人的竞争，波兰、罗马尼亚、匈牙利及拉脱维亚等国家通过限制接受高等教育的机会，来保护"自己的"学生，即来自多数民族的学生。

在战间期，社会和教育政策上的扩张给所有欧洲国家带来了严重的财政问题。然而，建立及进一步发展这一公共领域同民族政治利益及身份认同息息相关，因此，在所有国家都是重中之重。特别是在东欧和南欧国家，政治领导人都渴望尽快弥补不足，加快占多数人口的民族建设以及民族化进程。西欧和中欧国家早在 1914 年之前，便已经历过这一进程了。

当然，1918 年以后，军事和国防政策也是民族化的重要组成部分。在这方面，战间期的对内和对外政策之间联系紧密。凡尔赛和平秩序已对战败国施加了明确的军备限制。因此，保加利亚、德意志国、匈牙利和奥地利不得不放弃普遍义务兵役制。从许多有民族意识的政治家（不仅是民族主义右派）的角度来看，这是对本国民族政治秩序的严重干涉。英国在 1919 年废除了义务兵役制，而法国在经历了世界大战之后，认为自己有必要将自己的武装部队保持在战前的高水平。东欧的新兴国家实行了普遍义务兵役制，并为其军队征募了相应年龄段的男性。罗马尼亚、波兰、捷克斯洛伐克和南斯拉夫作为凡尔赛和平秩序在这一地区的军事保障者，保持了庞大的义务兵部队。1925 年，波兰的武装人员约为 30 万人，南斯拉夫、捷克斯洛伐克和罗马尼亚则各有 15 万人。

与此同时，确保这些新军队及其军官的忠诚度，也成为这些新兴民主国家所面临的一项挑战。但这只在一定程度上取得了成功。两次世界大战期间，军队成为中欧、东欧和南欧威权主义政客的重要盟友，而且甚至常常成为支持反议会政变的力量。就本国人口的民族化而言，普遍义务兵役制是一个非常重要的先决条件。但是，在实施过程中，在民族政治方面雄心勃勃的国防计划迅速触及了经济可行性的极限。直到 20 世纪 30年代中期，这都进一步限制了欧洲各国更多的军事化尝试。但是，随着德国、苏联和意大利这三大欧洲强国大规模升级军备，这种限制被打破了。这样，较小的国家也迫于基本安全利益不得不将其人民武装起来，并可靠地将自己的防御能力组织起来。

2　政党、议会和斗争联盟

20 世纪 20 年代，面对所有这些民族政治改革议题，属于国会的时刻到了。国会承担起了重组社会、教育、税收及经济政策的责任。同时，依赖议会多数的政府也肩负起管理短期危机的责任。在战后初期，多数国家面对复员、从战时生产转变为和平时期的生产模式、重建被破坏的基础设施等紧迫的问题，尤其是鉴于通货膨胀和公债问题，不得不这样做。

在大多数新宪法或经修订的宪法中，议会相对于政府的权力都得到了加强，而国家元首，无论是总统还是君主，都被限制为代表性职务。此时，各政党领导人显然承担了政治责任。在具有悠久议会传统的国家，这种过渡在很大程度上没有难度。在 1918 年之前没有授权议会组建联合政府的地方，或者政党没有参加政府的经验的地方，在适应过程中通常存在困难。从魏玛共和国到爱沙尼亚，所有新建国家以及所有新兴共和国都出现了这种情况。但是，新的民主国家是否会被长期削弱，并不仅仅取决于这些磨合期的困难。更为重要的是议会中的政党政治局势。

在战间期，欧洲政党呈现出一幅百花齐放的景象。1914 年以前，议会党派围绕着自由先进派和保守派这两个极端，各自松散地组织起来，这是那时十分普遍的形式。而在战间期，这种形式在议会中已不复存在。此时，各国都与英国的两党制相去甚远。由于工党（Labour Party）在议会中成为与自由派和保守派三足鼎立的第三股力量，英国在两次世界大战期间变成了三党制。许多代表地区利益或语言上、民族上的少数群体利益的政党，常成为较大的党派联盟在争取多数席位时的重要伙伴。这种情况在东欧和南欧国家中非常普遍。众多小党以及从大党分裂出来的小派系的存在往往塑造了民族党派的格局。在波兰，注册政党有 100 个，其中 30 个有议会代表。捷克斯洛伐克有超过 17 个政党，但没有一个政党拥有超过四分之一的席位。

整个欧洲还是存在七个主要政党派系。除了严格向民族主义看齐外，他们还显现出共同的社会结构基础和政治意识形态导向。在党派局势中，最左翼是共产党群体。它们组成了国际上联系最紧密，后来甚至是由中央控制的政党联盟。共产党脱胎于社会主义政党和社会民主主义政党。它们的核心最初是各党派内部多数派的反对派，这些多数派在第一次世界大战中选择支持各自的政府。意大利是一个例外。在这里，多数人投票反对参战。随后，自 1918 年以来，所有俄国革命支持者都聚集在了这些团体之中。然而，在经历了重大内部斗争、流失了众多支持者之后，这些革命派左翼社会主义政党往往迅速转变为共产主义的干部党（Kaderpartei），严格以苏联模式为导向，宣扬在自己的领导下建立社会主义苏维埃共和国，并很快照搬了布尔什维克的组织结构，例如，禁止内部党派团体，培训专职干部，以及坚持严格的党纪等。在日常政治活动中，这些政党很快开始优先遵循第三国际的指示。后者成立于 1919 年，总部位于莫斯科。除了德国（得票率 15%~20%）和捷克斯洛伐克（最高得票率为 10%）外，在工业化的核心国家中，共产党仍然相当薄弱。但是，它们在东南欧的农业国家中比较成功。不过，在大萧条之前，它们没能在任何欧洲国家站稳脚跟。

在工业化地区，共产党的相对失败与社会主义或社会民主主义政党的成功密切相关。后者形成了第二类政党派系。与其共产主义的竞争对手相比，社会主义工人阶级运动这种温和的、以改革为导向的派别具有更强的民族特色。1917 年至 1923 年，与左翼革命阵营的激烈斗争的确使这些"改良马克思主义"政党在纲领方面的方针特征变得清晰起来。在不放弃把社会主义和马克思主义作为党的意识形态的这个长期目标的情况下，这些政党同时提倡实行议会民主、对关键产业进行社会化、建立福利国家机构，作为逐步实现社会主义的方法。它们与在战争中变得愈加强大的工会紧密联系在了一起。这些政党和工会共同代表工业工人的直接物质利益（工资、物价、养老金、社会保障）。在 20 世纪 20 年代，社会民主党在许多欧洲国家接管了政府的职责。面对资产阶级联盟伙伴及外部困难的限制，这些党派的政府官员不得不做出巨大妥协，这导致了其内部右翼和左翼之间的紧张关系。德意志国、奥地利、法国、英国、挪威、瑞典、丹麦、芬兰和西班牙都出现了这种联盟。拉姆齐·麦克唐纳（Ramsay MacDonald）、爱德华·赫里欧（Edouard Herriot）、莱昂·布鲁姆（Léon Blum）和佩尔·阿尔宾·汉森（Per Albin Hansson）各自成了他们国家的第一批社会主义政府首脑，社会民主党人弗里德里希·艾伯特（Friedrich Ebert）甚至成了德意志国的第一任总统。然而，由于很难从资产阶级政党中赢得可靠的盟友，这种由社会民主派参与组成的政府仍然容易受到危机的影响。正如英国在 1931 年至 1936 年间那样，国家紧急政府的成立可以证明这种联盟的正当性。在大多数国家中，尖锐的阶级对立和纲领上的差异形成了一条分水岭。社会民主党试图将其一贯的高得票率转换成政治上的塑造力，但在这方面，它们只在短期内取得了成功。在两次世界大战期间，除芬兰以外的北欧国家中，社会主义政党和代表农民利益的政党以及左派自由主义政党之间建立起了持久的联盟。1929 年，丹麦成立了一个社会民主派和左翼自由派占多数的政府，并开始了为期 14 年的社会民主政府阶段。在瑞典，社民党① 于 1932 年至 1978 年连续执政。在挪威，工党于 1928 年，以及 1935 年至 1945 年领导了政府。在欧洲范围内的例外情况还有备受瞩目的所谓"人民阵线联

---

① 瑞典社民党即瑞典社会民主工人党（Sveriges socialdemokratiska arbetareparti），简称 SAP。

盟"的实验。这种联盟由左翼自由主义者和社会主义者组成，并在议会中得到了共产主义者的支持。在西班牙（1936~1939年）和法国（1936~1938年），他们尽管得到了追随者的广泛支持，但很快遭遇了巨大的压力。在西班牙，左翼在选举中获胜并组建了政府。这最终引发右翼军事政变，并导致内战。

欧洲第三大政党派系是自由党。第一次世界大战继续推动了欧洲自由主义和民族主义的融合。它使包括左派的自由主义者在内的许多政治家成为坚决的民族主义者和帝国或民族权力政治的代言人。英国总理劳合·乔治、法国总理乔治·克列孟梭及总统亨利·庞加莱就是著名的例子。尤其是在协约国方面，左右两派的自由主义者们决定性地领导着国家事务。巴黎的和平工作也是由自由主义政党领导人一手打造的。相比之下，罗马尼亚总理扬·布勒蒂亚努（Ion Brătianu）以及他的希腊同行埃莱夫塞里奥斯·韦尼泽洛斯（Eleutherios Venizelos）则是将自由主义信念与民族主义扩张政策相结合的典型例子。巴黎和平会议上，获胜的欧洲国家同盟常常倡导这种结合，并取得了巨大成功。新兴国家中也有民族自由主义政党。其中许多是从一战期间在交战国的支持下成立的国家委员会中产生的，与西方大国保持着十分良好的联系。这些民族自由主义党派在新议会中取得了重要的地位，并对政府政策起着决定性作用。尽管如此，欧洲的自由主义政党很快陷入了守势。在其交出的答卷面前，他们的自由激情失去了说服力，自由主义经济政策也未能就战间期的结构性问题给出令人信服的答案。面对自由主义经济政策的毁灭性后果，若仍信仰市场的力量，在社会政策上是不负责任的，甚至可以说是玩世不恭的。

但是，这种衰落有更深层次的原因。尤其在中上层阶级的年轻一代中，自由主义政党被视为战前时期的遗物。对许多人来说，自由主义是父辈们的政治信条。它融合了民族自由主义式的现实主义以及对个人财产权的捍卫，但对共同体满腔热忱的年轻人对这种自由主义的认同感却微乎其微。自由主义既未与战争期间的国家干预主义和解，也未与工人广泛的社会政治要求达成一致。因此，自由主义政党自然成了选举权改革中的失败者。普选制使下层阶级（工人、农民、农场工人）成为最大的选民群体。而在这些社会圈子中，除少数特例外（法国，丹麦，英国），自由主义思想的根基十分薄弱，或者毫无根基。在物质方面饱受战争打击的中间阶层中，自由主义政党只能在其能够成功捍卫这一阶级的物质利益并捍卫这一群体鲜明的民族主义的地方苟延残喘。

然而，自由主义在战间期的疲软也与自 19 世纪末以来就产生影响的一种趋势息息相关。早在第一次世界大战之前，自由主义就不再是民族在政治上的唯一代表。在 20 世纪的前 20 年中，右翼兴起了民族主义运动及政党，成为自由主义新的政治对手。这些新对手通常与传统的保守派政党联系密切。

民族主义政党构成了第四个派系。它们的相似之处之大，足以使其在欧洲范围内被划归同一个派系。在 1914 年至 1945 年间，包括民族保守主义、民族主义以及法西斯主义在内的各股民族主义潮流是各政治潮流中的最大胜利者。通常，这种民族主义在自我表述时会强调特定的国家，并与其本国民族历史的特殊性挂钩。当人们比较其纲领和组织形式时，会发现它们是具有异质性的。它们对自己国家自恋性的固着（Fixierung）①，以及它们不同的文化和政治传统，便可以解释这种异质性。法西斯主义意大利的崛起，尤其再加上民族社会

99

---

① 固着（Fixierung）是弗洛伊德心理学中的概念，用于表示不合时宜的性特征的持续存在。作者在这里借用此词，来表达这些民族主义潮流对本国的文化和传统的坚持和偏爱。

主义德国的崛起，使得民族主义政党和思想领域出现了结构化和两极分化。

我们可以通过四个基本要素来辨认激进的民族主义及其政党。第一，其拥护者更倾向于威权式的社会模式，并试图让贵族和君主失去权力，以建立新的等级秩序模式。第二，它们是军事政治的坚定支持者。对它们而言，对外能防御作战、对内团结一致的权力状态是战争中最有效的模式。第三，这些民族主义政党的一个典型特征是，它们养成了鲜明的精英式自信，并将自己视为本民族的天命领袖。所有这些导致了这些政党与议会制政府形式和民主制度之间的基本矛盾。只有在议会制和民主制是本民族传统的核心组成部分的国家中，民族主义政党才做到了不仅仅是在战术上利用新的宪政制度。这种情况至多出现在了英国、荷兰、丹麦、瑞典和挪威；即便在法国，尽管有神圣联盟的存在，激进的民族主义（例如法兰西运动）在第一次世界大战期间也表现出与第三共和国不可调和的对立。最后的第四点是，民族主义政党倡导积极向外进行权力扩张。战前的帝国主义在这些政党中得到了培养和发展。西欧获胜国的民族主义政党强调了其民族在非洲和亚洲的殖民领地和帝国权力地位的重要性。鉴于美国和日本的实力不断增强，捍卫这些领地和权力地位成了英国和法国民族主义者的重中之重。

100　　　在大多数欧洲国家中，这一右翼政党阵营与保守党所构成的第五个政党派系往往不分畛域。人员和思想都在温和派和激进派之间流动。保守派也可以采用民族主义政党的四个基本倾向。然而，与更激进的民族主义右派不同，保守派在第一次世界大战前的旧秩序中发现了威权主义和军国主义式解决方案的样板，并希望借此强国强民。在君主制被取代之处，保守党歧路亡羊，危如累卵。因此，它们最直接地受到了 1918 年至 1919 年的宪法变革的影响。欧洲东部地区的保守主义潮流曾经深深地根植于帝国主义的行政和军事等组织结构中。在这种结构被废除后，这些保守主义潮流也长久地受到削弱。小农和贫农阶级摆脱保守的地主阶级，获得政治解放，这使得保守主义政治在战间期的欧洲岌岌可危。保守派常常寻求民族主义政党的支持，并增强了后者中的温和派。

保守－民族主义政党的选民基础波动很大。我们之所以很难在欧洲范围内将选举结果进行比较，主要是因为它们常与民族自由主义政党联合推举一份共同参选人名单。在这些政党独自参加竞选的地方，它们能赢得 10%~15% 的选票，例如 20 世纪 20 年代德国的德国国家民主党（Deutschnationale Volkspartei，简称 DNVP）。大萧条的几年进一步削弱了保守派政党。除了英国的保守党还能将各种各样的潮流联合起来之外，民族主义右派丧失了越来越多的优势。

接下来，我们还要谈一下战间期的第六大政党派系，政治天主教（politischer Katholizismus）。同社会主义和民族主义一样，它也因世界大战而变得更加强大。实际上，在 1918 年之后，德国、奥地利、比利时、卢森堡、荷兰和意大利存在着一些天主教政党。它们将自己视为本国天主教力量的联合运动，并且像社会主义工人党一样，注意维护与自己世界观接近的工会、协会和合作社之间的密切联系。它们也受益于选举权的扩大。欧洲战间期的政治天主教在政治上并不统一。左派、民主派和明显更为强大的保守派之间的政治目标相去甚远。然而，政治天主教在纲领上对自由主义、社会主义和共产主义的否定还是相当一致的。天主教政党主要将自己视为天主教利益的代表。在学校和教育政策方面，它们代表了各自国家教会的立场。第一次世界大战结束时的民主化浪潮尽管曾被用来捍卫教会的机构和地位，但在纲领上并不受欢迎。等级秩序观念，尤其是新式等级秩序观念明显增强。此外，天主教政党以社会保守派和反现代派特征为主导。在这些政党在农村开展活动的地区，这一点尤为明显。同时，天主教政党还经常陷入小农和大地主的经济利益冲突之中。

总的来说，天主教政党和民族主义政党之间的过渡带相当宽。在天主教和天主教会被视为民族身份不可分割的一部分的国家中，二者之间的关系尤为密切。许多国家都属于这种情况。在爱尔兰、波兰、斯洛伐克、立陶宛、克罗地亚和斯洛文尼亚，民族主义政党和农民政党往往以天主教为导向。但是，天主教会与各个政党分别保持距离，并担当起了民族团结的代表。正是这种作用使得他们在以天主教为主的国家中反而容易与威权政权结盟。

就新教而言，它在欧洲各民族国家的政治和行政中更加根深蒂固，这使得 19 世纪各股主要政治潮流（如自由主义、保守主义和社会主义）与各国和各地区各不相同的新教圈子及传统建立起了千丝万缕的联系。在新教方面，整个欧洲没有发展出相应的政党格局。与归正宗（reformierte Kirchen）紧密联系的荷兰各基督教政党是一个例外。

最后要提及的是第七个政党派系——农民政党。它们在战间期达到了顶峰，但起步时间却远远早于第一次世界大战。在欧洲，几乎所有小农所有权关系在全国或区域范围内占主导的地区，都出现了农民政党。这些政党最初是作为特殊经济利益的代表出现的。在意识形态上，尤其是在东欧和中欧，这些政党与民族的农民神话及其社会改良主义和社会浪漫主义的新思想联系在了一起。这些新思想是伴随着民族运动的普及在农村地区出现的。这样的农民政党可以依靠庞大的农村选民，因此在立陶宛、爱沙尼亚、拉脱维亚、波兰、保加利亚、罗马尼亚、南斯拉夫、捷克斯洛伐克，以及芬兰和瑞典的议会中，都获得了广泛的代表。而且，对于自由主义政党和民族主义政党来说，它们还是很有吸引力的联盟伙伴；在诸如北欧国家这样的特殊情况下，社会主义政党也愿意与其联合。它们要求进行土地改革，并要求在经济政策方面为小农生产经营提供保护措施。这些都将它们的支持者动员了起来。

除了政党之外，全新的群众政治组织形式也最终建立了起来。这其中包括准军事团体、党派及其他民兵。他们之中有一部分是武装起来的，但无论如何，他们都是军事化地组织起来，且身着军事化制服的。他们与战争期间的动员直接相关，为自己的政党或运动提供了保护力量。在整个欧洲，大部分这样的团体都属于右翼阵营。他们在这一阵营中培养了突出的战斗和军事立场以及民族主义信仰。这些团体把政治转移到了街头。他们搞的"街头政治"可谓是一场公开演出，既展示了象征性力量，又展示了军事上的实力。这样的街头政治通常升级为右派和左派团体之间的街头斗争，而这一过程或多或少是有规律可循的，并且是可以预见的。

这些团体和民兵队伍主要由来自不同社会背景的年轻男性构成。如果在 20 世纪 20 年代进行一次穿越欧洲的旅行，从意大利（法西斯主义）到芬兰（拉普阿运动），旅行者都会遇到这样的组织。他们自称护国团（Heimwehren）、箭十字党（Pfeilkreuzler）、天使长米哈伊尔军团（Liga des Erzengels Michael）、冲锋队（Sturmabteilung，简称 SA）、红色阵线战士同盟（Roter Frontkämpferbund）、黑红黄国旗团（Reichsbanner Schwarz-Rot-Gold）、钢盔前线士兵联盟（Bund der Frontsoldaten，简称 Stahlhelm）或青年爱国者（Jeunesses patriotes）。它们的存在表明，一部分人口和政治光谱（Politisches Spektrum）中的部分势力不希望回到单纯的议会制政治的宁静之中。即使是在和平时期，暴力威胁以及以进攻方式展示军事纪律和战备状态，仍应是国家政策或集体

103

自我表达的核心要素。这种形式的军事化街头政治既针对自己一方的根基，也针对对手。

在一定程度上，这些组织的成员人数和动员的潜力很大，但也易出现较大的波动。因此，在解释现有数字时必须格外谨慎。而且，这些数字只能为这种泛欧洲现象的蔓延提供一些线索。1929年至1936年的经济危机期间，动员运动达到了高峰。举例来说，1934年，罗马尼亚铁卫团（Eiserne Garde）有34000名有组织的支持者；1929年，奥地利的护国团有超过30万名成员。在魏玛共和国后期，冲锋队动员了425000名士兵；至1930年，钢盔前线士兵联盟的会员人数增加到了50万以上。

3 民主政治与社会利益

与1914年之前或今天的情况相比，在战间期，各政党更深地扎根在了各自的社会中。在这里，扎根意味着与协会、经济利益集团和文化机构的紧密结合。消费或生产合作社，教育、文化和体育协会，青年组织和学生协会，以及工会，都经常与政党联合在一起。尽管在1918年后的战争年代中进行了全面的民族动员，但是，以政治意识形态或政治信仰为界所进行的阵营建设或"支柱化（Versäulung）"运动依然在继续。通常，这些活动与伊始于1914年以前的发展一脉相承。因此，它们远远超越了自己的成员范围，将其政党与整个社会群体联系在了一起，并且拥有了相对稳定的选民基础。国家、地区和社会阵营之间的政治组织密度差异很大，但到处都显现出将自己的社会文化群体组织起来的趋势。

社会主义工人运动是政党与选民之间组织联系紧密的一个范例。此外，尤其是中欧和西欧的政治天主教，在1914年之前便已经联结起了类似的密集社团网络。在两次世界大战期间，共产主义政党和民族主义政党也试图取得这种组织上的成功。它们也创建了自己的预备组织。但是，它们并不主要将自己视为希望在选举中有影响力并在议会中制定政策的政党；通常，它们更希望成为长期领导国家群众运动的骨干组织。魏玛共和国的纳粹党和德国共产党便是成功实施这种策略的例子。

　　紧密联系的各个群体之间的边界既可能是或多或少封闭些的，也可能是开放些的。在这方面，在国家和地区范围内展开的研究并未显示出统一的趋势。尤其是自由主义、社会主义和共产主义的组织结构，同时也是阶级认同和阶级观念的形成核心。自由主义政党代表了那个时代的资产阶级；在社会主义组织中，无产阶级则有着很高的可见度。但绝非所有国家的情况都如此一清二楚。如果再加上宗教、语言或民族差异，这种清晰的区分度就消失了。例如，在波兰，"工人阶级"包括波兰人、犹太人、德国人，少量乌克兰人，有时也包括青年联盟成员、犹太复国主义者、社会主义者、共产主义者，或者天主教徒。一定程度上，这种碎片化已经盖过了阶级对立，以至于我们在进行社会历史比较时必须特别注意，社会结构分析所使用的常见类别（工人阶级、中产阶级或中间阶层、资产阶级或贵族上层阶级、农民或贫农阶层）在欧洲哪些国家和地区有助于解释政治进程。20世纪初，欧洲各地区在不同程度上形成了此类阶级或阶层，它们被理解为相似的社会经济地位和政治文化社区化，除贵族阶层外，与国家建设和政治参与密切相关。就此而言，第一次世界大战进一步促进了阶级的形成，特别是在工业化国家和地区。

　　在战间期，这一进程一直在继续：特别是工人和农民越来越意识到他们在国家中的共同利益。他们加入了协会、合作社、工会和社团，并认定了"他们"的代言人和政党。根植于工人阶级圈子和网络中的社会主义、共产主义以及天主教政党和其他党派在选举中所取得的成功不言自明。这些过程在极少国家中是持续的，并且通常伴随着劳动纠纷、罢工、动员运动和改革法案相关的起伏跌宕。总的来说，在整个欧洲，在工业工人阶级之中，以及人数庞大的农业工人这一社会群体之中，战后的头两年出现了一股政治化浪潮。但是，在所有国家中，由于劳动斗争的失败、工会的退出，再加上工党失去了选票，这股浪潮紧接着经历了一段低迷期。在所有国家中，大萧条进一步严重恶化了工人的经济状况以及工人组织的权力地位。除少数个例之外，直到 1939 年战争爆发之际，这种情况才逐渐有所改善。然而，令人惊讶的是，在过去的几十年中，工业工人阶级通过"自己的"政党继续在政治上发声，这总体上促进了稳定的阶级认同的形成。这一点在一些地区尤为明显。在这些地区，社会民主党在组织和人员方面与工会运动有密切联系，同时继续在议会中占有席位，并且还通过改革政策为自己的群众基础谋利益。从这里也可以观察到，最初仅怀着目的性而联姻的"资产阶级"议会民主制和（社会民主主义的）工人阶级是如何发展成更为持久的患难之交、水乳之契的。欧洲大部分工业化国家都是这种情况，包括斯堪的纳维亚国家、英国、比荷卢联盟国家、奥地利和捷克斯洛伐克。

在德国、法国等国以及地中海国家，情况依然更加矛盾不定。在这些地方，人们依然普遍对这种"资产阶级统治"的形式有所保留。有组织的工业工人阶级的核心是向社会民主制看齐的，并完全赞成这种宪政制度；尽管如此，在无工会组织的公司中，尤其在失业者群体中，共产主义和无政府工团主义（anarchosyndikalistisch）的动员运动在业已形成的左派社会主义工人和无组织的年轻工人中取得了相当大的成功。在 20世纪 30 年代和 40 年代，这在法国和意大利导致了主要受共产主义影响的新一代工人的出现。最初，他们与"资产阶级国家"（在意大利已经是法西斯形式）仍然保持着明显的对立和距离。在大萧条期间，德国共产党也在动员方面也大获成功。西班牙的情况也非常相似。在两次世界大战期间，激进的社会主义和无政府主义潮流在那里得到了广泛的拥护。在 1936 年战胜民族主义保守派叛乱分子后，它们期待着一场社会革命的开始，而不仅仅是资产阶级共和国的稳定。

　　农民，即在大多数欧洲国家主要是拥有小农场的家庭农场主在战间期发展出了明显的特殊意识①。他们将自己视为村庄居民，也自视为与城市消费者有明显利益冲突的食品生产者。粗略地讲，主要有三个原因助长了这种特殊意识。首先，在战争期间，他们被迫加入了民族团结共同体，相对而言，他们中的阵亡士兵最多。在战争经济管控的框架内，他们的经济自由受到了很大的限制。但是他们还取得了物质上的收益。其次，他们的社会经济状况在 20 世纪 20 年代有所恶化。农产品价格下跌，工业产品价格与农产品价格之间的差距拉开，这使农业生产者的市场状况极大恶化。最后，在对外时，大多数农村人口是通过他们作为村庄成员的身份来进行自我定义的。最初，他们将当时许多来自外部的变化视为对其自治权及其身份认同的威胁。因此，这些人与他们对议会政治的主要兴趣——游说——保持着一种社会文化上的距离，甚至保持着对以民族国家名义强加给他们的要求的集体不信任。在许多国家，农民政党是一些利益联盟和抗议党（Protestparteien）。就整个欧洲来看，认同民主秩序的农民政党仍然是个例。有些地方在 1914 年之前就已经确定了政治参与程序，并将农民人口纳

108

---

　　①　特殊意识（Sonderbewusstsein）是指个体能够意识到自己或自己所属的群体的与众不同之处，并能将本群体与其他群体区分开来。

入了民族宣传语境，且出现了农民与自由主义或民主主义潮流和政党的结盟。在这些地方，农民同民主秩序结合得更加紧密。只有某些地区和国家出现了这种情况。斯堪的纳维亚国家、法国和爱尔兰便是值得注意的例子。在法国，第三共和国自 1870 年起逐步在农村站稳了脚跟。尽管在地区上有所差异，各民主主义政党依然在农村拥有一群稳定的追随者。这一联盟是法国在第一次世界大战中取得胜利的重要基础。即便在战间期，这一基础也并未从根本上发生动摇。第二个有趣的案例是爱尔兰。在那里，民主的民族主义和共和主义再次与该国占大多数的小农建立了紧密的联系。19 世纪 80 年代的土地改革斗争奠定了这一关系的基础。当时，民族主义运动将自己塑造为本地佃农的组织者及其利益的代表着，反对信仰新教的英国大地产主。在爱尔兰，从民族主义中产生了一种鲜明的农业浪漫主义（Agrarromantik）。在这种农业浪漫主义中，农民家庭和农村社区被上升为力量的源泉以及民族身份的核心。由此，在一定程度上，它也将新的民族认同为小农社会团体。只有在包括芬兰在内的斯堪的纳维亚国家，我们才能观察到农民与民族民主之间在组织上和意识形态上如此紧密的联系。在欧洲其他以农村为主的地区（从葡萄牙到爱沙尼亚），战间期典型的农民政治动员对新民主秩序的影响正负参半。农村与被城市所塑造的民族政治之间的距离依然遥远。对于农民来说，捍卫自治是他们关注的焦点。他们在传统上不信任国家，并将政治参与理解为功利性的活动。作为农民的首要身份认同点，语言上和宗教上的归属感也发挥了重要作用。民主与乡村之间的这种距离使得威权政权恰好能够从中渔利，并让农业浪漫主义宣传具有极大的亲和力。

在欧洲中产阶级中，民主制度是否已经扎根了呢？这一问题的答案同样不甚明朗。与农民和工人不同，除了可比较的社会经济状况之外，很难再找出这些群体的其他共同特征。即便是在同一个国家中，他们在职业、学历、收入和财富方面也已迥然不同。与此同时，中产阶级的人数显著增加，公务或私营部门中所谓的受薪员工（职员、干部等）人数增长尤为迅速。总体而言，由于新旧国家都需要更多的老师、行政人员和警务人员、公务员。同时，自由职业的中产阶级则经历了巨大的经济波动期，如小企业、手工业或零售业的个体经营者等。而且，正如在第一次世界大战期间一样，他们因通货膨胀而失去了积蓄。最重要的是，他们与专业的工业工人之间的差距越来越小。虽然并非必然，但这有可能导致"中产阶级恐慌"。许多国家出现了致力于中产阶级事务的协会，以应对经济和社会地位上的这些威胁。

110

在第一次世界大战之前和期间，这些收入、财富和声望各不相同的中产阶级群体是国族运动及其社会的国族化（Nationaliserung）的最重要的支持者，在战间期依然如此。他们发挥了传播者的作用，支持文化和政治协会及倡议。这些协会和倡议传播了民族思想，有效影响了政治观点的形成。与工人和农民的情况不同，他们以多种形式与上层阶级进行对话。上层阶级的政治代表也意识到，没有中产阶级就没有国家可言。在战间期，新旧中产阶级的政治导向尤其受到了欧洲各国的民族观念和民主制度之间的关系的影响。社会统计数据记录显示，这些阶级的收入和财富变化同威权主义倾向并不直接相关。1918 年至 1939 年间，社会形势愈加危险，这无疑损害了中产阶级民主主义政党保持甚至扩大其选民基础的机会。来自民族主义抗议党的竞争在这些环境中尤为有效。同时，与目前为止我们考量过的其他群体相比，战争的极端民族化在中产阶级群体中产生着更大的影响。任何声称毫不妥协地捍卫国家利益的政治潮流都可以指望得到中产阶级的认可。在欧洲中产

111

阶级的政治社会学中，保卫国家抵御内外威胁与保卫自身社会地位的动机缠夹不清，犹如一团难以厘清的线球。

在这些背景下，中产阶级中出现了明显的反布尔什维主义（Antibolschewismus）。在 1917 年至 1920 年间，十月革命曾唤醒工人的种种期冀和希望，但在这里，却成了怪影和幽灵。反过来，对这些怪影和幽灵的防御又非常适合被提上日程，以赢得中产阶级的支持。在西欧获胜国中，自由主义保守派政府联盟非常成功地将其运用到了竞选活动中，并以此动员选民，以应对工人阶级迫在眉睫的社会化要求。在 1919 年至 1922 年的意大利，法西斯主义运动恰好利用了中产阶级反共主义和民族主义的种种期望，先后在农村和意大利北部及中部城市发动针对社会主义力量的恐怖运动，并赢得了中产阶级的广泛支持。这两个例子足以呈现在相近的认知模式下产生的特定国族的差异。

中产阶级主要居住在城市，其在总人口中的比例在很大程度上取决于经济发展水平和国家机构的扩张程度。在这里，我们还应再次记起欧洲东西部之间的鸿沟；而南北鸿沟在这种情况下就没那么重要了。就战间期的政治情况而言，除了对选举有决定性作用的中产阶级的总数外，他们动员的决心和意愿也发挥了至关重要的作用。鉴于社会主义工人运动的组织力量，右翼、民族主义和法西斯主义组织更依赖于在年轻的中产阶级男性中寻找积极分子，以便成功开展街头政治活动。这在何种程度上能取得成功，还取决于针对现有民主关系和政党的民族主义反对政策能够将多少退伍军人收入麾下——无论是单独争取还是通过其组织进行争取。

相对而言，上层阶级、受过教育的资产阶级和贵族并不是特别支持民主政体。一位德国日耳曼语言学教授关于魏玛民主的一句名言"暴民，媒体，议会"表明，在整个欧洲，那些"更高级的"圈子蔑视新民主国家的"大众政治"
（Massenpolitik），并与之保持距离。在战败国家中更是如此。
在一些地方，随着统治权力的更迭，上层阶级失去了特权。在
这些地方，反民主的怨恨一直存在。在柏林、维也纳和布达佩
斯，这些原本千差万别的圈子因此联合了起来。即便是英格兰
的"上层阶级"，也对民主相应地有所保留。由此不禁会产生
两点评论：经济和企业界对民主多持冷静观望态度，但亦极少
有人激进地反对它。这个群体对另一个问题更感兴趣，即无论
是否是民主派，谁能够扼制甚至挫败 1917 年至 1920 年间急剧
增长的工会和工人政党力量。凡是能在这一点上证明自己的，
定能处处得到资金支持。决心投身共和与民主的进步企业家只
是个例。在大多数情况下，他们更愿意通过直接接触部级官僚
机构、保守派或民族自由派政治家来代表自己的利益。在银行
家和工业家中，观望态度占了上风。与此同时，欧洲的农村上
层阶级却坚决反民主。因为，他们注意到，新的民主选举和自
由直接削弱了他们所在地区或地方的权力基础。在战间期，农
业界反对权力转移，这是造成南欧、中欧和东欧国家民主宪政
制度不稳定的一个重要原因。

　　最后，在上级政府部门和部级官僚机构中也可以观察到类
似的态度。对于战后宪政的持久性而言，高级别的、担任领导
职务的行政人员对民主的忠诚度非常重要。没有这种忠诚，就
很难建立起一个国家。除少数个案外（法国、英国），高层官
员对议会民主制持怀疑态度并与之保持距离，甚至持敌对态
度。议会制对他们的回旋余地施加了各种限制，行政权似乎普
遍受到削弱，行政部门的权威也受到了威胁。除了缅怀君主制
的干预手腕的怀旧之人外，战间期最高行政领导层中还有一些
专家治国主义者（Technokrat），他们坚持权威主义实事政治

113

（Sachpolitik）^①的理想。因此，国家官僚机构充其量是民主制的一种中立工具，这些机构中很少有坚定不移的民主派人士。

在军队中，民主宪政更难得到支持。在战间期的欧洲，只有少数军队的忠诚足以让民主国家依靠。因此，参与推翻民主政权计划的高级军官层出不穷。军事政变常常引发统治权力向专制政权的转变。

但是，军事力量和国家机构的权力范围有多大，主要取决于作为新政治阶级的民主议员、政党领导人和部长本身有多强大，以及他们在经济、国家和社会中与成熟的权力集团可以结成何种联盟。政党格局的变化、民主选举产生的议会中新的多数派以及新的政府联盟，都促成了政治领导人的彻底大换血。20 世纪 20 年代，许多欧洲国家的政府中有许多在 1914 年之前根本没有议会席位，或者当年曾坐在反对派席位上的人。在西欧国家中，政治阶层跨越党派界线的凝聚力无疑是最强的。在其他国家，冲突依然尖锐，甚至在南斯拉夫议会，克罗地亚农民党领袖斯蒂芬·拉迪奇（Stjepan Radić）在 1928 年被一名黑山议员袭击致死。

总体而言，我们很难确切地估计公民在新民主国家政治活动中的参与程度。当然，类军事团体只动员了一小部分人，其中主要是年轻的男性公民和选民。选举的参与度无疑是一个更好的指标。魏玛共和国的选民投票率一直很高。平均而言，只有 20% 有投票权的选民没有投票；在 1933 年 3 月，未投票率甚至只有 11.2%。在法国，不参与投票者的比例在 17% 至 28% 之间波动。英国（1924 年为 23.4%）、波兰（波动范围

---

① 实事政治（Sachpolitik）与党派政治（Parteipolitik）相对。前者指的是就事论事的政治，后者指的是在政治讨论和投票中，主要根据党派利益而非事情本身做出决定的政治。

为 25%~35%）和南斯拉夫（26%~35%）的平均不参与率则要
高得多。但是，正如德国的例子所示，高投票率并不一定意味
着议会民主被广泛接受，这只是政治动员程度的一个指标，而
这种动员所追求的完全可以是反民主的内容。

4　人民与民族，群众与领袖

20 世纪上半叶，政治争端尤为激烈。在议会中，意识形态
立场的跨度之大，间或加剧了各方所代表的利益之间的对立，
以至于寻求共同点和共识的努力必将以失败告终。重要的政治
潮流对议会制的宪政制度基本持保留态度，并在原则上奉行反
对政策。但是，在各党派的不同立场及其对政治社会世界的解
释（通常被强化为意识形态）背后，我们可以识别出属于那个
时代的典型基本信念。几乎所有政治阵营都认同这些信念。

第一个基本信念是民族共同体这一政治指导方针。这一信
念于 19 世纪传播至整个欧洲，并在第一次世界大战期间得到
了出乎意料的增强和巩固。在一战结束之际，民族共同体的观
念战胜了对帝国的忠诚，被作为更强大的理念贯彻了下来。所
有国家和政党都以某种形式采纳了这一指导思想。它借用战争
期间的政治语言，在道义上呼吁团结一致和共同利益，号召做
出牺牲并维护秩序。从这个角度看，政治上的民族共同体与社
会发展进程之间存在着基本矛盾，这使得各个团体中出现了有
组织的利益冲突，市场调节下的不平等，也促使一些人为个人
的利益和幸福而奋斗。因此，民主制的多元主义概念面临着艰
难险阻。

有些人认为，共同的文化特征将自己的民族集体紧密联系
在了一起，而且，他们的民族集体同周围的环境泾渭分明。在
战间期，民族共同体的政治指导思想同时与这一想法结合在了

115

一起。政治共同体化的这种文化内涵绝不仅是中欧和东欧文化和语言民族主义的遗物。即便在西欧民主国家，政治家及其选民也坚信，有些特定的民族文化特征可在历史上追溯至很久以前，而他们必须保护这些民族文化特征免受外国影响。民族文化所承载的政治内涵导致了沙文主义式的对所有外国文化影响的排斥。这滋生人们对过度受到外国影响的各种恐惧，进而加剧了多民族的、在文化上远非同质的民族国家内部的政治冲突。①

战间期的政治家们将这些以多种形式进行了浓缩，进而提出了"共同体"的说法。在讲德语的国家中，"人民共同体"（Volksgemeinschaft）是一个最普遍也最含糊不清的概念。这一概念在纳粹政权使用之前就已成为魏玛共和国的流行口号。它号召民族团结，克服阶级对立，以共同福祉为导向。在瑞典，一个以"人民之家"（folkhem）为口号的类似指导方针首先在保守派和社会主义者中流行起来。随后，社会民主派人士将其采纳，以表达其明确的民主愿景，即建立一个以平等主义原则为基础的社会和谐集体，其核心主要是农民的家庭团结观念。

第二个思维模式是领导和群众的对立。这一思维模式跨越党派和意识形态的边界，得到了广泛传播。来自较低社会阶层的许多新选民需要强有力的领导，这绝不仅是右翼煽动者们和自封为王的领导人的信念。鉴于城市中的大多数人在具体的职业生活之外被贴上了负面标签，领导力被认为是必要的，以确保秩序，并根据这些人的新的政治权利，根据他们对政治

---

① 在这句话中，"多民族"一词中的"民族"指的是人类学上的种族归属（ethnische Zugehörigkeit），而"民族国家"一词中的"民族"指的是政治上的国族（Nation）。

参与和物质权益的要求，制定政治目标。同时，以这种方式
动员起来的"群众"被认为是危险的、易受影响的，"不理性
的"和"不道德的"，同时也被认为是强力的政党领导和能言
善辩的煽动者手中任人摆布的一块"蜡"。对于坚信自由主义
的人而言，这种"大众民主"完全是一幅恐怖的未来图景。在
这样的未来之中，理性的个体不再有机会采取负责任的行动。
同时，对于左右两派政治家而言，这是一幅指引他们的模范图
景。他们将大众视作为自己的成功开辟道路的人，以及未来乌
托邦具有可塑性的基础。领导和群众之间的对立既是一些人的
恐怖图景，又是另一些人的理想愿景。在战间期，这种对立深
刻影响了政治家和知识分子的想象。这对于民主秩序来说，构
成了沉重的负担。因为，它成了一个自证预言（self-fulfilling
prophecy），倾向于在强势领导人的带领下走出危机，并激励
街头政治及激进主义，并提出了威权主义的应对方式，例如组
建行业社团（berufsständische Korporationen），对文化和
公众进行政治道德审查等。于是，所有形式的民主参与都被置
于文明批判的聚光灯之下，也成为对未来有所恐惧的人们所关
注的焦点。

5　少数民族权利与国籍政策

对数百万人而言，新国家的宪法意味着他们的国籍发生
了变化，在许多国家中，这些人中的很大一部分曾在战争期间
为不同的交战方而战。对于波兰、南斯拉夫和罗马尼亚的公民
而言尤其如此。对于已解体帝国或被割让领土的前主体民族的
成员，如波兰和捷克斯洛伐克的德裔以及在罗马尼亚、南斯拉
夫和捷克斯洛伐克的匈牙利裔，国籍同象征性的物质劣势联系
在一起。他们中的一些人，特别是前公务员，背井离乡，迁入

了"他们的"民族国家。鉴于和平会议所划定的边界，以及不同语言的群体和民族星罗棋布的定居点，少数民族问题已成为各新兴民主国家的宿疾之一。这些民主国家都自认为是民族国家，并致力于保护和支持民族语言和文化。同时，它们也希望为本国获取经济利益。在教育政策、农业改革和公司的国有化方面，这二者都与少数民族的利益有所冲突。

巴黎和会还讨论了保护少数民族权利的问题。面对这些漫无头绪的问题，一些西欧专家和外交官提倡在各自的祖国实施对外移民法规，以从法律上限制自 1912 年巴尔干战争以来普遍存在的驱逐行为。随后，希腊与土耳其之间的战争（1920~1922 年）提供了一个机会，使双方首次就"人口交换"达成国际协议，并委托国际联盟监督这一过程。由此，对小亚细亚 150 万名信仰东正教的"希腊人"和希腊的 40 万名"土耳其"穆斯林的驱逐活动便被合法化了

特别是由于法国的抵抗，以及英国和美国的支持，赋予少数民族权利成为国际上承认新国家的必要条件。因此，在 1919 年 7 月，新建的波兰国必须保证其领土上的所有居民都享有平等的公民权利、宗教自由以及特殊的语言和文化方面的权利，尤其是使用行政机关的权利，以及使用母语授课的权利。该原则已扩展到所有新成立的国家，以及巴尔干半岛国家、德意志帝国、奥地利和匈牙利。国际联盟对各国履行保护少数民族原则的情况进行了监督。它影响了东欧和东南欧约 2500 万人，约占该地区人口的三分之一；此外，西欧和北欧还有 800 万人受到了影响。

属于主体民族（Titularnation）的民族主义政治家们往往认为这些少数群体权利是有歧视性的，并将其视为对国家主权的非法限制。波兰的局势尤为错综复杂。波兰政界人士对实施这一政策持保留保留态度，因此波兰于 1934 年正式废除了

1919 年的条约，并且不再允许国际联盟继续监管其少数民族政策。当时，德国和波兰在西部边境地区呈敌对状态。在此背景之下，波兰采取了这一举措。在这一地区，新的波兰国家推翻了德意志帝国的日耳曼化（Germanisierung）政策，认为讲德语的公民具有危险倾向，而且不是合格的波兰公民。波兰语是唯一得到允许的官方语言，用以推行土地改革，以在农村实现波兰化。这实质上是一次尝试，旨在通过国家措施来排挤遗留下来的说德语的人口，或至少使其处于不利地位。在该国东部地区，讲波兰语的人口也占少数。他们主要是当地上层阶级成员和大地主。在这里，国家政策通试图同化乌克兰和白俄罗斯人口，尤其是在农村地区。其措施主要是批准设立以波兰语教学的学校，此外，还在农村进一步引入波兰定居者。此外，主要生活在城市中的大批犹太少数。多数波兰人对他们持不信任态度。充满天主教色彩的反犹太主义很普遍。国家政策以多种方式变相歧视犹太人口。犹太公司无法承接政府订单，犹太人不能担任国家公职，而且他们在大学中也不得不遭受不公平待遇。从 1935 年起，已在威权统治下的波兰正式踏上反犹太主义道路，力图在经济上将犹太人从商贸领域排挤出去。

观察波兰，仿佛像透过放大镜来观察中欧东部和南部新兴民主主义民族国家的基本问题。波兰的情况并不是孤例。一些在经济上处于有利地位的少数民族曾享有过特殊待遇。针对这些人的歧视被认为是一种合法的民族自卫。鉴于自己民族的弱势——如母语教育普及率低，民族语言报纸发行量低——新兴民族民主政府特别重视加强命名民族主群体的民族凝聚力。通过严格的语言政策来同化少数族裔成为不二之选，共和制时期法国几乎是成功的典范。此外，在大众中和学术界都广泛传播的文化沙文主义也支持了这种同化政策。这种文化沙文主义针对的是"无国家的"各少数民族。他们的存在往往饱受争

120

议，其未来的生存权利也常被否定。在这方面较为典型的是塞尔维亚对波斯尼亚人、阿尔巴尼亚人和马其顿人的政策。即使在 1918 年之后，塞尔维亚的政策仍通过驱逐和强制同化这两种手段，努力强化自己的民族在塞尔维亚 - 克罗地亚 - 斯洛文尼亚王国中的分量。

在许多地方，犹太人受到的影响甚至比其他"无国家"少数民族更为直接。在民族解放时期，他们沦为了新建立的波兰、乌克兰以及俄罗斯军队无数次反犹骚乱（Pogrom）、大屠杀和袭击的受害者。在随后的时期内，许多新兴国家中的犹太少数民族的状况仍然岌岌可危。在这些国家中，持续不断的民族动员以及时常危急紧张的经济形势不断加剧了反犹主义。最后不能不提的是，反犹主义借由民族主义政党而得以延续，并成为激进民族主义意识形态的核心。在战间期，从反犹主义的主要策源地燃起的火焰在地理上从德意志国一直蔓延到了奥地利、匈牙利、波兰、罗马尼亚和波罗的海国家。

在战间期，少数民族权利问题与边界及其修订问题密切相关。在国际联盟中，除了像加拿大这样的少数国家能够无私地维护少数民族权利外，最多的还是像德意志国和匈牙利这样的以自我利益为中心的行动者。他们对少数民族权利的支持同相关协会和基金会的建立齐头并进，其目的是在国界之外培养自己的"民族性（Volkstum）"，并支持国外的德国和匈牙利侨民。这已经成为民族协会和民族主义宣传的一个尤为普遍的活动领域。实际上，德裔和匈牙利裔少数民族已经成为修正主义外交政策的重要谈判筹码。相应地，德裔和匈牙利裔少数民族协会、政党和文化机构所得到的秘密政治性赞助也十分丰厚。早在民族社会主义夺取政权之前，将国外的德国侨民进行工具化已成为德国对外政策的稳固组成部分。1933 年 1 月 30 日之后，纳粹政权系统地利用这些组织，将波兰和捷克斯洛伐克置

于政治宣传的压力之下，从而为军事和政治攻势做好准备。自
1938年春季以来，这一攻势便以发动战争为目的。

从以上所有这些可以清楚地看出，少数民族问题对于中欧
和东欧新成立的民主国家来说是一个尤为沉重的负担。从一开
始，由于语言、宗教或文化差异而引起的日常问题就被政治化，
并被卷入与邻国在边界问题上的外交对峙之中。同样至关重要的
是，新兴民族国家的命名民族群体在经济、社会和文化方面更容
易感受到威胁，同时，少数民族则被认为是占优势的，甚至是危
险的。其次，命名民族群体将整个国家机器据为己有，无视少数
民族要求平等和政治参与的主张。最终，少数民族越来越依赖于
他们的"保护力量"——德意志国、匈牙利和苏联。这些国家将
少数民族问题当作其边境修正主义的借口。鉴于这些问题，在
新兴民主国家中，对内和对外的民族团结已经成了民族政治的
中心指导原则。但反过来，这使得人们认为，党派斗争和在议
会中的妥协削弱了自己的民族。1918年至1919年间建立了新
的民族民主国家的民族民主派（nationaldemokratisch）和民族
自由派（nationalliberal）政党的领导人很快就脱离了议会民主
制的模式，并开始寻求更加稳定的国家制度。

6　民主国家的稳定区

在战间期成功民主化的核心地区包括欧洲北部和西部
的"旧"国家（Nation）。这里的"旧"指的是这些国家
的国家连续性。在这些地区，国家建设是在既有领土国家
（Territorialstaat）的框架下进行的，其中许多国家早在1800
年之前就已存在。这些国家包括斯堪的纳维亚地区的三个国
家——丹麦、挪威、瑞典，西欧的民主主义获胜国——法国和
英国，以及荷兰和瑞士。较年轻的国家包括起源于19世纪的

自由主义国家——比利时和卢森堡。除法国和瑞士这两个共和国外，这些国家都是议会君主制政体，其民主宪政制度是在改革过程中从宪政自由主义的（konstitutionell-liberal）宪法中产生的。大多数国家刚刚走完全面议会化和民主化的最后一步，因此民主政治的游戏规则在这些国家仍是新鲜事物。但是，这些民主国家从其前任国家继承了完整的行政管理机构和独立的司法机构。

通常，这些国家中还存在其他支持民主宪政制度的因素。这些国家的边界稳定或没有争议；在一战结束之际，它们再次成为民族国家。在德意志国归还阿尔萨斯－洛林后，法国恢复了其 1870 年的边界。比利时捍卫了本国的存在，并得以在修订边界时损德国而利自己。在所有这些国家中，民族主义都是防御性的，其目的在于维护现状，并经常与自由主义交织在一起。

然而，成功、稳定的民主国家与饱受危机之苦并终结于政变和叛乱的民主国家之间的界限，并不简单地是新旧民族国家和民族之间的分界线。历史悠久的葡萄牙和西班牙王国各自恢复了 19 世纪的自由主义宪政传统，在两次世界大战期间发展成为议会民主制的危机区域。这两个伊比利亚国家的例子表明，刚才提到的理由不足以保证这些民主秩序的稳定。显然，这种稳固的民族国家也可能会因内部社会冲突而支离破碎，以至于人们不再普遍接受在议会中调解利益冲突的民主方式，并为了捍卫受到威胁的经济和社会利益以及业已建立的等级体系，用军事暴力手段来贯彻威权主义式的解决方案。1926 年，葡萄牙经历了一次成功的军事政变；西班牙于 1923 年经历了一次政变［随后是普里·德里维拉（Primo de Rivera）将军的独裁统治，直至 1930 年］，然后又于 1936 年经历了一次（随后的内战一直延续到 1939 年）。最终，这两个国家建立起了威权主义政权。

相比之下，爱尔兰、捷克斯洛伐克和芬兰这三个新民主国家的例子表明，尽管外交压力显著提升，国内局势紧张，但议会制宪政制度仍然能够在这些新组建的国家站稳脚跟。这三个国家都曾是大帝国的一部分，都继承了自由主义宪政传统。但是，在这三个国家中，边界划分冲突以及民族问题尚未得到明确解决。1922 年，南北爱尔兰分治，北爱尔兰与自由邦之间划定了边界。这在爱尔兰自由邦内迅速引发了一场爱尔兰内战，并使得民族恐怖主义应运而生。就捷克斯洛伐克而言，苏台德地区的德裔（Sudetendeutsche）少数民族问题，以及与德国和奥地利之间的边界问题依然悬而未决。在芬兰，卡累利阿（Karelien）和俄罗斯之间的边界以及当地居民的身份问题都存在争议。在这三个国家中，与这种紧张局势对立的是解放或分离派民族主义，它们展现出一股强大的融合力量。

无论如何，从比较的、欧洲的视角来看，没有一种模式可以令人满意地解释所有民主国家的所有成败得失。形势因素在政治事件的历史上起着不容忽视的作用，其重要性不亚于岌岌可危的社会和经济状况。自 20 世纪 20 年代末以来，这种状况使得除苏联以外的所有欧洲国家都陷入了大萧条。因此，从比较的、欧洲的角度出发，只能找出其他一些一般因素，这些因素促进了民主机构的工作，也促进了民主机构在普遍持怀疑态度或疏离的社会中被接受。因此，它们在一定程度上创造了更有利的整体气候。这些因素既可以解释民主政治家所获得的更大信任，也可以解释这些政治家在危机和冲突中可利用的更大的行动空间。但是，他们行动时是否利用了技巧和权威，以及哪些对手更强或更弱，则无法用这些因素来解释。在这一点上，无法对每个欧洲国家的政治历史都进行详细的分析。

稳定的资产阶级社会秩序是保证更有利于民主的氛围的第

一个因素。经过第一次世界大战和战后通货膨胀的冲击，在由于 19 世纪工业和贸易的发展而出现资产阶级社会的地方，这种稳定的以资产阶级为特征的社会早已不复存在。在这方面，只有西欧和北欧国家仍具有优势。与东部和南部邻国相比，第一次世界大战对社会等级制度造成的冲击在战争期间（或由于它们保持中立）在这里已经没有那么严重了。随着战争的胜利以及和平的恢复，社会等级制度和资本主义经济秩序得到了维护。这并不是说这些国家的工人与企业家之间没有发生罢工和尖锐的冲突，而是各地都建立了一套"民主的阶级斗争"规则。例如，在法国和英国，社会主义工人运动在 20 世纪 20 年代产生了相当大的影响。尤其是在战争结束后的两年中，为争取工资而发生的罢工事件数不胜数，这彰显了工会在企业中的新力量。当时，在放弃权利多年之后，两国的工人阶级要求分得一份属于他们的胜利果实，并要求补偿他们为战争所做出的努力。由于获胜的战争联盟中的自由主义保守派阵营在 1919 年和 1921 年的选举中获得了广泛认可，资产阶级和工人阶级之间既定权力平衡迅速趋于稳定。在随后的 1923 年和 1924 年的两次选举中，由社会民主派和自由派组成的中左翼联盟都取得了成功，却并没有改变这一点。但是，它们证实了两国工人党的多数派已被纳入议会制度，而这并未因 1926 年支持矿工的英国大罢工等激进的罢工运动而有所变化。罢工失败后，社会自由主义改革势力最终在工党中占据上风，从而使该党在选举中的成功不再是对英国政党制度基本共识的挑战。在 1929 年的大选中，工党以 830 万票成为保守党（860 万票）最强劲的竞争对手。自由党的势力最初在议会中位居第三，但随后由于英国采取简单多数制（Mehrheitswahlrecht），且由于自由党缺乏稳定的党内经费，它的地位持续下降。在法国，今天的社会党（Parti Socialiste，简称 PS）的前身——工人国际法

国 支 部（Section française de l'Internationale ouvrière，简称 SFIO），以类似的方式牺牲了以激进党为首的左翼自由派政党的利益，确立了自己在左翼党派中首屈一指的地位。

在战间期，英法内政的一个显著特征是民族主义右翼在选举中的相对失败。与全欧洲的趋势一致，两国都出现了更激进的运动。这些运动或反对既有的政党政治，或表达中产阶级面对日益严重的经济困难时的抗议。但它们始终无法撼动保守派和民族自由派政党的选民基础。

在这些国家的社会中，包括个体商人、农民、职员和公务员在内的中产阶级通常发挥着重要的作用。在他们的努力下，倡导市场竞争和个人自由权利的自由主义制度思想在社会中更为广泛地扎下了根。

第二个可以使国内政治气氛更有利于民主的因素，是社会政治和社会文化环境的柱状化（Versäulung）。在这种情况下，天主教徒、新教徒、社会主义者、自由主义者和保守主义者被囊括在一个稳固的社会文化环境中。这便促生了妥协和分权的可能。这种局势为比利时、卢森堡、荷兰、捷克斯洛伐克、瑞典和挪威的民主制提供了稳定的环境。1930 年以前，魏玛共和国也曾受益于这样的局势。在所有这些国家中，都形成了千差万别的社会文化圈子。这些圈子由各自的政党在议会中代表通过妥协和协议来确保自己的物质和精神利益，通过谈判为其委托人争取国家资金，并确保其利益得到官方认可。荷兰支柱模式（Säulenmodell）中的基本原则最为清晰。在业已建立的不同的新教亚文化群体之外，天主教和社会主义阵营也成为日益壮大的少数派群体。从根本上来说，荷兰的民主是许多平行社会在政治上的体现。这些平行社会的范围涉及家庭、社区以及学校、大学，乃至新闻界、政党和合作社。但是，它们是由相互容忍的民族传统以及弱化了内部紧张关系的殖民主义共

127

识维持在一起的。北欧民主国家同样建立在重要社会文化圈子高度支柱化的基础之上。在这里，由自己的政党组织起来的农民和社会民主的工业工人，为"他们的"政党领导人通过谈判达成利益妥协提供了坚实的选民基础。在比利时和捷克斯洛伐克，这种支柱模式由于竞争性语言社区的存在而发生了转变，因此政治意识形态阵营的建设既是双倍的，同时又是破裂的。德语和捷克语、瓦隆语和佛兰德语社区仍然像自由主义、社会主义和天主教徒那样泾渭分明。而在捷克斯洛伐克的体系中，具有强烈天主教特征的斯洛伐克自治运动是作为一个独立的阵营而加入其中的。

128　　　第三个对民主有利的环境因素是殖民主义。在四个国家中（法国、英国、荷兰和比利时），民主制受益于其帝国主义或殖民主义帝国的稳定。除有巨大的象征意义外，这也给这四个西欧民主国家的公民带来了十分可观的经济和社会效益。特别是对中产阶级来说，公共和私人管理部门的职位提供了更多的就业和晋升机会。就比利时和荷兰而言，在两次世界大战期间，母国从其亚洲（印度尼西亚）和非洲（刚果）殖民地获取了丰厚的经济收益。特别是荷兰，该国从其东南亚的殖民领地中攫取了巨大的好处。在战间期，从殖民地转移回来的利润约占荷兰国内生产总值的 8%。所有直接税收的四分之一来自殖民地。现在的估计显示，10%~20% 的荷兰人曾从印度尼西亚的殖民经济中受益。[1]

英国的社会、经济和政治仍然在很大程度上取决于其帝国。英国整个工业部门的大批业务都是在与帝国的自治领和殖民地的交换中完成的，尤其是银行、保险公司以及贸易和运输公司。正是在战间期的经济不稳定时期，英联邦的相对重要性才不断提高。特别是行政和服务部门的中层及以上职位，都或多或少地直接取决于帝国的存在。英国调整了宪政框架，使之适应了一战期间自治领与母国之间权力关系的变化，从而巩固了英国与其帝国各部分之间的社会和经济网络。1926 年的法令（《威斯敏斯特法案》）赋予了自治领完全自治权，并在行政上明确区分了继续由伦敦管辖的殖民地和英联邦国家共同体。通过这种方式，在接下来的 10 年内，帝国与加拿大、南非、澳大利亚和新西兰等英国白人定居国之间的纽带得到了稳固。然而，印度等地给英国统治者施加越来越大的压力，要求给予帝国这些地区自治领地位。

斯堪的纳维亚地区的三个国家在一定程度上展示了在不受战争直接影响、继续向前发展的情况下，其他欧洲国家原本可以获得到多么千载难逢的好机遇。尽管这些国家保持中立，但由于经济封锁和潜艇战，它们仍受到了第一次世界大战的影响。这些国家的经济严重依赖出口，丹麦是农业出口国（黄油、肉类），瑞典的出口产业是采矿业、造船和机械制造业。

随着这些国家向议会民主制过渡，它们的政党制度发生了根本变化。在自由宪政主义的宪政体系中，占主导地位的自由派和保守派失去了统治地位。农民利益集团等势力发生了分裂；同时，社会主义以及社会民主主义工人运动逐渐兴起，直到 1914 年之前，他们都坚定地以德国模式为导向，并十分成功地建立了强大的产业工会。20 世纪 20 年代，温和的改革派势力在这些政党中占了上风——尤其是考虑到其选举的成功并首次参与政府组阁这一情况。这使得斯堪的纳维亚国家的议会中的社会民主政党和资产阶级政党之间的平衡岌岌可危，结果是少数派政府（Minderheitenregierung）通常在容忍部分反对派的情况下执政。这样，议会便成为各政治阵营均衡化和去激进化的地方。这种政治上的变化是在日益频繁、愈演愈烈的劳动斗争的背景下发生的；在斗争中，企业主和工会这两个组织严密的阵营势不两立。鉴于这些强烈的社会利益冲突，政府

129
130

首先在社会和劳动政策方面另辟蹊径。自由主义和"以国家为中心的"混合解决方案往往应运而生。例如，为所有公民提供由税收资助的基本养老金，以及缴费型的医疗和意外保险。最后，在大萧条期间，社会民主政府还决定通过国家补贴来维持就业、农业收入和工业用地，并为国家创造就业政策提供资金。

瑞典社会主义工人党领袖佩尔·阿尔宾·汉森从"人民之家"（瑞典语：folkhem）[1]这一保守派概念出发，发展出了富有关怀精神的民主制的一种平等主义指导模式。这一概念成为这种务实的改革政策的象征，并在20世纪30年代的瑞典越来越多地担当起先锋的角色。

在本章的最后，我们用事实证明，1918年在欧洲许多地区和社会圈子中形成的民主主义与民族主义的联盟是脆弱的。社会秩序结构和文化习惯以及严峻的经济利益冲突也加重了许多新兴民族主义民主国家的负担。然而不容忽视的是，在战后社会中，结构改革和新的政治联盟能够为还不为人所熟悉的政治参与形式奠定更广泛的基础。但是，与20世纪20年代和30年代许多欧洲国家的实际情况相比，民主改革需要更长的时间和更稳定的经济和社会条件方能根深叶茂。

---

[1] 瑞典社会主义工人党所提倡的"人民之家"被视为介于资本主义和社会主义之间的中间路线。其基本理念是：整个社会应当像一个大家庭，所有人都应做出自己的贡献，同时，所有人也应当互相照料。

第四章

摩登时代与新制度

在两次战争之间，政治并不是普通欧洲人生活的全部。即使面对许许多多的经济波动，甚至是 1929 年至 1933 年的大萧条，人们都以琐碎且往往实用的日常生存策略来应对。私人生活以及对日常烦恼的短暂逃避至少与政治事件、经济危机和有关社会制度模式争论一样，塑造了欧洲人的经验世界。在战间期，欧洲人的日常生活往往日新月异，新的居住形式、生活方式以及消费品和休闲活动不断涌现。"摩登时代"的曙光唤醒了时人的心灵，成为一个政治话题，引发了一场有关欧洲文明"危机"的广泛讨论。

1　城市的变化与城市生活方式

　　新的生活方式主要是城市中的一种现象。大都市和大城市仍然是引进新技术和传播时尚和风格的先驱者和标兵。这样的变化是否会波及小城镇和村庄还取决于许多因素。总体而言，在欧洲所有地区，城乡之间的差异依旧了然可见。这不是简单的品味问题，而是与生活中相当基本的东西有关。乡村妇女生育的孩子更多，农村的家庭更大；而城市家庭主要有两个或三个孩子。城市和乡村的职场之间存在着天壤之别：城市居民主要在工业、贸易、商业和行政管理领域工作，而乡村则以农业和手工业为主。城市居民享有大多数农村人所不具备的便利，如自来水、下水道、电力、石砖道路和有轨电车。这五种基础设施服务在欧洲各大城市非常普遍，但绝不是公认的标准。在东欧和南欧的许多城市中，只有最好的居住区和中心区才拥有这些基础设施。例如在索菲亚，只有一半的城市房屋与供水网络相连；在布加勒斯特，35 平方千米的城市面积中只有两平方千米被纳入了这些基础设施网络。但诸如婴儿死亡率、肺结核和霍乱病例数量等方面的现有统计数据表明，城市生活条件已经得到显著改善。

因此，生活在城市并参与城市生活方式的欧洲人的比例增加，这对于传播新生活方式来说是至关重要的。1900 年，仅有 28% 的欧洲人生活在 1 万人以上的城市社区中；而到了 1950 年，这个比例已经达到了一半。随着城市化的脚步继续向前，城市居民点的布局变得越来越密集，它们之间的空间距离不断缩小。第二次世界大战后，只有挪威、瑞典、芬兰这三个斯堪的纳维亚国家以及苏联、罗马尼亚、爱尔兰和阿尔巴尼亚的全国城市平均间距超过 26 千米；在中欧和西欧的城市化地区（比荷卢、英格兰、德意志帝国、瑞士、捷克斯洛伐克、意大利），全国平均城市间距不到 18 千米。这意味着现代城市生活方式正一步步走近乡村世界。

133　　19 世纪，工业区的大规模居住区、新建的资产阶级社区和自由的城市规划改变了旧城区的面貌；此后，欧洲城市在 20 世纪上半叶再次发生了翻天覆地的变化。崭新的、与以往布局不同的出租公寓逐渐取代了 19 世纪第一个工业化和城市化时期在欧洲城市中遗留的许多贫民窟。在西北欧和中欧的工业化国家中，社会住房变得越来越重要。在欧洲的新旧住房遭到二战的空前摧毁之前，欧洲国家新建造了大量出租住房。其中一些是由市政当局、合作社或公益性住房协会建造，并以低价提供的。搬入这些设施更好的公寓的主要是职员、公务员和技术工人。

与此同时，百货公司和消费合作社的销售网点在城市中蔓延开来。这两种新的分销系统成了仍占主导地位的零售商店的重要竞争对手。最初，每周工作时间的减少是通过斗争争取到的；后来，工时往往是由于危机和行业不景气而被迫缩短的。这便为休闲活动创造了新的机会。电影院的规模越来越大，覆盖了越来越多的小城市。欧洲各大城市都建起了比赛场馆、运动场和游泳池。这些日常文化的变化在欧洲随处可见——新的商品和服务处处成为城市化大都市及其生活方式的标志。至于它们在何种程度上被传播到乡下小城镇，这在欧洲各地是千差万别的。

2　变革热潮中的日常世界

134

城市基础设施也改变了人们的日常习惯。这些变化远不是在普遍认同的情况下发生的，也绝非那种毫无特色的、不引人注意的社会变革。相反，战间期的欧洲人经历了一场文化战争和代际冲突的浪潮。有关生活方式、消费和休闲的问题被政治化和戏剧化。一些人因大城市的电影院、年轻女性的新发型、六日自行车赛（Sechs-Tage-Rennen）、拳击比赛和足球比赛而欣喜若狂；另一些人则因被称作"黑人音乐"的爵士乐、花里胡哨的灯光广告和新兴的百货公司而怒气填胸。熟悉的和新鲜的事物之间的对立变得更加尖锐，跨越了阶级和阶层特有的生活方式的既定分界线，将人们划分为新"时尚"的敌和友。在各地，艺术家、知识分子和政治家都介入其中，教师、牧师和神父都发出了警告，生活方式问题被定型为有意的、出于政治或道德动机的安排问题。强大且对舆论有塑造力的权威部门动员公众，以抵御日常生活中的危险潮流。一般来说，在除苏联以外的整个欧洲，包括教堂、学校和军队在内的所有旧的道德制度机构，对新兴"风气"、青年的"享乐癖"和新的自由（尤其是年轻女性的自由）都持强烈的保留态度。禁令和管制被认为是对抗去影院观影行为、舞蹈娱乐以及综艺剧院（Varieté）的恰当手段。为了遏制电影和书籍中"放纵的"描述和色情内容的传播，并控制对"外国"文化的引进，各国都通过越来越严格的审查制度进行了干预。

135　　当时的体育运动、生活方式改革和卫生运动表明，人们的态度和评价是多变的。这三者从非常不同的角度改变了欧洲社会中的身体文化（Körperkultur）和身体形象。一方面，卫生运动在战间期取得了胜利。早在一战之前，医学专业人员与社会改革者就已经共同强调了卫生在健康和社会政策方面的意义，以应对常见疾病、流行病和儿童早夭问题。一战再次突出了卫生的重要性。战间期，通过学校、广告和立法在民众中传播更加严格的整洁和清洁标准。另一方面，在执行这些方案过程中的巨大差异不容忽视：在欧洲南部和东部，无论是在基础设施还是在态度转变方面，卫生标准的变化仍然有限。

　　卫生运动可期得到所有政治潮流的认可，尤其在民族动员的这几十年中，它也被视作爱国主义的努力；但与此同时，与生活改革运动密切相关的身体文化的变化，却引起了巨大的争议。"解放"人体，将人从束缚身体的衣服中解放出来，既引起了道德上的愤慨，又激起了自发的热情："良家"妇女脱掉了束身胸衣和面纱；在海滩上和游泳池里，无论男女都只穿泳裤和泳衣。得体举止的门槛降低了，裙子变短了；最后，妇女还得以行使参加体育运动的权利。日光浴得到了推广，并在裸体主义者中找到了最激进的支持者。

　　所有这些变化都已为媒体所报道；并且，作为公共的影像世界的一部分，它们已成为引起公愤或热议的话题。一方面，新的画刊和广告中的图片以及当代纪录片都呈现出对女性身体"自然美"的崇拜。另一方面，"力量"成为男性美的模范。因此，拳击这样的运动成了当时的时尚运动。

136

　　同时，新的身体文化模式在各个团体中传播开来。人们喜欢将共同体展现为一群运动中的身体的有序集合。行进的队列或有节奏地运动的队伍当时被认为是想象中的团体的理想象征。被动员起来的民族或阶级最好被表现为集体化的团体。身体形象和卫生观念的变化直接导致了战间期政治符号语言的根本变化。在那几十年中，没有任何独裁政权曾错失身体语言和身体文化的变化给他们带来的机会。"力量来自欢乐（Kraft durch Freude）"成为一个迅速获得成功的纳粹休假组织富有广告效应的名称。布尔什维克的身体崇拜勾勒了无产阶级新人的形象：他有着年轻运动员般的身体，并对其进行适当的保养、采取相应的卫生措施。纪律、力量和情欲是这种新型人类的基本要素。这与20世纪二三十年代在苏联占大多数的农民的真实身体形象和习俗形成了鲜明对比。但这种新人的形象作为苏联政权上台后的"新人类"的榜样，在群众游行、体育赛事以及社会主义现实主义的宣传图片和梦幻世界中无处不在。通过宣传，无产者这种朝气蓬勃的身体形象也在苏联之外的整个欧洲传播了开来。

　　关于新时尚和新风格（例如在建筑方面的）的政治性的争议常聚焦于民族维度。在许多国家，文化保守派与激进的右派联合起来，愤怒地拒绝新建筑以及功能主义的国际建筑风格，并阻碍其传播。在魏玛共和国，国际潮流被等同于布尔什维克主义和犹太文化，而且，不只是纳粹的追随者才这样认为。总的来说，在这几十年中可以观察到许多人们惧怕过多外来影响的蛛丝马迹。诸如德国剧院和美国影院、民间音乐及"黑人音乐"（即爵士乐）之间这种明显的比照，一再起到了推波助澜

137

的作用。民族运动分子经常把城市和农村对立起来，将前者视为商业化的、不道德的、肤浅的地方，而将后者视作民族文化和教育的港湾以及自己民族力量的源泉。这种对外国文化渗透的恐惧深深地打上了文化保守主义和民族文化烙印，最终在美国主义幽灵的笼罩下达到了顶峰。这种恐惧尤其在受过教育的人群和小资产阶级的街区和圈子中流传了开来。"美利坚"成为"无保留和无条件的现代性的代号"，[1] 并成为想象中或实际上的新的文明趋势及其技术条件的起源地。库尔特·图霍尔斯基（Kurt Tucholsky）和卡尔·克劳斯（Karl Kraus）联想到美国的康采恩（Konzern）创始人亨利·福特（Henry Ford），而将这种趋势称为"福特式进步"（Fordschritt）。福特的企业理念也包括为工人提供一种崭新的生活模式。[2] 流水线工人应当赚足够多的钱，住在公司产权的排屋（Reihenhaus）里，过健康的生活，并成为能够顾家的一家之主，可以用工资养活全家。欧洲的产业工人与这种资本主义的田园生活相去甚远。但福特关于未来的想法却启发了社会计划者、政治家和企业家——比如捷克鞋履制造商巴塔（Bat'a）。巴塔在捷克斯洛伐克的日宁（Znin）、荷兰的巴塔镇（Batadorp）和法国的艾楼库尔（Hellocourt）实现了这种企业生活区与生产基地浑然一体的无缝对接。

然而，战间期危机四伏的经济状况给这种雄心勃勃的计划设置了狭窄的施展空间。依托于市场的消费文化以大众对其标准化的家庭和休闲产品的消费为基础。这种消费文化依然仅存在于遥远的将来，或只在欧洲西北部那些民殷国富的地区萌了芽。贫困被理解为生活在物质生存底线上，或生活在自身生计的物质基础（住房、食物、工作）持续受到威胁的状况中。这些仍是大多数劳动人口所正在经历的。龚特·麦（Gunther Mai）通过对一些研究的评估，得出了这样的结论：在工业发达国家中，至少有三分之一的劳动人口不得不过这样的生活。[3]
对于大部分欧洲人来说，"必需的趣味"①（P. 布迪厄）仍然是
他们个人生活方式的主导取向。在最好的情况下，他们的孩子
才有希望在将来从不安全的状态和匮乏经济中走出来。

当我们将目光从欧洲的工业中心转向东部和南部时，会发
现贫困在农村极为普遍。在战间期，尤其是在大萧条之后，这
种情况日益严峻。在 1928 年后的苏联，贫困达到了戏剧化的
状态。苏联使用暴力铲除了绝大多数农民的小农式经济模式，
并强行推行强制性的供应经济以支持新兴的工业中心。这致使
占人口大多数的农村居民陷入贫困和供应匮乏，甚至饥荒。

我们还必须在上文所述的城乡之间、城乡生活世界之间
的紧张关系的背景下来看待这些变革在民族政治层面上的戏剧
化。因此，辩论所聚焦的新的物质消费品以及新的生活方式并
不是大多数人日常生活中的"常态"，而在很大程度上是对未
来的规划和预测。它们改变了当时人们的期待。它们为人们对
美好未来的憧憬，同时也为即将到来的文明灾难的恐怖场景注
入了具体的内容，并赋予其样貌。

3　新的技术可能性与社会变革

139

文化战争之所以如此激烈，也是因为技术创新的应用潜力
越来越大，从而将批评者和拥护者调动了起来。技术变革和社
会变革的相互作用孕育了一种新的、势不可当的大众文化的形
象。一方面，新的交通和通信系统在战间期普及得如此迅速，
以至于它们成为大众化现象，不再是令人啧啧称奇的新鲜事

---

① "必需的趣味"（Notwendigkeitsgeschmack）：必需性会强加给人一种"必需的趣
味"。有这种趣味的人倾向于做出经济实惠的选择，以满足最基本的生活需求。

物。电话网络也在各地普及开来。尽管当时的电话还远远未普及每家每户，但几乎每个人都可以用上电话，办公室、旅馆和医生那里都有连接设备。在欧洲，瑞典是这方面的先驱，每千名居民有 83 条电话线（1929 年）。在德国，每千人有 50 部电话。但在意大利，每千名居民只有 7 部（1929~1933 年）。收音机的普及更加广泛、更有影响力。在不同的欧洲国家，低价标准收音设备的普及之路长短各异。但是，一旦工业界将这种设备提供给消费者，收音机的普及速度便立即提高了。另一方面，在英国，英国广播公司（BBC）开播仅两年之后，就有100 万台收音机登记注册（1924 年）；1939 年，收音机数量达到了 900 万。在德国，尽管受到大萧条的影响，收音机数量仍五年内翻一番，并在 1933 年 1 月达到了 430 万台，当然，每个节目的听众人数是有波动的，但就英国而言，有调查显示，在 1928 年，没有任何节目的听众数量低于 100 万，并且最受欢迎的节目已有 1500 万忠实听众。

最后，汽车也由奢侈品变为大众消费品。卡车、公共汽车，出租车和国家领导人专用的豪华轿车是汽车普及化的开端。而在西欧，尤其在英国和法国，小型汽车开始被制造。这即便对于中等收入的消费者而言，也是负担得起的。奥斯丁（Austin）、莫里斯（Morris）和雪铁龙（Citroën）公司是这一发展的先驱。在这两个国家，1930 年登记在册的家用汽车约有 150 万辆。1932 年，德意志国的这一数字明显要低得多，只有不到 50 万辆，而意大利仅有 18.3 万辆。意大利和德国等国抢在未来大规模汽车交通成型之前，已经开始建设高速公路。这迅速成为现代交通基础设施的标志。至少与之同等重要的是自行车和摩托车这种两轮交通工具的普及。机动性的提高是新的休闲活动项目变得触手可及的重要前提。

新的技术可能性还包括有声电影的发明（1927 年）与普

及。1929 年至 1932 年间，有声电影的传播速度非常迅速。它代表了电影史上的一个重要转折点，并对这一媒介的表现手段的进一步发展产生了深远的影响。20 世纪 20 年代，与美国制片业相比，欧洲的民族电影产业不断失去市场。而这一技术转折同时为欧洲的民族电影产业提供了第二次机会。在法国、英国、意大利和德国，在一定程度上与政府联系紧密的国家康采恩（Konzerne）抓住了这个机会，以期重新夺回市场份额，并向本国观众提供为其量身定做的有声电影。1932 年，随着配音技术的发明，语言的问题得到了解决。之后，好莱坞才逐渐开始重新收复在欧洲失去的市场份额。

与此同时，工业中心的社会条件发生了巨大变化，以至于这些技术创新不再只是欧洲上层社会的奢侈品。总的说来，雇佣劳动的发展，尤其是中等收入群体中雇佣劳动关系的增多，在战间期造就了一个不断扩大的对新生活方式感兴趣的圈子。无论公务员还是办公室白领，无论男女，都成了新的日常习惯的先锋。在战间期的职场中，他们仍然代表着少数人。服务业从业人员的比例粗略地表明了该群体在欧洲各个地区的相对比重。20 世纪 20 年代，服务业从业人员在所有雇员中的比例超过 25% 这个门槛的国家和地区只有北欧（不包括芬兰）、不列颠群岛、比荷卢联盟、法国、阿尔卑斯山地区的共和国和德意志国。通常，这些服务行业的从业人员必须在工作时间内完成严格规定好的工作，不再从事重体力劳动，并要遵守严苛的时间规定。他们每周的工作时间通常为 40~48 小时，这意味着他们不仅对休闲活动感兴趣，同时也有时间参加，并且负担得起。

尤其是随着从事白领职业的妇女越来越多，19 世纪固定的"自然"性别差异的形象也被破坏了。尽管有人试图恢复战前确立的父权制性别秩序——例如，在一战结束后解雇妇女、

141

欧洲国家的公共服务部门歧视妇女（尤其是已婚妇女）——但是，有选举权的职业妇女已成为战间期社会现实不可或缺的组成部分。

获得解放的年轻妇女异于惯例的举止、外貌及其职业定位，成为所有以秩序和道德的名义应对这一"摩登时代"的男性权威的梦魇。然而，自第一次世界大战爆发以来，女性政治地位发生了深刻的变化，这也迫使批评女性解放的人们提出新的论据和指导原则。因此，欧洲社会迎来了形形色色的妇道意识形态的一次高峰。天主教徒和新教徒、法西斯主义者和民族主义者争先恐后地在政治上将妇女重估为母亲和妻子。

除职员和公务员群体外，城市工人队伍是生活方式很容易发生变化的第二个主要社会群体。但是，战间期的经济情况所允许的实际工资增长空间很小；而不利的政治框架条件（尤其是独裁统治的推进），使工人在谈判中的地位进一步恶化。尽管如此，熟练工人（例如技工或产业工匠）的物质状况还是有所改善。但最重要的是，他们的平均工作时间减少了。周六下午通常不用工作，这使休闲活动的时间窗口超出了传统上作为休息日的周日。于是，足球比赛、一般体育赛事、电影院或综艺剧院等休闲项目成了工人日常文化中的元素。有组织的工人文化运动所提供活动也迎合了工人阶级有所增长的时间预算。其组织者有工会、工人党，但也有教会、资产阶级协会和政党。此外，大企业也发现了其职工日益增长的休闲需求，创建了自己的体育设施，成立了工厂俱乐部，并组织了教育和休闲活动。通常，包括意大利汽车制造商菲亚特（FIAT）和办公设备制造商好利获得（Olivetti）、德国西门子电气公司（Elektrokonzern Siemens）等在内的新兴产业都率先制定了这样的企业内部的社交休闲政策。重工业和采矿业公司也采纳了这种做法。在鲁尔区和其他工业地区，这些企业开始建立并资助自己的"工厂"协会（例如足球协会）。

最后一个要素是带薪假期制的引入。这一制度的原型是长期以来形成的公务员和国家工作人员的带薪休假制。一些国家（挪威于 1936 年，法国于 1936 年，英国于 1938 年）制定了相应的法律，规定工人和职员也可享受假期。在奥地利和英国等国家，带薪休假已成为劳资或公司合同的一部分；在英国，1931 年，约有 400 万工人（即 20%）从此类规定中受益。

4　夹在政治与商业之间的大众文化

从文化史的角度来看，战间期的几十年充满了活力和创新。政治治理或组织与商业营销之间的基本矛盾，深刻地影响了文化发展。一方面，所有希望产生广泛影响的政治运动都对其追随者的日常文化和休闲活动表现出了兴趣。早在第一次世界大战之前，社会主义者和基督教教会就已经在组织上做了许多努力，以为其追随者提供自己的教育和文化服务。另一方面，战后，面对来自商业产品的诱惑，他们越来越担心自己群众基础的世界观和信仰。民族主义者和保守派也紧随其后。因此，当时在许多欧洲国家中，存在着各种以形形色色的世界观为支撑的文化和教育产品。在一些国家，针对新教徒、天主教徒、社会主义者、共产主义者和民族主义者的文化和休闲活动简直构成了不同的平行世界。

"文化组织"成为当时的流行口号。相应地，它的范围也很大：读书俱乐部以及与各种意识形态联系紧密的出版社把握了导向，并提供了事先经过意识形态审查的娱乐项目。借书馆会事先过滤其提供的书目，并（相当谨慎地）引导读者的口味。各个工会自办了许多出版社、工人图书馆，并组织了教育和文化活动。20 世纪 20 年代是欧洲工人文化运动的鼎盛时期。

他们在组织方面卓有成效，特别是在欧洲中部和西北部。魏玛社会民主党有 57 万名成员加入了工人运动俱乐部，42 万名成员加入了工人歌唱协会，在自行车联合会中有 20 万人。除此以外，与该党关系紧密的消费者协会还有 300 万会员。德国工会联合会（Allgemeiner Deutscher Gewerkschaftsbund，简称 ADGB）拥有 2000 个这样的工人图书馆，以及超过 405 个教育委员会。英国工会也建立了一个类似的密集网络。然而，最为密集的组织网络或许是由维也纳的社会民主党人所组成的。仅是各个俱乐部所覆盖的娱乐活动就达 50 种。这种组织上的热情也可以用意识形态方面的目标来解释，即建立一种与资产阶级世界和文化对立的世界，从而将社会主义更向前推进一步。阿尔卑斯山北部的天主教和新教协会也建立了类似的网络：在这里，青年协会、图书馆，以及经过长期踌躇之后的体育俱乐部向其成员和处于其社会文化圈子中的人们提供了适宜的休闲活动。

然而，这些以意识形态为动机的日常文化的组织者们不情愿地发现，他们的成员和支持者更看重休闲和娱乐项目，而不是他们提供的高雅文化方面的教育项目。这对于这些运动而言更加痛苦，因为它们对商业性质的供应商所提供的"肤浅"或"轻浮"的娱乐项目在很大程度上持保留态度。在第一次世界大战之前的几十年中，工人运动在很大程度上接受了本国资产阶级的教育理念，并对其进行了政治上的过滤，使之成为自己的工人教育组织的基础。其核心目的是通过成人教育的方式，传播那些曾向工人阶级集体隐瞒的学校教育知识，从而同时提高工人阶级的教育水平和文明程度。因此，工人教育的组织者们感到，他们很难不偏不倚地注意到其追随者的娱乐和休闲需求，更何况去考虑这些愿望。

此外，延续旧的休闲传统的还有"资产阶级"国民休闲组织。特别是体操俱乐部和歌唱协会，它们在民族爱国主义的气氛中提供了休闲和社交的机会。在战间期，体育锻炼和对民歌的维护一直是有民族意识的休闲文化的象征。保守的和民族主义的协会都特别强调这一方面。这些俱乐部的辐射范围很广，其中包括小资产阶级、职员、工人和中小城市中的手工业者。

20世纪30年代，在大众文化影响和组织方面的这种雄心壮志达到了一个新的高峰。意大利和苏联是建立具有严格的意识形态导向的国家文化和休闲组织的先驱。两种政权都运用了工人运动文化的模式，而且都利用了民族自由主义和企业所提供的文化项目。与其在社会主义或基督教文化运动中意识形态方面的对手相比，它们对娱乐和消遣方面的新需要更加开放。它们还试图在其提供的休闲和度假项目中，将政治灌输和娱乐活动结合起来。纳粹德国热切地复制了意大利的"国家康乐俱乐部（Opera Nazionale Dopolavoro，简称 OND）"模式，并以其广泛的吸引力迅速超越了法西斯模式。"力量来自欢乐"主要为城市中心的工人和雇员组织短期度假活动，但同时也到希腊或挪威北角进行"梦幻之旅"，并取得了很好的广告效应。然而，尽管这些国家都对"大众"品味做出了种种让步，但他们依然坚持以政权特定的政治教育目标为导向。

146

欧洲的广播仍然掌握在政治文化组织者手中，也就是国家手中。它无疑是战间期最重要的新型大众传播媒介，因为它波及的人数最多。在许多地方，人们第一次听到了作为口头语言的国家标准语言。在各地，广播确保了政治和文化信息在全国范围内的传播。国家广播节目的建设始于20世纪20年代初期（法国、英国始于1922年，比利时、德意志国始于1923年）。到了20世纪30年代，工业化国家的广播听众已经成为社会的一面镜子。在各地，除了政治信息之外，广播还将焦点对准了学习和知识，并成了民族高雅文化和标准语言的至关重要的传播者。但是，听众越来越清晰地表达了他们对娱乐和放松的渴望，这往往与组织者和节目制作者的雄心壮志背道而驰。英国广播公司在 1935 年进行的一项民意调查显示，接受采访的听众中有 80% 希望获得大众化的娱乐，只有 20% 的人希望接触高雅文化。全国的节目或多或少地满足了这一愿望。除了讲座、报道以及高雅音乐会和戏剧的现场直播外，广播台还会转播轻娱乐节目，如流行明星和综艺剧院作品的演出。作为广播节目的基本组成部分，至今仍十分普遍的音乐节目，是对听众期望的另一个让步。

与美国不同，欧洲的广播仍然是在公共控制下的媒体，它创造了具有民族特色的广播形式和文化节目，这些形式和节目又反过来渗入了各国的日常文化。专政政权越来越多地在政治方面受益于广播。在法西斯主义的意大利、民族社会主义的德国和斯大林主义的苏联，广播作为一种娱乐媒介得到了进一步发展，但同时也被系统地运用于政治政权的舞台。

在战间期，尽管大众文化的组织者们取得了多方面的成功，但他们还是感到自己处于守势。公共的、与意识形态联系紧密的电台总是有很多说教性的、道学先生似的节目制作者；与之相比，休闲节目的商业电台似乎更成功，也更符合大众口味。观赏性体育项目、电影、舞蹈和舞台表演（音乐和戏剧）仍然是最成功的、可能也是受众最多的休闲活动。在战间期，电影也继续在大众娱乐领域高歌猛进，成了普通人最重要的休闲娱乐活动。电影放映活动价格便宜，交通便利，且影院提供的节目丰富多彩。以维也纳为例，1933 年，一半以上的工人阶级儿童每周去四次电影院。放映场馆的数量也随之增加，其设施规模各异，既有大都市的大型电影"宫"，又有乡间的简陋放映厅。1934 年，德意志国和英国都有超过 4900 家放映馆，法国有 3900 家影院，西班牙和意大利分别有 2500 家和 2600

家，但在电影院密度上，这些国家被拥有 2000 家影院的捷克斯洛伐克和拥有 100 家影院的瑞典所超越。电影院提供的剧目种类繁多，但娱乐电影显然占据了主导地位：喜剧片、古装片、冒险片和爱情片尤其获得了观众的青睐。

在战间期，雄心勃勃的电影业代表人物为了争取电影作为一门独立的"艺术"获得文化认可而不懈战斗。知识分子引领了当时这场争取认同的斗争。电影制作商和国家主管机关看到了通过电影在国家政治方面施加影响的可能性。因此，故事片也成为对国家政治和历史进行阐释的一种广泛有效的媒介。以写实的方式处理刚刚过去的一战历史的一些电影立即激起了争议：好莱坞翻拍的埃里希·玛丽亚·雷马克（Erich Maria Remarque）的小说《西线无战事》（*All Quiet on the Western Front*）（1930 年）引发了德国的右翼政党的抗议风暴。

148

在整个欧洲，经营舞厅是一门利润丰厚的生意。当今迪斯科舞厅在那时的版本尤其受到年轻人的欢迎，同时也深受已婚夫妇喜爱。因此，各类舞厅也属于大城市的文化基础设施——它们补充了游艺集市所提供的传统舞蹈娱乐活动。1918 年至 1925 年间，英国新建了 1.1 万家舞厅和俱乐部，彰显了批评界所谓的"黄金的二十年代"对享乐的追求。1925 年，在德意志国注册的伴舞乐队有 3 万支。

之所以爆发这场文化战争，不只是因为这些伴舞乐队的曲目已被彻底现代化。许多人演奏"爵士乐"时，身着彩色的燕尾服登场，将脸涂成黑色，并演奏狐步（Foxtrot）、查尔斯顿舞曲（Charleston）或西米舞曲（Shimmy）。这样的"黑人音乐"随即引发了具有传统意识的听众的第一波愤怒。不久，流行歌曲的浪潮席卷而来，这对于有敏感民族意识的耳朵来说已经容易承受多了。

欧洲商业性质的大众文化的第三个增长点是观赏性体育。它的发展与整个体育运动息息相关，其追随者主要是各个年龄段的男性，尤其是老龄前业余动员的持续加入使观众人数的连续性得到了保证。在战间期，足球上升为欧洲第一个观赏性体育项目。起源于英国的现代足球，在一战前十分小众，此时则在欧洲发展为一个大众化现象，迅速蔓延至中欧、西欧和南欧各地。于 1923 年落成的温布利球场（Wembleystadion）可容纳 10 万名观众。对于大多数俱乐部球场而言，这样的规模仍然是难以企及的典范。在 20 世纪 20 年代的维也纳，奥地利国家队的国际比赛每场平均至少有 4 万名观众。他们迅速形成了区域的或民族的足球风格。因此，哈布斯堡皇朝得以在匈牙利、捷克和奥地利各俱乐部的"多瑙河足球"中幸存并延续，足球运动迅速成为民族表达自我和民族情感的舞台。

此外，其他种类的当代观赏性体育运动也不应被遗忘。自行车运动受益于自行车的迅速普及。据估计，举行环法自行车赛时，三分之一至四分之一的法国人都纷纷驻足路边，观看骑手。

5　日常生活的理性化以及新人类的乌托邦

早在世纪之交，替代传统生活方式和日常习惯的另一种激进的方案就已引起受过良好教育的阶层以及富裕阶层的特别关注。他们很少亲自实践这些生活方式，但他们中的许多人在关注那些狂热的生活改革者，另一些人则试图让这些乌托邦式的另类方案拉回一种"现代生活方式"确凿的、可规划的事实。众多项目将工程学和对未来的愿景融合在了一起。第一次世界大战后，先锋实验的时代还远未结束，战争的冲击和战后初期的动荡为新旧项目提供了进一步的动力。20 世纪 20 年代，苏联成为许多激进的社会主义新生活方式的实验场所；但对新生活方式的探寻，在西方也进一步加强。但是，此类项目的方式和范围发生了明显变化。此时，它们成了专家和规划者的职责，并且成为科学观察的对象。战间期是属于社会工程师的时代。社会工程学（Social Engineering）是一个含糊不清的术语，但它最能说明多样化的当代现象。面对战后所有欧洲国家日益增长的技术可能性和各种各样的社会问题，理性化已经成为一个关键概念。人类生活的所有领域都应更加理性化，即成本更低、更和平、更高效。

与个人生活方式一样，对社会环境的塑造也受到了关注。这既包括住宅区，也包括城市，还包括对国家或（未来的）殖民帝国的大面积规划。无论是资本主义的生产方式，还是从1928年起大规模实施的苏联社会主义生产方式，自然都是这种理性化努力的目标。规划成为实现这些目标的方式的关键概念：其目的是在不久的将来或在"可预见"的时间内，系统地、逐步地、连续地实现这些与干预措施捆绑在一起的远大期望。面对经济波动和政治不确定性，针对危机四伏的现状以及政治、经济和社会难以估计的节奏，计划和理性化提供了一套与之相反的乌托邦式的提案。

社会专家和计划人员带来了截然不同的专业和科学观点。学科范围包括医学（特别是卫生学和遗传学）、心理学（尤其是心理技术），以及新的经验主义社会科学。在根基上，所有这些学科都对自由主义或社会主义等业已建立的社会哲学（Sozialphilosophie）持怀疑态度。无论是市场制、合同制或简单地消灭私有财产，都不能解决众多社会问题，但是，基于观察和科学对环境进行改造却可以做到这点——只要通过有计划、有控制地重新引导人类行为以对其进行配合。强行改造事物或进行威权主义的政治干预，以及受影响者的学习适应，是

150

151

这种方案的两个相辅相成的方面。

工业生产核心领域的合理化概念广受欢迎，但最初的实际效果有限。亨利·福特和弗雷德里克·W. 泰勒（Frederick W. Taylor）提供了这方面的榜样和纲领。一方面，他们主张通过测量将工作流程合理化，然后将工序分解到最具成本效益的（流水线）生产中。劳动计量、劳动组织（计件工资制度）和生产过程的分解在欧洲工厂中流传开来。然而，在 20 世纪 30 年代之前，流水线生产方式很少被采用。因为，仅在特殊情况下，进行这种生产设施改造所需的大规模生产才能产生经济效益。欧洲的工业生产仍以小规模优质生产为特征。因此，雪铁龙（1919）、欧宝（1924）或菲亚特（1925）的汽车工厂流水线一直是令人啧啧称赞、议论纷纷的个例。20 世纪 20 年代，在整个欧洲，装配线上的工作岗位数量为 8 万个。直到 20 世纪 30 年代，福特模式才更加普及。早在 20 世纪 20 年代，苏联就曾将美国的汽车生产作为未来社会主义大规模生产的典范，在新兴的工业工厂中对其进行过研究。流水线也被引入德国日益增长的军备生产中。不久之后，其他欧洲国家的军火业也纷纷效仿。

另一方面，"福特式进步"也影响了工业工人的工作形式和生活方式。招聘时的能力测试确保了在工作中人尽其用；家庭友好型、经济实用型公寓确保了工人的满意度。在这一点上，福特和泰勒型的公司战略与对社会住房的需求以及新派功能主义建筑师和城市规划师的设计不谋而合。建造成本低廉的租赁公寓以及松散的排屋住宅区中的标准化"单元房"，成为建筑师、设计师和家庭经济学家详细设计方案的主题。另外，实际的建筑实践落后于社会专家和建筑师激进的设计。但 20 世纪 20 年代和 30 年代的城市建造扩张所遵循的往往是 1928 年、1929 年和 1933 年国际建筑大会上所宣布的新设计和新方案。从鹿特丹到索菲亚，在整个欧洲都可以看到按功能划分城市区域的城市建设痕迹。一些地方的这类建设项目可谓是"一体化的"。这些地方同时为员工建造了厂房区和住房区。20世纪30年代的苏联城市规划者设计了规模宏大的这类工业城市，但实际情况却明显欠佳。

社会工程学遵循这样的逻辑：设计方案要深入到细节，并尽可能草拟出全面而具体的改建计划；社会住房应提供新的房间布局，配以新的家具和陈设，并最终形成新的"更理性"、更合理的家庭形式。其中一条途径是预先设定了各种功能的整体厨房；另一条补充途径是展览、咨询和指南书籍——它们将新式行为方式打造为"有品位的"做法。社会改革者们很快意识到，单纯居高临下地提供最优解或威权主义式的贯彻并不能达到目的，而广告和目标受众的亲身参与则是更为效的手段。20世纪30年代，在社会民主主义统治下的瑞典成了这种日常生活改革的样板国家。在这里，日益流行的展览展示了未来工业社会的工人及雇员新的生活环境和消费品：它们有清晰的设计、简单、实用的外形，实用实惠而不奢华的消费品。设计清晰、造型简洁、功能齐全、消费品实用实惠、不奢华。

专家们的合理化努力也没有放过私人生活领域：在战间期，性行为、婚姻和生育计划成了优生方面的社会专家考虑的核心内容。因为，战争造成的人口损失需要得到补偿；并且，本国人口的状况据称也因出生率下降而受到威胁，需尽快得到改善。德国政治经济学家葛德雪（Goldscheid）提出了"人类经济学"（Menschenökonomie）[4]的概念。它旨在确保"人类材料"（Menschenmaterial）不被浪费，通过改良遗传物质和合理化生殖行为来优化国家人口。

总的来说，人口问题引起了时人的关注；一战的损失使国家公众对本国人口的数量、年龄结构以及生物学和社会学特征

图 3　摩登时代：设计师格蕾特·舒特－理荷丝基（Grete Schütte-Likotzky）于 1926 年
设计的"法兰克福厨房"（Frankfurter Küche）是当时第一个整体厨房

变得敏感起来。早在战前，提高人口"质量"已经成为以应用为导向的一个医学分支的研究主题。优生学家（Eugeniker）和种族卫生学家（Rassenhygieniker）所研究的首要是导致人口"退化"或"恶化"的遗传因素。最重要的是，各派代表和专家制定了一份要求国家干预的目录，其内容包括向子女多的家庭提供经济支持、禁止避孕药具广告、严惩堕胎、强制遗传病患者或罪犯绝育，等等。家庭政策成为公共社会政策一个重要的新领域。欧洲许多国家都采取了鼓励生育的措施：对孕妇的公共支持、更好地保护母婴健康的措施，以及子女津贴和家庭津贴，等等。这种"正向"的优生学与"反向"优生学的措施形成了鲜明的对比。后者的范围包括（不）签发婚姻适宜性证明，从而禁止结婚，以及对"遗传性"疾病患者依法进行强制绝育。丹麦、瑞典、挪威和德意志国都制定了此类法律，但在瑞士和其他地方也有强制绝育的做法。各地受影响的人数差别很大。在民族社会主义德国，这种做法尤为激进。战争结束时，那里有 40 万人被强行绝育，其中大部分是女性。在斯堪的纳维亚国家，此类干预的受害者人数要少得多，但这些干涉是更长的时间跨度中进行的。1935 年至 1976 年间，瑞典约有62000 人受到影响；1929 年至 1967 年间，丹麦的 10000 多名女性和一些男性被干预；1935 年至 1979 年间，在芬兰受到波及的女性约有 11000 名。被绝育的主要是精神病院的女患者，以及有身体或精神残疾、有令人侧目的行为、或来自社会边缘群体的妇女。

这些社会专家对其同胞们的生活世界的干预具有一些特征。这些特征显然受到了当代政治和文化环境的强烈影响。社会工程师们将社会变革的势头视为对其民族的威胁。民族凝聚力和力量似乎受到了工业化、城市化和新兴传媒的威胁。因此，有必要在日常情境中重建社区，并使之和谐地融入更大的

155

民族政治共同体，或者在苏联的情况下，使其融入苏维埃人民的新社会主义共同体。

这种共同体导向反映了一种危机意识。在战间期的许多社会计划者眼中，未来不仅是开放的，他们自己的提议也更适合未来的技术工业文明，但进行必要的改革并采取措施的时间窗口（Zeitfenster）很小；当前危机现象仍然可以被治愈，但解体和退化的进程正无可挽回地向前推进，并可能在可预见的未来摧毁自身文明的基础。此外，分析和设计的正确性是社会工程师们的灵魂所在。对他们而言，自身的科学性为他们的实操建议的优越性提供了更坚实的基础，也使他们在处理道德上的异议时得以保持清醒冷静。

令人惊讶的是，这种对日常世界的秩序设计被当时的政治意识形态急切地接受了。社会工程师也在这些重要意识形态中找到了实现其乌托邦和各项计划的保障。民族社会主义者、法西斯主义者、社会民主主义者和共产主义者都在社会专家的世界中产生了巨大的回响，而且他们也乐于倾听这些专家的建议。在许多情况下，战间期的新兴政治世界观立即将社会工程学的指导思想纳入了各自的纲领。以民族社会主义为例，他们所采纳的是种族卫生学（Rassenhygiene）。这成为纳粹世界观的重要支柱，为其提供了"科学"基础。社会民主主义者所采纳的不是种族卫生学，而是优生学（Eugenik）。他们将其纳入了自己的社会政治纲领。福特和泰勒主义则受到了所有运动的欢迎——在共产主义运动那里，它们在社会主义解放方面和资本主义剥削方面的应用被清晰地分割了开来。

总的来说，新的民族主义潮流非常赞同这些基于共同体的纲领，因为它们似乎为消除威胁民族政治共同体的许多危险提供了一剂良方。

在自由主义中，参与这种社会设计实验的意愿也越来越强，尤其是因为对西方文明危机或自己种族及民族衰退的悲观预言也在他们的队伍中找到了支持者。如果想要在这样的危机局势中捍卫自己民族的未来，就必须付出干预社会世界（Sozialwelten）和私人生活的代价。

因此，在 20 世纪 30 年代，在欧洲发展出了几种带有特定政治色彩的社会工程模式。瑞典或英国的社会自由主义的社会方案标志着一个极端，另一个极端是极权主义在民族社会主义德国的渗透。作为战间期奥地利社会民主主义的许多社会计划措施的见证者，哲学家卡尔·波普尔（Karl Popper）在当时将二者表述为"零碎的社会工程"（piecemeal）和"乌托邦式的社会工程"（utopian social engineering）[5]之间的对立。

然而，这种对立并非仅仅将民主政体和独裁政体中的社会干预区别了开来。它还作为一种基本矛盾，贯穿于所有这些努力的多个应用领域，清晰地梳理了战间期的日常世界中不甚明确的发展趋势，并使这些趋势同有关政治社会秩序的构想相协调。而这些构想赋予了"现代性""资本主义"和"社会主义"固定的形态。无论如何，自 1914 年以来，欧洲的日常世界已前所未有地成为各种互相矛盾的秩序模式和未来蓝图的对象，而它们都致力于消除社会变革所带来的恼人的矛盾。所有这些矛盾都与各政治潮流以及对当下做出诊断的社会科学家的预期相左。

6　危机意识和对导向的需求

生活方式、消费模式和身体形象的改变也表现为戏剧性的冲突，并成为政治争议和意识形态热潮的对象。这是因为，它们在文化和宗教方面的深层价值参照是有争议的。20 世纪上半叶是欧洲思想史上一个成果尤为丰厚的时代：先锋和实验决定了科学和艺术的特征，当时的学术争论总是围绕着如何将这些剧变和创新分类，并单独或统一地理解其意义。这便形成了一种特殊的"危机意识"。这一意识主要基于这样一个事实，即既定的和用于价值判断和认识现实的规则框架"不能与时俱进"且"摇摇欲坠"。三个重大科学发现及随后的学术争论，为这种危机意识划定了具有时代特色的视域。

现代自然科学世界观的革命在本质上与爱因斯坦、玻尔、海森堡、薛定谔等人对古典物理理论的修正息息相关。相对论和量子物理学理论无论在当时还是今天都不属于欧洲人的常识，因此不能直接动摇任何对世界的解释或者思想视域。事实上，在 20 世纪的前几十年间，物理学、化学或生物学领域的理论设计和实验研究只是加快了现代自然科学与外行眼中的世界渐行渐远的长期趋势，同时也拉开了与人文科学的解释方式之间的距离。然而，新的科学理论直接威胁到了所有对世界进行统一解释的现成的构思。这种对世界的简洁解释是 19 世纪的学术传承之一。在战间期，受过教育的欧洲人继续在公开辩论中使用这种解释。唯物主义和唯心主义作为两个主要的哲学－认识论理论框架模型，都以 18 世纪末古典物理学的有效性以及康德主义或后康德主义哲学的有效性为基础。这些"世界观"通常也以自由主义、保守主义或社会主义的形式，被用作从政治上对社会进行解释的基础。同时，这些对世界的解释也与宗教信仰紧密相连。在 1930 年前后，对于绝大多数欧洲人来说，宗教信仰仍然是价值取向和对世界的解释的最重要来源。20 世纪上半叶的自然科学革命割断了这些联系，反过来迫使人们修正哲学和神学，并使艺术家和知识分子为之着迷。在一定程度上，就科学家、知识分子、教育专家的这些反应而言，其最小公分母可以被确认为一种"危机意识"。克服"危机"成为激烈的学术争论的主题，同时也成为雄心勃勃的科学理论和哲学构思的主题。这些都不是本书的主题。在大多数情况下，这些密集的思想生产的结果仍然是深奥的知识；最初，这仅仅改变了少数科学家和知识分子的世界观，但绝未立即得到大规模传播。然而，这种对自然科学世界观的修正直接影响了那些坚持 19 世纪伟大理论体系的政治意识形态。通常，正统科学立场的拥护者们会寻求其同时代的意识形态的保护，而后者自身的政治议程则预设了一种统一的、基于科学的世界观。民族社会主义和马克思列宁主义成了这样一种"世界观"：即使他们出于权力政治的需要而不能放弃最新的自然科学研究及其应用，但他们还是在坚持对世界统一的、基于科学的解释的同时，抵制当时科学修正主义最后的后果。原子物理学的历史以及 20 世纪 40 年代初期在核裂变应用方面如火如荼的工作应当能够有力地证实这一点。

160

　　第二场革命涉及人的形象。在前述身体形象发生剧变的同时，潜意识被发现了。西格蒙德·弗洛伊德（Sigmund Freud）的学说和理论代表了当时重新测量人的"灵魂"所产生的结果。被冲动所控制的自我的指导思想取代了以理性为主导的个体。这一自我只能艰难地控制其性欲，以寻找个人幸福并做出对社会负责的行为。无意识、非理性的发现在 20 世纪的头几十年引发了对人类行动潜能的重新评估，而这种评估明显是悲观的。一般而言，有关个体行为和意志的冲突性的新的深度心理学见解主要在社会心理学的解读中得到了广泛有效的表达。这些解释一致具有一种悲观的基调，并提及了集体冲动行为的危险。他们大多建议对这样的"民众"进行操纵性管制或专制控制。欧洲自 1912 年以来的纷飞战火，立刻被许多知识分子和科学家理解为对这种新视角的印证。弗洛伊德的发现和观点也相应地在当代艺术和文学领域引发了广泛的回响。当代先锋派告别了理想化、和谐的人的形象，而人们仍继续将这一形象作为民族文化传统的典范加以培养，并奋力保护其不受当代文学和艺术先锋派的影响。战间期的先锋派作家和艺术家，如今以平装本形式或在展览中、有声读物中和电视专题节目中被广泛地接受为"现代经典"。其代表人物有詹姆斯·乔伊斯（James Joyce）、弗朗兹·卡夫卡（Franz Kafka）、托马斯·曼恩（Thomas Mann）、弗吉尼亚·伍尔夫（Virginia Woolf）、保罗·克利（Paul Klee）、保罗·毕加索（Pablo Picasso）以及马克斯·恩斯特（Max Ernst）。他们与同时代占大多数的文化保守派人士，尤其是具有民族意识的教育和文化的守卫者们之间存在着尖锐的冲突。因为，消除性、暴力和丑作为科学和艺术的公开主题的禁忌是一个政治议题。它尤其动员了保守秩序模式的代表们，首先是所有基督教教会，还有一些全国性的协会。这些协会将这种科学或艺术创新解释为对不道德和暴力的煽动以及对国家荣誉的侵犯。

第三场革命涉及时代意识，并与关于人类社会过去、现在和未来之间联系的观念有关。正如另外两段历史一样，欧洲思想史的这一章始于 19 世纪末。但是，它的效应直到 1914 年才得以完全释放，并在文化和政治方面的大众现象中体现了出来。自 18 世纪以来，欧洲社会逐渐习惯于接受变革和改变，并将其作为其秩序模式不可或缺的组成部分。人们对基本的历史化（Historisierung）进行诠释时大多走了两个极端，分别是对进步的信仰和对传统的意识。这两个极端也同大多数欧洲人的基本宗教信仰一起，达到了一种脆弱的调停状态。进步和传统也共同确定了政治意识形态的运作框架。20 世纪初，欧洲这种岌岌可危的局势被动摇了。仅从对历史事实的洞见中就能产生的思想上的后果被知识分子们戏剧化了。这一历史事实指的是他们自己的文明秩序及其价值取向和规范的偶然性。当时，人们着重强调所有秩序蓝图对时间和位置的依赖，并以此来批评所有试图以普遍规则的名义去捍卫现有状态的立场。相对主义成了当时政治和意识形态辩论的利器。与此同时，乌托邦式计划的权重越来越大。这些构想以打破以往历史的可能性作为主题，并试图通过跃入一个新时代、一套新秩序来克服当时状况的偶然性。这种偶然性被视为是有威胁性的，并且是危机四伏的。自第一次世界大战爆发以来，对既定秩序模式的冲击恰恰以各种形式激发了这种思想的构建。过去、现在和未来之间的任何连续性似乎要么已被破坏，要么已处于危险之中。从各方面来看，当时的秩序都岌岌可危，且亟待改变。在这种时代意识的背景下，对危机的诊断越来越严重，并将当时视为危机，视为决定一个完全不同的崭新未来的关键时刻。这一基本思潮滋养了关于"新人类""摩登时代"的辩论的乌托邦色彩，而这种思潮又被截然不同的政治及意识形态环境所接受。

7　宗教与现代日常世界

若不考察宗教态度的话，对战间期以及战争期间欧洲文化及其日常世界的发展趋势和冲突领域的概述将是不完整的。所描述的许多冲突和发展也与以下事实有关：大多数欧洲人所信奉的三种主要宗教在很大程度上对新的趋势持敌对态度，新教牧师、天主教或东正教神父、拉比和阿訇尽一切可能保护和维护他们的信徒免遭这种"现代"的危害。他们中的绝大多数都立足于传统派和保守派阵营，并攻击新的趋势，尤其是与身体文化和性问题方面的变化有关的一切。他们认为，这是不道德和道德沦丧的表现。妇女解放是所有宗教的眼中钉。各宗教的代表们认为，若进一步削弱父权家庭秩序的基础，社会和道德的长久存在将面临最大的危险。

同时，在大多数国家的民主和民族变革过程中，各宗教

163

丧失了在东欧王朝时期所享有的特权和权力地位。社会主义党取得政权，进一步加强了学校和教育事务中的世俗和反教会立场，并质疑了教会或民族国家教会在公共生活中的特殊地位。在革命后的俄罗斯，东正教教会的权力丧失是富有戏剧性的。教会与国家分离后，随即受到了系统性的迫害。教会机构得以幸存，归功于它对无神论政权的适应，也在很大程度上归功于以农民为主的多数民众的虔诚。他们反对苏维埃政权的官方意识形态，并坚持自己在宗教方面的习惯和思维方式。20 世纪 20 年代，土耳其也建立了世俗国家，对伊斯兰神职人员进行了密切的监控，并与他们的保守倾向做斗争。在那里，宗教也被视为国家和社会迅速实现现代化的决定性障碍。

宗教与民族主义之间联系更紧密的地区则出现了不同的情况。第一次世界大战恰恰表明，民族国家和民族主义需要各宗教的支持。战争文化和民族死亡崇拜离开宗教所赋予的意义和框架会寸步难行。由此，一战之后，国家和信仰之间的联结交织得更加紧密了。天主教教会尤其试图利用这一点，尝试在新旧民族国家中扩大或恢复其作为公共道德和学校教育监督机构的主导地位。这种再天主教化（Rekatholisierung）始终具有明显的反现代特征。压制或阻碍现代艺术和文学的艺术自由、审查电影和戏剧以及禁止离婚、民事婚姻和堕胎等，都是与之相伴而行的做法。我们不仅可以在爱尔兰自由国和立陶宛等新兴民族国家中观察到这一发展趋势，在南欧的三个天主教国家中也出现了这种态势。当时，天主教的威权主义独裁政权为这些雄心勃勃的计划提供了国家援助。在威权主义政权的帮助下，教会同样得以在匈牙利和奥地利推进其再天主教化的计划。从教会及其神职人员的角度来看，现代是信仰的危机时代，在这一时代中，人们还必须通过威权主义手段来组织抵抗运动。

在新的城市生活方式传播开来的地方，宗教实际上进一步丧失了其在选择生活方式方面的决定权。而这些专制措施充其量只能暂缓这种趋势。对于大多数宗教而言，适应新的消费和文化形式是很困难的。他们之中的"现代主义者"很难与强硬派相抗衡，后者也只能在新文化的"物质主义"中目睹由宗教塑造的生活方式的终结。因此，代与代之间的一些有关新生活方式合法性的家庭冲突也是有关遵守宗教义务、有关信仰责任形式的冲突。在几乎所有欧洲国家中都可以观察到这一现象。这是这几十年来几代人的典型经历。在对新的生活和消费选择的许诺面前，旧的宗教权威以及老一辈的僵化令年轻人失望。新的政治意识形态常常利用这些冲突来吸引年轻的拥护者。

最后，我们必须清醒地回顾一下社会历史上的一个发现。在本章结尾处，可以将其与所描述的各种觉醒进行对照阅读。战间期的乡村生活世界绝对没有与城市发展的活力绝缘，但在那里，物质方面的施展空间要狭窄得多。在许多农村地区，旧当局仍然强大到足以限制城市模式所带来的远距离影响。与大城市生活中总是令人怀疑的诱惑相比，那里所发生的具体变化的效力更强。这些变化带来了劳动力的迁移，更带来了两次世界大战期间的兵役、逃难以及对难民的驱逐或收容。在那里，变革之路更加安静，但往往比本章所关注的文化和思想变革更为暴力。

165

第五章

分水岭：大萧条

战间期的经济发展证明，那些期望经济会迅速恢复到战前增长速度的人是错误的。人们是在持续的经济不稳定性和不确定性的背景下经历上一章所描述的经济和文化变革势头的。起初，所有欧洲国家都必须为其战时经济能够适应新的和平时期而斗争。事实证明，通货膨胀是第一次世界大战一个尤为顽固的后果。在大多数国家，通货膨胀一直持续到20世纪20年代中期。在德意志国、保加利亚、爱沙尼亚和匈牙利，通货膨胀于1924年结束；在法国，波兰，罗马尼亚，南斯拉夫和希腊则于1925年至1928年间停止。在此之前，一些国家（德国、奥地利、波兰）的经济规模和速度已达到了无法进行正常经济活动的地步，并在日常生活中留下了深深的伤痕。货币贬值尤其加重了中小资产所有者的负担，并迅速吞噬了工人在战后不久的收入改善的成果。

资本主义世界经济的周期性过程强化了这种经济不稳定性和不确定性的普遍经验。战争结束后不久，大多数欧洲国家便经历了第一次经济衰退（1920~1921年），这中断了刚刚开始的向和平生产的过渡。即使在欧洲经济短暂的稳定增长时期（1924~1929年），国际农业产品价格也在1926年出现了暴跌。

随后开始的农业危机对欧洲农业生产者的打击尤为沉重，在短短几年内，便耗尽了他们于战争期间增加的农业收入和积累的资本。此后，过度负债一直是欧陆农业的一个结构性问题。

1 从股市崩盘到大萧条

20世纪30年代终于以一场当代人从未经历过的危机拉开了序幕。它影响了所有行业，导致产量下降、停工、大规模裁员、价格下跌和工资下降。面对所有这些，不仅是普通百姓，连政治负责人也或多或少束手无策。就其范围和持续时间而言，这场全球经济危机甚至超出了最悲观的预期。迄今为止，它在规模、后果和国际性方面仍然是独一无二的。1929年10月25日纽约证券交易所价格暴跌的"黑色星期五"这一天，一般被认为是价格下跌冲击波的起点，进而导致了收回贷款、破产以及整个国民经济的支付困难。以纽约证券交易所的股票价格为指标，它在1932年12月触及低谷，当时价格不到1929年9月投机高峰期的四分之一，且只有1926年水平的45%。信贷和金融危机扩展成为货币和一般性生产危机。这场危机在1931年及1932年达到了其悲惨的顶峰。当时出现了一波公司破产和银行倒闭的浪潮。失业和半失业的人数继续增加，这使得饥饿、住房短缺、供应不足和贫困成为越来越多的欧洲人的日常经历。

在这两年中，贸易量降幅巨大。在1933年和1934年，对大多数国家来说，振兴依然遥遥无期。尽管美国、德意志国和其他一些欧洲国家在1932年至1933年的冬季走出了最低谷期，但这掩盖不了大多数欧洲国家恢复正常状态的时间进一步推迟了的事实。在第二次世界大战开始前的四年中，军火经济才首先使得欧洲经济有了值得一提的增长，并给欧洲经济体带来了持续但有限的增长率。军火工业蓬勃发展的先驱是民族社会主义的德意志国。自1933年以来，德国就通过大规模的、最初仍是秘密的国家军备计划支持了总体经济的振兴。

168

表 1　欧洲的大萧条

国家	衰退年份	危机期间人均国内生产总值下降程度（%）	失业人数占可就业人口百分比（%）
德意志国	1929~1932年	−17.8	30.1
比利时	1929~1932年	−10.3	23.4
英国	1930~1932年	−6.7	22.5
瑞典	1931~1932年	−6.9	20
法国	1930~1932年和1936年	−16.0	无信息
意大利	1930~1932年	−6.5	无信息
波兰	1930~1933年	−24.9	16.7
南斯拉夫	1930~1932年	−17.4	无信息

人均国内生产总值以 1990 年的国际元，即吉尔里 – 哈米斯元（Geary-Khamis dollar）计：其下降程度即其占危机前最后一个日历年国内生产总值的百分比

经济衰退年 = 以固定价格计算的国内生产总值有所下降的日历年

失业：数据基于具体国家的计算基础 [1]

169　　如表 1 所示，这场危机影响了所有欧洲国家和地区。但经济衰退及其后果却大不相同。在工业化国家中，中欧各国、德意志国、奥地利和捷克斯洛伐克受到的打击最大。在大约三年的衰退过程中，他们不得不接受经济产出最多高达25%的下降程度。工业生产的损失普遍更高（如德国的39.3%）。大规模失业是这场危机的一个直接后果。在高峰期，它波及了三分之一以上的劳动力。经济衰退的程度可以通过与美国金融业的密切关系来解释。在 1925 年至 1928 年的增长期，中欧经济体大量吸收了美国的短期贷款。这些贷款在 1929 年 9 月之后被收回。中欧的经济已经因第一次世界大战的后果而不稳定；而外国资本出乎意料的迅速外流更是加剧了危机。在这些国家中，维也纳的奥地利信用社（der Österreichische Creditanstalt）

（1931 年 5 月）、达纳特银行（Danat Bank）和德累斯顿银行（Dresdner Bank）（1931 年 7 月）等主要银行纷纷倒闭，惊动一时，引发了一场全面的银行业危机。

第二类工业化国家由于与美国的一体化程度较低，还没有陷入价格下跌、产量下降和破产的螺旋式下降中。其中包括瑞士、法国和意大利等国家。他们最初受益于这样一个事实，即他们的资本市场对美国金融市场的依赖较少，他们坚挺的货币在危机早期被认为是安全的投资标的。然而，这些国家在 1933 年之后的振兴要缓慢得多，并在 20 世纪 30 年代中期由于重新陷入衰退而再次中断。

此外，在工业化的北欧和西北欧（英国、斯堪的纳维亚国家）还有第三类国家，其经济晴雨表的摆动幅度从整体上来说不及中欧和美国。那里的经济下降幅度为国内生产总值的 6%~12%。但在这些地方，失业率也大幅上升。1930 年，瑞典的失业率至少达到了 20%。而在英国，在危机最严重的时候，近四分之一的可就业人口被登记为失业者。

东欧和南欧国民经济亦步亦趋，仍以农业为主。它们也受到了大萧条的沉重打击。波兰和南斯拉夫是表 1 中这类国家的两个例子。在二者的国民经济中，工业和农业生产的挫折不断累积。1929 年，国际农产品价格比 1923 年至 1925 年的水平低了 30%。1929 年至 1932 年，价格再次暴跌 33%~50%。总体而言，与工业产品相比，农产品在危机期间损失了四分之一以上的价值。因此，南欧和东欧农业国家的贸易条件大大恶化。例如，在匈牙利和波兰，农业部门的收入分别下降了 30% 和 50%。不断减少的外汇收入中有越来越多的部分被用于偿还外债，基础设施措施及社会政策方面公共投资有所下降或不得不完全停止。

结果，在大萧条和战争爆发之间的时期，与较发达的工业

170

化国家相比，边缘国家更加落后了。在 1933 年至 1938 年间，这些国家的平均增长率比欧洲平均水平（23.4%）低 7.4%。大萧条因此加剧了欧洲内部的不平等。它导致了东欧和南欧农村地区的就业不足和贫困，并造成了饥荒，有时甚至回到了贫乏的自然经济。在城市中，等待中的失业者所排起的长队的确已经成为这场危机的标志。然而，它还影响了更多的人。这些人生活在乡村，没有固定的雇用工作，而仅以当自耕农、工匠、季节性工人或农场工人为生。他们在危机期间的困境被排除在了欧洲人的记忆之外。

只有苏联没有受到大萧条进程的影响。因为，自 1928 年以来，其社会主义经济的发展在很大程度上与世界市场隔绝，不依靠外国资本。苏联的第一个五年计划（1928~1932 年）提出了宏伟的增长目标，这与欧洲其他地区的危机报告形成了鲜明且富有宣传性的对比。但是外表是具有欺骗性的，因为在 1931 年和 1932 年，苏联人民经历了其近代史上最严重的饥荒和供应危机之一，至少有 500 万人死亡。然而，这种情况是在政治上决定强行推进工业化所带来的意外的但不得不接受的副作用，也是强制实行农业集体化的直接结果。二者都导致了整个农业生产的混乱，并伴随着针对整个农村人口的、特别是针对所谓的富农的恐怖和暴力。在社会主义建设的表面之下，以及计划部门在统计方面的捷报背后，20 世纪 30 年代初对苏联而言也是危机四伏，困难重重的时期。

2 原因

经济学家和经济史学家始终在争论这场非同寻常的资本主义世界经济危机的原因。直接导火索和直接连锁反应都较为清晰。股市崩盘造成的财务损失导致美国资本被召回。这些资本原是在欧洲各个国家（尤其是中欧）的短期投资。这在欧洲资本市场上直接引起了连锁反应。价格下跌和产量下降引发了破产，并进一步推动了下行的螺旋。根据经济史学家第二个一致得出的结论，这些自我强化的危机效应因缺乏国际危机管理而进一步加剧。实际上，每个国家都试图通过以自我为中心的对策来改善自己的处境。但这种做法往往并不成功，只会加剧国际危机。因此，全球跨境贸易因此迅速萎缩，所有出口导向型行业的业务都出现非常严重的下滑。早在 1930 年，个别国家就开始了贸易保护主义竞赛。它们试图通过征收高额的保护性关税来保护自己的生产者，使其免遭初期的价格战以及外国竞争的压力。以美国资本为主、同时也包括英国资本的外国资本的外流，加剧了大多数欧洲国家的外贸和货币政策困境。在 1930 年至 1932 年间，所有欧洲国家（波兰除外）都被迫严格控制外汇交易，以防止本国货币崩溃，并维持对外贸易的支付能力。

由此可见，"黑色星期五"以来的致命连锁反应是显而易见的。然而，要回答平白造成美国和欧洲国家这场经济危机的具体原因是什么，则要困难得多。在美国，某些行业——例如汽车行业以及收音机和家用电器生产企业，在 20 世纪 20 年代的增长率特别高，人们因此期望从中获得投机性利润。这些市场当时已经达到了其扩张潜力的极限。根据这种解释，美国的高质量大众消费品的生产比欧洲开始得早得多，但由于缺乏大众购买力而无法继续增长。美国的总体工资水平仍不够高，欧洲当然也不高，无法进一步推进增长势头。只有战争年代的军火工业，再加上美国新政（New Deal）的社会政策改革，才带来了持续增长的局面，并水到渠成地促进了长期的战后繁荣。

但是，要想从经济史的角度解释大萧条的程度和持续时

173

间，美国金融业的组织弱点和机构脆弱性也同样重要。当时的银行规模太小，网络化程度不高，因此无法在不破产的情况下应对由股价暴跌和大量私人资本回撤所造成的流动资金损失。

在国际层面，战争债务和德国的赔款在美国私人贷款的帮助下得以再融资和清偿；这也起到了火上浇油的作用。这便说明了中欧债务国与美国的危机进程之间的紧密联系。此外，欧洲货币具有不稳定性，以中欧、东欧和南欧国家为主的大多数国家依赖外国贷款。在资本退出、无法获得贷款、因经济好转而得以对债务进行再融资的期望落空时，经济变得尤其脆弱。

174　　　但不容忽视的是，早在大危机爆发之前，欧洲的一些企业和工业部门便不得不与国际贸易环境的变化做斗争。在 20 世纪 20 年代，矿冶工业等第一波工业化浪潮的经典工业部门，已呈现出易受危机影响的迹象。造船业等英国的传统产业所遭受的结构性竞争危机的打击尤为严重。由于订单减少和销售困难，格拉斯哥、英格兰西北部和威尔士西北的煤田等工业区的工厂被关闭，并经历了大规模裁员。在大多数工业领域，为了应对此类问题，各企业组建了垄断集团（即"卡特尔"，Kartelle），其主要目的是在应对外国竞争方面获得更大的成功。

此外，在战争刚结束时，资本和劳动力之间的权力转移使得欧洲工业更容易受到危机的冲击。总的来说，第一次世界大战加强了工会和工人政党的谈判能力。随后，工资增加了，工作时间缩短了，社会保障和社会福利也得到了改善。但总体而言，企业的成本压力显著增加。而且，自 20 世纪 20 年代中期以来，通过通货膨胀转移成本的方法就被禁止了。合理化改革和提高生产率是一条出路，但这无法在所有行业和企业都立竿见影。绝大多数企业的利益相关者对社会配额和工资水平的提高的反应都是负面的。这场危机也被视为降低工资成本和非工资劳动力成本，并永久削弱工会谈判能力的机会。工业阶级斗争的加剧被许多企业家视作在危机中捍卫自身市场地位的最佳方式。

3 经济政策方面的后果：从自由主义到保护主义

最初，金融和经济政策制定者以屡试不爽的方法做出反应，并遵循自由主义的信念，相信经济的自我修复能力。他们所做的仅限于限制公共债务和遏制货币动荡。这场危机的冲击力和势头被大大低估了。他们完全按照正统的自由主义观点，试图通过支持本国货币并在公共预算中或多或少地执行严格的紧缩政策来维持偿付能力。然而，在 1929 年秋季至 1932 年夏季的关键时期，这种通货紧缩的措施加剧了全球经济的螺旋式下降。后来，为满足商业协会有关"保护本国工作岗位（Schutz nationaler Arbeit）"的要求，他们开始提高关税并采取其他贸易保护主义措施。然而，所有国家起初都没有值得一提的创造就业的方案，甚至没有反经济周期的财政支出政策——尽管少数经济学家已经就此类计划提出过倡议。

对危机的这种错误判断表明，大多数欧洲国家的经济和政治领导人普遍陷入了 1914 年以前的国家自由主义秩序模式。在 1932 年大萧条达到高峰之前，大多数对政府有影响力的经济学家都已向各国建议采取限制性的财政和货币政策，以确保以金本位制为基础的汇率的稳定。适度的保护性关税旨在确保各国民经济部门即使在危机期间也能维持其市场地位。长期以

来，企业家和经济专家的小圈子一直围于一场黄粱美梦，即恢复受国家管制、但仍为市场主导的世界经济秩序。但所有其他参与者都对这种自由市场模式丧失了信心，与小圈子的执拗形成了鲜明的对比。正是由于其拥护者危机管理的失败，自由主

义才在经济政策领域这一原先的主场中陷入守势。各方对资本主义的批判屡见不鲜，他们都给资本主义下达了死亡证明。甚至在像英国这样的自由民主制的高地上，现有的经济秩序在政治辩论中也越来越失去了信誉和威望。即便在自由主义阵营，市场和自由放任政策的失败也被认为是无可争辩的事实。政治和道德批判紧密交织，大大增强了马克思主义论点的吸引力。在这一阵营中，大萧条最初激发了人们革命性的预期。尤其是在共产党方面，它被解释为资本主义终极危机的信号。

在自由主义经济学中，各色各样的修正主义者越发尖锐地提出了自己的观点。最著名的贡献来自约翰·梅纳德·凯恩斯（John Maynard Keynes），他于 1936 年发表的《通论》[2] 在学术层面告别了自由主义的正统派，力求为更加积极的危机管理和长期就业政策建立一个稳定的基础。在德语世界，威廉·罗普克（Wilhelm Röpke）、瓦尔特·欧肯（Walter Eucken）和亚历山大·吕斯托夫（Alexander Rüstow）等秩序自由主义的（ordoliberal）修正主义者走上了一条不同的道路。他们也呼吁国家进行干预，但不是在经济周期管理层面，而是作为一项长期调控政策。它既应遏制放松管制的风险和副作用，又要控制市场的卡特尔化，从而在一定程度上限制了资本主义市场经济。

大萧条不仅仅是一场特别严重的衰退，因为它对欧洲各个国民经济体的组织以及它们融入全球经济都产生了长期影响。这场危机随即引发了一股保护主义的浪潮。在各地，"保护本国工作岗位"都优先于贸易和财政政策方面的考量——后者主张在国际层面有调整地保留自由市场。关税壁垒因此大幅上升：1931 年，法国将关税从平均 23% 提高到 38%；受危机打击更大的工业化国家——例如捷克斯洛伐克，将关税从平均 31% 提高到 50%。在 20 世纪 30 年代，此类关税导致出口份额大幅下降。就欧洲而言（不包括苏联），这 10 年的降幅达五分之一。

"保护本国工作岗位"也是 20 世纪 30 年代欧洲各国货币政策的核心。在危机期间，大多数欧洲国家一直试图通过对美元、法郎或英镑谨慎地贬值而获得解救，以便在销售出口产品时获得竞争优势，同时又不至于增加过多外债。即使是英国，也不得不在 1931 年采取贬值措施，以限制大萧条对国民生产的影响。这些防御措施导致了一些货币集团（Währungsblöcke）的出现。它们以经济领域的保护及利益共同体的形式商定了固定汇率和国际储备货币。英镑集团（Sterling-Block）就是这样形成的。它的核心由大英帝国和英联邦国家组成，爱尔兰、葡萄牙、斯堪的纳维亚国家、爱沙尼亚和拉脱维亚也加入到了其中。直到 1936 年，包括法国、比利时、意大利、瑞士、波兰和荷兰在内的黄金集团（Goldblock）国家都以固定的内部汇率来捍卫其"硬通货"。此外还出现了第三个货币集团，即德国马克区（Reichsmark-Zone）。德国货币在其中发挥了国际支付手段的作用。它把德国和奥地利与保加利亚、罗马尼亚和匈牙利等东南欧国家连接了起来。

这些利益共同体发展成了真正的经济区。它们促进了商品和资本的交换，因此，欧洲内部经济关系也发生了变化。在 20 世纪 30 年代，多瑙河地区的国家与德意志国的商贸关系越来越密切。德国主要在这些国家寻求保障其原材料需求，并反过来将其工业产品出口到这些国家。这种情况下的共同好处在于，这种贸易基本上不需要货币，因为只有年度结算的差额才需要用紧俏而稀缺的国际货币进行支付。

日益增长的关税壁垒使得欧洲殖民国家加强了与本国殖民地的经济关系。随着进出口总值的普遍下降，与这些殖民地的贸易份额上升了 5%（英国）~12%（法国）。面对持续的世界贸易危机，对欧洲大城市的私人投资者来说，殖民地的吸引力也与日俱增。

殖民主义经济依存关系的重要性日益增加，已经表明了由大萧条驱动的第三次深刻而又影响深远的结构性变化。鉴于以硬通货支付的进口商品的价格相对上涨，"保护本国劳动岗位"与明确的进口替代战略结合在了一起。例如，在 20 世纪 30 年代，东南欧国家试图建立自己的纺织品生产企业以摆脱对昂贵的进口商品的依赖。自给自足或减少经济上的对外依存度已成为越来越多国家为之奋斗的国际经济目标。最为突出的是德国和意大利的独裁政权。出于政治原因，他们希望做到自给自足，尤其是在保障粮食和军备所需的工业方面。然而，国家主权和安全方面的考量在其他欧洲国家也发挥着越来越重要的作用。通常来说，农业是欧陆国家为减少对进口的依赖而做出最大努力的领域。在这方面，有关第一次世界大战供应危机的记忆起了重要的作用。

所有这些经济政策上的变化导致国家调控和引导力度大幅增加。与第一次世界大战一样，大萧条激发了"国家"社会主义思想。尽管在细节上存在种种差异，但这次的思潮也显著加强了公共部门，尤其是国家对仍存在的私营经济的调控和引导。20 世纪 30 年代，国家对经济的干预被认为是必要的。尤其是外贸行业，受到了国家的直接监管。德意志国在这方面走得最远。20 世纪 30 年代之后，德国越来越多地将自己的货币与国际资本市场隔绝开来，并建立了一个复杂的外汇管理、出口管制和进口调节制度，从而使实质上以信贷为主要资金来源的、由公共军备订单推动的经济振兴免受国际影响。

在大萧条期间及之后，在越来越多的欧洲国家，政府扮演了企业家的角色。许多工业公司和银行纷纷破产或面临支付困

难，这为国民经济的核心部门转为国有创造了机会。在法西斯
意大利，通过挽救"具有系统重要性的"（systemwichtig）银
行和公司①，发展起了一系列由国家控制的公司。这些公司至少
占了意大利股份公司的42%。意大利政府成为企业家是为了挽
救陷入危机的国内企业，而南斯拉夫、波兰和匈牙利的国有化
则主要是出于军事和安全政策方面的考虑：关键行业应在起步
阶段便移交给国家所有，而不是要等到最后。此举旨在防止此
类公司落入"外国"势力手中，或留在对国家来说"不可靠"
的少数民族手中——譬如德裔或犹太裔企业家。

4　危机的社会后果和政治对策

　　主要由于其深远的社会和政治影响，大萧条已俨然成为
战间期欧洲的一条重要分水岭。其社会后果很难与政治上的回
应分割开来。然而，在分析时将两个方面相互独立地考虑，能
够在明显恶化的政治意识形态矛盾之外，更好地认识欧洲的共
同特征。最初，危机造生了大量失业者，并剥夺了许多从事贸
易、商业和农业活动的小个体户的生存基础。大规模贫困再次
成为整个欧洲的日常现象。对于许多失业者而言，重返工作岗
位或重新获得有保障的生存基础是一个艰难而漫长的过程。同
时，许多家庭为孩子设计的未来计划也落空了。很多父亲的职
业生涯以失业告终。当时的很多人都经历了这种人生规划的崩
溃。由于危机的影响，社会保障和经济稳定成为当时人们心中
的头等大事。因此，全球经济危机强化了共同的需求，而鉴于
第一次世界大战的威胁，这种需求早已达到了令人翘首以盼的

①　"系统重要性"是一个金融术语。具有系统重要性的金融机构指的是能够对金融市
场和整个经济系统的运行的稳定性产生不可逆转的影响的金融机构。

地步。

但是，另一方面，大萧条在短期内动员了那些直接或间接受到影响的人，使他们进行集体抗议。尤其是一些年轻的失业者——通常是以前没有坚定政治信念的人——变得激进化了。特别是 20 世纪 20 年代新的武装主义政治作风的先驱们——尤其是法西斯主义和共产主义组织，从大萧条中受益，并在危机年代之后赢得了一批年轻的拥护者。在随后的 10 年中，他们从这批拥护者中招募了干部和积极分子。

最后，令人震惊的是，全球经济危机引发了仇外和反犹太主义浪潮。这两种现象相互关联，但绝非完全一致的，也不是大萧条的产物。但这场危机确保了反犹宣传和对仇外情绪的煽动得到公众的广泛支持。这一浪潮在许多方面都留下了痕迹。攻击外国人和犹太人的次数有所增加，而且这并不仅仅发生在将这二者提升至国家利益（Staatsräson）高度的纳粹德国统治区。在许多国家，职业协会坚决抵制外国人和犹太人所带来的不受欢迎的竞争。在欧洲大陆的大多数国家都形成了对这两个团体不信任的气氛。源于德国、西班牙、奥地利和意大利的难民潮于 1933 年开始，到 1936 年和 1938 年又有增无减，为仇外心理和反犹太主义提供了新鲜的养料，并增强了人们有系统地"以国家之名"对外国难民或犹太人采取行动的集体意愿。反犹太主义政策的概念存在已久，但大萧条使得这一概念更容易被 20 世纪 30 年代的欧洲社会所接受。

许多证据表明，大萧条引发了不同的政治选择，它们都超越了战后凡尔赛秩序的现状。特别是从中期来看，大萧条对新的政治和社会秩序模式起到了催化剂的作用，这些模式后来在欧洲盛行了 20 年之久。

因此，我们可以区分出两种经济和社会政策模式，二者都源于大萧条时期的经历。

到 1945 年为止，后果最严重的选择是 1933 年民族社会主义政权所踏上的道路。社会冲突被暴力镇压，由动员起来的、等级有序的人民团体来确保团结，克服危机。经济复苏主要是由国家资助的，其两块基石分别为自给自足的经济和军备工业。与此同时，降低失业率成了一场宣传战。在这场宣传战中，政权最为重视的是国防工业的中期影响及其措施的短期可见性，且并未避免采取强制性措施和恐怖行动。然而，该方案的支柱是由债务资助的军备升级。这便确保了四年内在国内实现全面就业。这种摆脱危机的方式的基础是以威权主义的方式限制大众消费，以支持雄心勃勃的军备目标，并通过取缔工会、对公司进行政治控制来管控工资和价格。德国的道路很快便成为各威权主义政权的榜样。这些政权于 20 世纪 30 年代取消了议会民主制，并致力于寻找稳定经济的良方。

斯堪的纳维亚各国政府则在寻找一条完全不同的出路以走出萧条。失业也影响了这些国家的大部分人口。但在这里，由社会民主党领导的联合政府依靠产业工人、企业家和农民之间的利益平衡，推行了一种凯恩斯主义的危机政策。

1933 年丹麦社会民主党、自由党和农民党签署的"宰相街协议"（Kanslergade-Abkommen）包含了挪威和瑞典的类似协议中规定的所有要点。协议增加了创造就业机会的措施，冻结了一年的工资（即不进一步削减工资），禁止罢工和停工，给农民减税并向其提供政府信贷援助，并将本国货币贬值。这条走出危机的道路以调和利益、达成妥协为导向。即便在这条道路中，重建民族共同体也是一块核心的思想基石。与民族社会主义的替代方案不同，这种社会民主式的危机管理方案的发展并没有那么引人注目，但却取得了务实的进展。只有当经济和财政政策的回旋余地逐渐增大时，社会政策的改进才得以落实，这些改进在战争年代的紧缩政策之后得以延续到战后时期。对社会自由主义和社会民主主义而言，斯堪的纳维亚之路成了它们的未来计划以及战时和战后秩序模式的榜样和灵感来源。

5　作为分水岭的大萧条

184

　　纵观整个战间期，人们往往会忘记，直至 1929 年，大多数国家的经济状况都在逐渐恢复并"正常化"，因此国内政治矛盾也明显得到了缓解。新兴民主主义民族国家战后的"凡尔赛"秩序经受住了左右两派第一波革命、起义和政变的冲击。受战后头几年的动荡影响最严重的中欧和东欧国家克服了通货膨胀和专制危机，经济保持了适度的增长率。一些新兴产业甚至发展非常迅速，例如汽车制造业、电气工业以及化学工业。在大多数国家经济形势相对稳定的同时，战后新的民主制度也趋于稳定。例如，魏玛共和国经历了五年短暂的相对"正常"状态，没有人尝试发动政变，也未曾出现紧急状态。然而，新的民主国家的结构性弱点在各地都已经显而易见，其政治对手也早已准备就绪。但在大萧条爆发之前，法西斯主义者、民族主义者和反对民主的保守派仅在意大利（1922 年）、葡萄牙（1926 年）、西班牙（1923~1930 年）和立陶宛（1926 年）取得了持久的成功。在 1925 年签订《洛迦诺条约》（Vertrag von Locarno）、1926 年接纳德国加入国际联盟，以及外交部部长施特雷泽曼（Stresemann）和白里安（Briand）达成谨慎的法德和解之后，外交政策形势似乎也表明，脆弱的战后秩序一直到 1929 年都是趋于稳定的。随着大萧条的到来，这次复苏失去了经济和社会基础。从 1929 年秋天起，既定的政治

185

秩序卷入了经济危机的漩涡。国际危机管理的失败和贸易保护主义措施的顺利推进恶化了外交政策的气氛，巨大的社会政治负担加剧了民主国家的内政危机。在几乎所有地方，大萧条都

已成为对政治体制的严峻考验。在几乎所有地方，它的经济和社会后果都迫使人们对既定政治模式进行深刻修正。然而，民主制度在捷克斯洛伐克、芬兰和爱尔兰存活了下来，在斯堪的纳维亚国家也趋于稳定并得到进一步发展，以及 1930 年西班牙恢复了民主政体——这些都清楚地表明，这是一场具有开放式结局的耐力赛。

第六章

法西斯政体的兴起和激进的
新秩序模式

1930 年后，独裁政体及社会、经济和政治秩序模式在整个欧洲都赢得了声望和吸引力。在民族运动、社会主义政党和工会与西方民主战胜国一起在欧洲大陆掀起民主化浪潮仅 20 年后的 1939 年，大多数欧洲人仍由独裁者统治。在少数几个国家，例如 1924 年 4 月在意大利、1933 年 3 月在德国以及 1933 年 10 月在爱沙尼亚，大多数选民或多或少都心甘情愿地同意自己被剥夺决定权。然而，在大多数情况下，政权更迭是在暴力威胁或直接使用暴力的情况下发生的。在将近三年的内战中，西班牙被其未来的"领袖"佛朗哥（Franco）征服了。从 1919 年到 1938 年，共有 13 个国家加入了威权政体（autoritäres Regime）的阵营。因此，有必要对这一现象的扩散和特征进行概述。在欧洲东北部，于 1918 年在波罗的海地区新成立的三个共和国在 1926 年至 1934 年间均由威权总统统治。为了从其自身利益出发"克服"议会制共和国中的国内政治危机，安塔纳斯·斯梅托纳（Antanas Smetona）、康斯坦丁·佩茨（Konstantin Päts）和卡尔利斯·乌尔马尼斯（Karlis Ulmanis）等在新兴民族国家的民主建国阶段得到公认的领袖全面掌握了独裁政体。他们全都利用了军方的帮助。这些政权的官方目标和实际的优先事项都是保卫自己的民族国家，抵御外部威胁（例如来自苏联的威胁），并克服国内政治

分歧。

约瑟夫·毕苏斯基（Józef Piłsudski）元帅在其军队簇拥者的支持下于1926年在波兰建立的政权与波罗的海国家的总统制政府有许多相似之处。一战结束时，他已是波兰建国过程中的核心人物，并为其对议会和政党的限制进行辩护，将此举合理化为打击贪污腐败、买卖官职和政党冲突的"道德的"独裁。在波兰，民主秩序逐步被取消。直到1935年，一直在幕后起战争部部长（Kriegsminister）作用的独裁者去世前夕，宪法秩序才适应了实际情况。1935年后，毕苏斯基的支持者延续了威权政体，加强了针对少数民族的民族主义方针路线，动员本国抵抗纳粹德国和苏联所构成的日益严峻的威胁。这两个国家都曾试图修改战后边界。

1929年至1938年间，东南欧也建立了威权政体。罗马尼亚、保加利亚、南斯拉夫（自1929年起的正式名称）和阿尔巴尼亚等国建立了"王室专政"（Königsdiktaturen）。阿尔巴尼亚国王艾哈迈德·索古（1928年9月）、南斯拉夫的亚历山大·卡拉乔尔杰维奇（Alexander Karadjordjevic）（1929年1月）、保加利亚的鲍里斯三世（Boris III.）（1935年1月）和罗马尼亚最后一任国王卡罗尔二世（Carol II.）（1938年2月）都取消了政党和议会。在这种情况下，军队也对政权更迭起了决定性作用，并确保了君主制政权的稳定。从某种意义上来说，这一趋势的先驱是海军将领霍尔蒂（Horthy）的统治体系。这一体系出现于1920年成功镇压匈牙利苏维埃共和国之后。作为"帝国的摄政者"，霍尔蒂在纲领上坚持匈牙利的君主制传统，他领导的政权承认议会选举，给予温和反对派一定的自由，但却牢牢控制着所有的权力杠杆。霍尔蒂是第二位以专制方式领导国家的军官。继他之后，1925年至1926年土耳其的穆斯塔法·凯末尔和1926年葡萄牙的奥斯卡·卡尔莫纳也在地中海地区夺取了民权。

188

穆斯塔法·凯末尔帕夏（Mustafa Kemal Pasha，后称"阿塔图尔克"，Atatürk）又是一位民族运动的核心领导人。该运动在 1920 年至 1923 年间保护了土耳其的领土统一和独立，使其免受获胜国以及维护奥斯曼统治的保守派的侵害。随着保守势力在新成立的共和国兴起，以及库尔德东安纳托利亚地区（kurdisches Ostanatolien）武装抵抗的出现，凯末尔帕夏消灭了反对派，建立了政权。该运动的目标是建立一个基于西欧模式的民族国家，并自上而下地改造安纳托利亚社会。葡萄牙军政府追求的目标不仅温和得多，而且显得更为保守。在那里，一路晋升的是一位文官。保守派财政部部长、经济学教授萨拉查（Salazar）先是升至民族保守政权的幕后掌权者，然后升至该政权的领袖。

1936 年，紧随希腊的梅塔克萨斯（Metaxas）和西班牙的佛朗哥这两位将军的步伐，更多军事领导人走上了独裁之路。佛朗哥起初是军政府的重要成员。左翼政党赢得选举后成立了人民阵线政府，该军政府针对人民阵线政府发起了政变。仅过了一年的时间，他便确立了自己作为民族主义者中无可争议的考迪罗（Caudillo）的地位。独裁军事人员的名单上只需再添加于 1933 年夺取政权的奥地利独裁者陶尔斐斯（Dollfuss）。在民族保守主义的准军事组织，即所谓的护国团（Heimwehr）的辅助下，他建立了一个"奥地利法西斯"政权（"austrofaschistisches" Regime）。1934 年，陶尔斐斯被暗杀后，他的继任者舒施尼格（Schuschnigg）继续推行威权政体，直到 1938 年 3 月奥地利被"并入"德意志国为止。

阿道夫·希特勒于 1933 年 1 月 30 日被任命为德国总理以¹⁸⁹及随后魏玛共和国的"强制统一"（Gleichschaltung）是后果最为严重的政权变化。这恰恰发生在欧洲议会民主制进行威权式重组的阶段。保守派和民族自由主义的观察者、支持者和参与者都误解了"德国革命",将其作为这种威权政体更迭的变种,并认为它是 1930 年 3 月以来在魏玛共和国最后阶段的总统内阁的延续。然而,纳粹主义者的"夺权"很快便露出庐山真面目:它与 11 年前发生的"进军罗马"有着更加密切的关系。像意大利法西斯主义者一样,纳粹主义者也力图建立新的专政,以动员自己的民族,达到发展权力、对外扩张的目的。

早在建国初期和内战时期,苏联便已转型为一党专政。1918 年至 1921 年间的战时共产主义(Kriegskommunismus)类似于新统治技术的试运行。这些新的统治技术包括对社会团体和政治对手的红色恐怖,工业劳动的军事化以及强制余粮收集制等。布尔什维克只能作为激进暴力政权才能抵御住军事和政治敌人。斯大林在党内争夺列宁继承权的斗争中取得胜利后,战时共产主义的方法也成为展开其统治的基础。随着 1928 年新经济政策的结束,苏联政权放弃了混合经济秩序。这种混合经济秩序允许农业、贸易和小型工业中出现私有财产和市场关系。布尔什维克专政变得激进化了,发动了一场"自上而下"的文化革命,下令强制进行农业集体化,并在第一个五年计划(1928 年至 1932 年)中,下令在最短的时间内大力发展工业部门。在这个激进的动荡时期,苏联发展出了元首专政。苏联的专政与希特勒或墨索里尼的独裁统治在意识形态和体制上都大相径庭,而且它们源于截然不同的社会和政治体制。

190

20 世纪 30 年代后期的欧洲评论家,在这些政权及其群众组织、制定规划的官僚机构和由国家控制或完全国有化的经济体系中,看到了未来的统治形式。由于民族保守主义独裁政权也模仿了这些统治技术和经济稳定措施的许多要素,欧洲在 20 世纪 30 年代末已经发生了根本性的变化,以至于在 1919 年仍然取得胜利的西方民主国家似乎只不过是 19 世纪自由主义的残余。在那里,保守主义和民族主义潮流也出现了威权主义的倾向，抨击议会和市场经济，斥责民主的堕落，并对国外的新领导人表示赞赏。斯堪的纳维亚半岛、不列颠群岛、比荷卢三国、法国、瑞士和捷克斯洛伐克的民主秩序因此同时受到来自内外两方面的威胁。

独裁统治在其中运行并合法化的宪法的形式不尽相同。它们有的披着激进民主主义的外衣，有的是国家社团主义式的（ständestaatlich）制度。特别是在 20 世纪 20 年代，威权政体往往避免与新出台的民主宪法公开决裂，尤其是为了避免危及它们的国际地位。但即便是在 1936 年结束的初始阶段之后便与这种外交政策考量距离甚远的纳粹独裁，在 1933 年 2 月 28 日的《国会纵火令》（Reichstagsbrandverordnung）废除基本权利以及 1930 年的《授权法》（Ermächtigungsgesetz）将分权制撤销（最初的期限为四年）之后，还是采用了魏玛宪法，直至最后。《授权法》分别于 1937 年和 1941 年进行了更新。因此，对于实际上的权力分配和行使自由的空间来说，宪政制度的效力非常有限。但是，其多样性清楚地表明，自 20 世纪 20 年代以来，人们一直在寻求议会民主制的替代方案，从而在战前自由主义宪法类型之外寻求新的统治形式。

新的威权政体的政治制度具有某些共同的特点。它们试图以最基本的形式来表达人民主权原则，为此，都至少提供了某种形式的议会。但同时，党派竞争所发挥的作用受到了严格限制。其实现方式包括建立受控制的单一政党、全面取缔政党、由行业提名的议员的竞争、引入职业性的下议院，或通过警察监视获批准的政党。

一些独裁政体用社团主义模式（korporatistisches Modell），使威权主义的权力转移合法化，从而有利于行政机关。在这种情况下，行业代表（Berufsständische Vertretung）取代或补充了议会，正如在葡萄牙、意大利和奥地利那样。讨论以这种强制性社团形式来划分社会等级结构的主要是保守的天主教派。尤其在天主教国家中，当局将这种形式的社会结构划分当作向天主教会提出的结盟提议。这些新的宪政制度的另一个要素是通过全民公决获得支持。墨索里尼、希特勒等独裁者以此来确保自己的领导专制，或动员民众为自己政权的政治目标而奋斗。此外，对秘密警察的使用也是所有这些独裁政体的一个典型特征。他们利用秘密警察有效控制所有反对派，在必要时予以镇压，并对其成员进行迫害。

1　自由主义危机与威权民族主义的兴起

威权政体的兴起是整个欧洲范围内的现象，当时的人们已经在为之寻求解释。如前所述，一战后，民主在许多欧洲大陆社会中的根基还很薄弱。其在大萧条期间和之后的生存取决于多种因素，但最终也取决于历史学家必须予以考虑的巧合。即便是墨索里尼或希特勒那样后来大获成功的独裁者，在根除已确立的民主秩序之前，也不得不在很大程度上无能为力地等待他人的决定。这里的他人指的是维托里奥·埃马努埃莱三世和冯·兴登堡（von Hindenburg）总统。对欧洲的比较研究应始终注意这些情境因素；否则，对结构性历史的总体评价将会完全脱离现实。因此，以下关于 20 世纪 30 年代欧洲威权主义形势的成因的思考，必须在一定程度上停留在对其有利的因素的层面上。这些因素使得政变的尝试以及威权主义宪法变革成功的可能性得到了提高，但并不会必然使其成功。

对于战间期的许多欧洲人来说，民主更多的是工具性的。只要它能为实现自己的利益提供有利条件，就会被接受。个别职业团体毫不妥协的利益代表以及敌对党派和党派阵营之间不可调和的对立妨碍了议会和议会制政府。这一现象在战间期的议会生活中屡见不鲜。这一现象对国内政治局势的影响力远远超过了同样时有发生的政党转型现象——这种转型力图将政党转变为支持有影响力的政治家个人或政治家圈子的社团。在时人眼中，独裁统治被认为是更有成效、更有效率的；人们未经进一步考证，就认定这种政权具有更加迅速、治理更加坚定的典型优势。所有威权政权在自己的宣传中都广泛利用了这种对效率的崇拜。面对幕后不透明的利益冲突，民主反对派的官僚机构笨拙迟缓，甚至可能无法采取行动；民主反对派后来才意识到这点，但那时已为时已晚。

除英国外，几乎所有地方的右翼保守派和民族主义团体及政党都倾向于采用威权统治的方式来应对他们认为威胁到自己国家的政治方面和社会方面的风险。在许多自由主义者眼中，当民主制在反复出现的经济和社会危机中显得无能为力时，捍卫国家利益无论如何都是比议会民主制更高的善。此外，政治民族主义与威权主义遏制文化创新和社会解放的企图密切相关。天主教徒和许多新教神职人员往往反对新的民主环境以及与之相关的个人自由（赋予不同信仰的少数群体、社会主义世俗运动的自由，以及参加不道德的休闲活动的自由），或至少对其持疏远态度。

大多数军队对威权的政治模式表现出了相似的亲近性。在几乎所有由独裁取代议会制的国家中，军队要么大力参与，要么持对其有利的消极被动态度。军官团通常是具有保守民族主义倾向的；其最高指引是政治统一的、有军事行动力的国家。许多军事领导干部都有世界大战的经验，重视指挥、服从和纪律的价值。这使他们在面对经济和社会困境时，特别容易受到威权主义关于新等级秩序的愿景的影响。威权政体还深入了农业上层阶级的肥沃土壤。他们的社会和经济背景各不相同。其范围包括没落变穷的普鲁士、波兰或匈牙利乡绅，贵族大亨，以及具有现代特征的资产阶级农业企业家。大多数贵族的和中产阶级的大地主仍然明显偏爱威权政体和独裁者，因为它们为其提供了可靠的保护，使其免于土地改革和被剥夺部分财产的风险，并避免了农业工人或小雇农提出工资和就业方面的要求。德国、奥地利、波兰、匈牙利、巴尔干地区君主制国家、意大利、西班牙和葡萄牙都出现了这样的形势。

世界大战中的民族主义思想也推动了威权政体的发展。第一次世界大战将民族自豪感、防御性爱国主义、沙文主义和仇外心理混合在一起，形成了一种危险的大杂烩，对动员战时社会起到了推波助澜的作用，并在战间期作为准备侵略的民族主义持续产生影响。这种思想混合物塑造了许多国家的政治文化，其影响范围远远超出了右翼民族主义阵营的范围；它还加强了好战主义（Bellizismus）、军国主义和民族主义之间的联系。这在英国和法国等民主战胜国中体现得较少，在意大利和塞尔维亚体现得稍多一些，在德意志帝国、奥地利、匈牙利和土耳其等战败国中无疑是显而易见的。这种联系在东欧国家（它们的独立归功于在 1918 年至 1921 年的战争冲突中坚持自主）中也尤为紧密。在这些情况下，从好战主义到威权政治模式只有一步之遥。波罗的海国家和波兰便是这样的例子。"左派"国家的缔造者毕苏斯基在许多方面都出人意料的政变之路便彰显了这一特点。

同样引人注意的是，威权主义计划能够在年轻一代中赢得好战的支持者。在 20 世纪二三十年代，中产阶级男性青年中的很大一部分人更容易被动员起来支持威权民族主义或反自由主义的运动和目标，而不是支持自由主义式的自由（liberale Freiheit）和民主参与。他们的榜样是一战中的前线官兵，他们理想中的男子气概也相应地受到了军队的影响。右翼的准军事民兵和左派都为这些青年人提供了有吸引力的反民主的

195

领导组织和威权主义世界观。波兰历史学家叶哲·W. 鲍莱沙（Jerzy W. Borejsza）将其形容为"仇恨学校"（Schulen des Hasses）[1]，从而简明扼要地概括了他们使用暴力的倾向以及他们对政治的反民主式的理解。

在 20 世纪 30 年代的专政环境中，人们不可避免地会发现这样的青年团体。但是，他们与那些准军事组织的关系并不和谐。他们的暴力和激进威胁着威权政体的两块基石——稳定和秩序。一方面，他们反资产阶级的姿态和故伎与"更好的社会"格格不入，从而将有影响力的保守派支持者拒于千里之外。另一方面，作为迫害和恐吓左翼和民主反对派成员的盟友，他们又受到了欢迎。独裁者们在征服权力的阶段利用了这些同盟，但又尽量避免依赖他们。在大多数国家，威权政权后来以暴力方式打击了这些通常受意大利或德国模式启发的、较为激进的运动，控制了其成员，吸纳了其领袖。在波罗的海国家，从民族运动产生的较早一批独裁者最初利用较为激进的民族主义退伍军人协会来对抗国内的政治对手，接下来在第二步中再将其消灭。佛朗哥对法西斯主义的长枪党（Falange）民兵便是这样做的。他主要在内战期间将他们作为警察和辅助部队来对付共和派战俘，但后来越来越多地限制了他们的政治行动空间。罗马尼亚和匈牙利的情况更为复杂。那里存在着铁卫团（Eiserne Garde）和箭十字运动（Pfeilkreuzler-Bewegung）这两个激进反犹主义和极端法西斯主义同盟。就罗马尼亚的组织而言，政治暴力愈演愈烈，直至造成专门针对政治反对派的谋杀以及针对犹太人口的恐怖袭击。一直到战争年间，这些激进运动一直幸免于国家威权政权一再实行的禁令和警察的镇压措施。因此德国盟友可以再度将它们激活，并动员它们执行针对犹太人的纳粹谋杀计划。

2 蓝本：墨索里尼的极权主义国家

1924 年至 1926 年间，意大利法西斯主义的兴起和新型独裁政权的建立，是影响整个欧洲的重大的变化。就像意大利统一的那十年一样，60 年后，整个欧洲都密切关注着意大利的变化。墨索里尼的领袖独裁和法西斯运动成了 20 世纪 20 年代在欧洲各地形成的各色各样的激进民族主义者团体的蓝本。但这些团体缺乏明确的行动和组织模式。意大利法西斯主义注定会激发其他右翼威权主义政权和右翼民族主义团体，因为它能像变色龙一样适应不同的意识形态导向、政治阵营和社会利益阵营。早期的法西斯主义汇集了先锋派艺术家（例如未来主义者）、左翼工团主义者（Syndikalist）、前社会主义者（例如墨索里尼本人），尤其还有民族主义者。他们支持意大利参加第一次世界大战，并对这场战争充满热情，从而团结在了一起。在企业家、大地主与城乡工人运动之间的局部冲突中，这个分裂的团体发展成为一支反社会主义和反布尔什维克的战斗力量；在 1919 年和 1920 年的"红色双年"（rotes Doppeljahr）之后，该团体通过罢工、工厂占领和社会主义选举的成功确保了既有社会权力平衡的恢复。直到这时，这一团体才首次取得成功。墨索里尼之所以能够崛起，成为这个由地区准军事战斗组织组成的松散联盟的领袖，首先是因为他有能力与既有的自由派和保守派政党建立联系，同时赋予该运动丰富多彩的政治取向，使其不再仅仅是一个反社会主义的暴徒团伙。这些政治取向包括前线士兵的、特别是年轻资产阶级军官的战争文化，也包括新的、推崇效率和社会变革的民族主义的形成，以及对行动主义和青年的英雄化。法西斯用语冲蚀了自由主义的中间派和保守派阵营的既定政治话语，并干扰了部分温和的社会民主派和共和派阵营。其次是与自由主义时代的部分旧政治统治阶级的结盟，为墨索里尼铺平了 1922 年至 1923 年通往权力的道路。军事力量薄弱的法西斯主义斗争联盟所发动的"进军罗马"（德语 Marsch auf Rom，意大利语 Marcia su Roma）（1922 年 10 月 27 日至 31 日）之所以能够成功，只是因为保皇派军队隔岸观火，并没有被动员起来反对政变。

与该国来自军事、王室、大庄园和企业方面的社会保守主义和民族自由主义的精英结盟，一直是法西斯独裁的一个显著特点。与仅依靠他自己的运动相比，这确保了墨索里尼的领袖独裁统治的扎根范围更广，也更为有效。我们不应忘记，独裁是在君主立宪制的宪法框架内建立的。直到 1943 年 7 月 25 日墨索里尼被"法西斯大委员会"（德语 Großer Faschistischer Rat，意大利语 Gran Consiglio del Fascismo）罢免之前，领袖都一直受国王支持。而国王又有意大利军队的保守主义保皇派军官作后盾。自由主义的意大利的国家机构接受了政治和行政制度的威权主义重组。1929 年，意大利政权与梵蒂冈达成和解后，该政权最终获得了支持和批准。天主教会放弃了对在 1870 年剥夺了教宗最后的世俗领土的意大利民族国家所做的保留。

从欧洲的角度来看，更令人感兴趣的不是墨索里尼建立领袖独裁统治的宪法细节，而是那些同样适用于欧洲其他国家的一般结构性要素。法西斯战斗同盟的帮派恐怖便是这样一种结构性要素。在墨索里尼掌权后，特别是在头三年，帮派恐怖继续被用来威吓仍在法律允许范围内的反对派，并迫害其追随者。在墨索里尼知情的情况下，这些团体也并没有回避政治暗杀。同时，一支秘密警察部队被建立了起来。它悄无声息、雷厉风行地消灭和监视反对派的任何风吹草动，同时还监视着法西斯党内的不同势力以及墨索里尼的对手。这些警察活动的法律依据是保护国王和领袖的特别法律以及更严格的国家保护法。违反这些法律的行为由一个特别法庭进行判决。

意大利于是迅速发展成为一个机会主义者和谨小慎微者的国家。遵从主义（Konformismus）成为该政权一种特定的行为方式。1922年至1924年，在法西斯上台执政之际，一大批人转而投靠法西斯主义。自1925年起，国家机器得到了系统性的扩张，在政治上被统一化，并被赋予了更多的权力。严格的等级制度和中央集权控制使法西斯主义意大利成为一个典型的威权官僚体制。这种结构要素也是可被转移的。法西斯党也是墨索里尼引以为豪的"极权国家"（totalitärer Staat）的组成部分。从1921年到1924年夺取政权的这几年里，它已经发展成为一个群众性政党，并在1922年力压社会主义党党员人数，拥有了超过32万名成员。法西斯党的地方及区域战斗同盟（squadre）作为民兵，被编入了国家安全机构。随着独裁统治的继续推进，该党成了国家机器的成员组织。与省长和部长的权威相比，各省法西斯党领导人的政治权力明显在其之下。法西斯主义政党是自1928年以来唯一获得批准的政党。墨索里尼非常注意确保在党内不会形成任何与国家平行的权力结构。意大利的法西斯主义没有发展为政党独裁，而是做起了建立"极权国家"的梦。

但是，法西斯专政在许多方面与单纯的威权政体灰暗的政治日常有所不同。首先，墨索里尼成了具有个人魅力的国家"领袖"。对墨索里尼寄予厚望的不仅仅是他自己的追随者，而且还有越来越多的无政治立场的公民和普通的意大利人。墨索里尼的受欢迎程度始终超过他的同伙和他的政党。他的崇拜者的核心圈子是由一群忠心耿耿且与他有私交的老党员和副手组成的。通过墨索里尼在自己的领袖形象上所做的不懈努力，其崇拜者圈子又得到了进一步扩大。在公开演讲中，他将自己塑造成一位亲民的独裁者，并最终演变为国父和国

民教育家。尤其在 1930 年以后，对领袖的崇拜逐渐与政党脱

200 钩。当时，天主教方面也推动了对领袖的崇拜。在《拉特朗条
约》（Lateranverträgen）中与梵蒂冈达成和解后，法西斯得
以在天主教徒面前将墨索里尼宣传为"天意之人"——这是对
教宗庇护十一世（Pius XI）的一段原话的概括。与梵蒂冈签
订条约实现了天主教会与民族国家的和解；之后的公民投票最
终确保了领袖与他的人民之间的直接联系得到确认。在推行领
袖专政的过程中，该政权非常有效地利用了当时最新的大众媒
体——广播和电影，让领袖在全国范围内出现。

其次，法西斯主义确立了其具有动员力的独裁统治。从墨
索里尼及其追随者的角度来看，法西斯主义国家和政党的主要
任务是将意大利人民国族化（nationalisieren）。他们的目标
是实现意大利的内部统一。第一次世界大战对此做出了重要贡
献。该政权将继续开展国族动员工作视为其最紧迫的任务。按
照法西斯主义的理解，国族化意味着将意大利人口军事化，并
为了国族的目标将其激活。英雄主义和牺牲精神是政治语言中
无处不在的一贯论调。法西斯主义继承了其运动时期明显具有
政治暴力特征的文化和言辞。法西斯男丁团（Männerbund）
富有表现力的暴力文化中充斥着冲锋和献身。而且这些也进
入了该政权的政治暴力言辞中。所有与军事相关的元素——尤
其是对牺牲和爱国主义暴行的英雄化，在其中占据了特殊的
地位。退伍军人协会、法西斯民兵和军队是军事化的表现文化
（Repräsentationskultur）的重要实例。

此外，民族动员是以全新的形式组织起来的。意大利青年

201 被归入了全国青年协会。在 1936 年至 1937 年间，8 至 14 岁
的男孩中有近 75% 的人加入了法西斯青年组织（国家巴利拉
组织，opera nazionale Balilla），而在年龄较大的男孩（14
岁以上）中，也至少有 36% 的人是其成员。面向上班族的休

闲组织（国家康乐俱乐部，dopolavoro）提供了丰富多彩的有组织的集体休闲活动，包括去剧院观看演出、大众运动，甚至度假旅行。法西斯文化政策的指导原则是传播具有民族意识和代表性的大众文化，这也是为了在语言和文化上将意大利民族团结起来。最后，体育运动的推广具有特别重要的意义。人们发现，竞技体育是民族热情的源泉。意大利运动员在奥运会上大获成功，并在 1934 年和 1938 年的世界杯中接连夺冠。这些都被该政权视为进一步塑造人的新形象的基石。然而，墨索里尼及其追随者对自己的同胞深感不信任，并怀疑他们缺乏英雄主义和战斗意志。一连串的军事失败——最近的一次是在 1917 年 10 月的卡波雷托（Caporetto）——无时无刻不提醒他们要对意大利人进行军事美德教育。对罗马风貌（Römertum）和对古典时代（Antike）的崇拜便是服务于这个目的的。该民族对罗马模式的仿效塑造了法西斯主义的象征性语言、建筑和仪式。

最后，法西斯主义发展出了一套自己的权力美学。1919 年法西斯主义运动的发起者中包括不同的艺术家和艺术家群体，其中最著名的是"未来主义者"。这是一群先锋派艺术家，他们从根本上拒绝传统艺术和道德，赞美战争、速度和现代技术，并希望创造出一种全新的、激进的现代主义艺术。其支持者圈子中还包括广受欢迎的诗人、世界大战飞行员加布里埃尔·邓南遮（Gabriele D'Annunzio）。邓南遮也属于民族主义战争支持者的圈子。他在这个圈子被誉为民族飞行英雄，并获得盛赞。与未来主义者不同，这个圈子给法西斯主义留下了一套明显更适合大众的、更受欢迎的将战争美学化的方案。

民族主义的死亡崇拜以及对一战战争文化的培育都属于法西斯最成功的文化政治手段。因此，法西斯在 1922 年上台后，迅速重塑了民族自由主义的纪念文化。通过大兴土木，第一次

202

世界大战的万人冢被塑造了家喻户晓的朝圣地，法西斯政权借此垄断了民族的历史文化。

但是，艺术上的先锋主义与法西斯主义之间的联系发展成了极具张力的合作关系。法西斯独裁政权致力于动员知识分子、艺术家和建筑师，以发展出独立的新风格。这一点在该政权的一些大型建设项目中得到了很好的落实。这些项目给国家留下了持久的印记。在罗马，通过对整个城区进行新建、改建和重新设计，历史文化遗产焕发了新的生机。宏伟性、新古典主义的形式语言与对当代建筑新功能主义风格的吸纳相结合，发展出了自己民族的艺术现代性风格。这种雄心壮志不可避免地与政治压迫和控制所带来的遵从主义的基本特征相冲突。20世纪30年代也显现出了这种文化艺术政策的局限性。尽管如此，应该指出的是，尤其是在对自身政治的美学化以及对建筑、艺术和文学的政治化方面，法西斯主义表达了其重塑意大利民族的革命诉求。这种重塑民族的激进意愿也将法西斯政权与其威权主义近亲区分开来，后者一般只需培养传统的、常规的民族文化典范即可。即便就其激进的创造意愿而言，这一政权也与其权威主义的近亲大不相同。对后者而言，墨守传统的、因袭的民族文化成规通常已经完全足够了。这些政权常把对传统的维护同对更现代的、往往在政治上"左倾"的、带有批判性的、非遵从性的艺术文化潮流的迫害结合起来。在大多数情况下，右翼威权主义政权只对阻止艺术家提出任何政治批评感兴趣。

尤其是在欧洲历史上，意大利法西斯主义的第四个也是最后一个要素不应被遗忘：它的帝国主义使命。在1915年的战争目标之上，意大利法西斯主义希望使意大利崛起为与英国、法国、日本和美国并驾齐驱的帝国主义强国。这种崛起只能以军备升级和扩张为代价来实现。1927年，意大利在阿尔巴尼

203

亚境内建立了一个非正式的保护国，从而踏上了这条道路的第一步。然而，直到20世纪30年代，该政权才真正走上坚定的帝国扩张之路。这改变了对外政策指引的导向。意大利放弃了与英国的良好关系，转而加入了不再愿意接受凡尔赛秩序的修正主义列强的阵营。当时，重新分配非洲和地中海地区的势力范围及领土，成了法西斯帝国主义的目标。为此，意大利在纳粹德意志帝国以及后来的日本收获了理想的盟友。这也与经济政策的重大转变有关。在大萧条期间，意大利转向了保护主义和自给自足的理念。在实行了多年自由主义经济政策之后，国家入股了濒临破产的私有银行和工业企业，这使意大利加入了采取保护主义和国家主义经济路线来克服危机的多数政权的阵营。

尽管在大萧条末期，意大利的经济和社会局势紧张，而且军备不足，但自1933年以来，墨索里尼就一直计划对其非洲殖民地厄立特里亚（Eritrea）和索马里兰（Somaliland）的邻国埃塞俄比亚发动征服战争。意大利政权野蛮残酷地发动了这场侵略战争，甚至使用了毒气。在取得胜利、吞并对手之后，新帝国于1936年宣告成立。在随后的几年中，这种帝国主义扩张主要集中在地中海地区和东南欧。按照帝国扩张的逻辑，法西斯意大利在其殖民地建立了种族隔离制度。1938年，该政权制订了反犹种族法，旨在通过"自上而下"的法令，将其人口提升到想象中的自信、自豪的优等种族的帝国使命的水平。种族主义（在意大利人中尤为普遍的是针对斯拉夫人和非洲人的种族主义，而几乎不针对犹太人）与帝国主义的结合是意大利法西斯主义的先天特征之一，绝不是1935年以来罗马和柏林在外交上彼此靠拢的副产品。

这一民族动员的计划以及后来的帝国扩张深刻地影响了欧洲的整个右翼阵营。意大利实验的崇拜者比比皆是。除了民族主义政党和团体之外，社会保守派的精英们——即大地主、企业家和军人，在面对议会民主的要求以及政治和社会权利平衡向着有利于社会主义工人运动方面倾斜时，也在法西斯主义中找到了合乎时势的答案。希特勒本人是意大利新政治方案最早也是后来最成功的信徒之一。因此，一系列各色各样的右翼民族主义运动不断涌现，且都或多或少以意大利模式为参照，也便不足为奇了。尽管罗马方面付出了努力，但却徒劳无功，法西斯国际组的建立依旧止步不前。首先，这是因为所有这些团体的激进民族主义破坏了严格的国际取向。其次，民族社会主义是其意大利原型更强大的竞争对手。尽管后者对领袖充满敬仰，但仍极力捍卫自己思想和组织形式的独创性。

意大利法西斯主义可谓是整个欧洲的模范，因为它既发展了保守的威权政体的特征，又发展了"现代"独裁专政的特点。因此，右翼政治阵营中截然不同的势力都以法西斯主义及其统治实践为榜样。直到战争期间，民族保守主义、激进民族主义和种族主义等一直都是法西斯政权的典型特征。直到 1943 年夏墨索里尼倒台后，民族保守派势力（不仅是聚集在王室和军队周围的那股民族保守派势力）才退出与更激进的法西斯主义分子的长期联盟。当时，激进派分裂了出去，继续在国家北部的傀儡国家"意大利社会共和国"（Repubblica sociale italiana）的框架内与德国盟友和占领者合作；而温和派力量则在国家南部同盟的占领者的保护下，试图捍卫君主制、威权主义国家以及保守社会秩序的延续。

3 纳粹独裁：元首政府、民族共同体和种族主义

由于希特勒运动（Hitler-Bewegung）还动员了各式各样的民族主义团体和思潮，并采用了法西斯式的暴力和政治元

素，因此最初看上去似乎只是大获成功的意大利模式的一个分支。尽管希特勒于1923年11月在"他的"进军慕尼黑运动中惨败之后，一直坚持以严格合法的手段争夺权力，但在其通往权力的道路上，我们仍能找到与意大利模式的相似之处。1933年1月，希特勒是被国家机关、企业界、国防军中以及国家元首兴登堡总统周围的保守派民族势力推上权力宝座的，而不是像纳粹所宣传的那样"夺取"了政权。然而，1933年之后，人们很快发现纳粹主义并不是简单的"德国版法西斯主义"；尽管二者在结构上有很多相似之处，但纳粹主义突出了不同的重点，并在总体上试图与自由主义和民主进行更彻底的决裂。

　　纳粹独裁政权也成了一个元首政府。但与墨索里尼不同的是，希特勒在1933年1月30日被任命为国家总理前，就早已于1922年取得了党内唯一的、有个人领袖魅力的元首地位。民族社会主义德国工人党（Nationalsozialistische Deutsche Arbeiterpartei，简称 NSDAP，即纳粹党）无异于有组织的"希特勒运动"。它令人惊讶地崛起为一个群众性政党；这巩固了希特勒在纳粹党中的领导地位。他的亲信戈林（Göring）、戈贝尔（Goebbels）、赫斯（Heß）、罗森堡（Rosenberg）、弗里克（Frick）和不久之后的希姆莱（Himmler）都失去了独立的权力。党的整个领导层，特别是省党部头目（Gauleiter），都依附于其富有魅力的元首。整个党的领导层——尤其是高级军官——对其富有魅力的元首的忠诚为这种独裁的统治结构创造了条件，使其不仅在中央集权的国家机器的帮助下不受控制地行使权力，而且形成了党和政府之间典型的二元政治（Doppelherrschaft）和职责竞争（Ämterkonkurrenz）形式。此外，德国人对元首的期望也高于意大利人。自1918年战败以来，许多德国人在危急时刻都更加寄希望于一位"被选定"的元首。这种对元首的信仰的来源广泛：在民族历史上对伟大的政治家的崇拜、君主制关系的后果、关于帝国不甚明晰的想法，以及对一场彻底变革的希望，甚至是将民族从失败和危机中拯救出来的希望。与意大利模式一样，随着独裁专政的建立，被一致化①的媒体系统地上演着领袖崇拜的戏码。戈贝尔成了这场崇拜中最重要的戏剧顾问。在和平年代，元首在纳粹党代表大会上的露面成了这场戏的亮点。外交和内政方面的成功为大部分德国民众"相信元首"奠定了基础。这样，希特勒得以获得比纳粹党多得多的认可和忠诚，并一直保持到1945年春该政权垮台。

207　希特勒特有的统治风格塑造了纳粹独裁统治的活力。即使在担任总理和总统期间，希特勒仍保持着波希米亚式的生活方式，没有成为一名职业化的国家领导人。他尽量避免研究文件，尽可能减少内阁会议等事务性例行公事。结果，从1938年起，政府的联席会议就几乎不再举行了。他相当不愿意就令人厌烦的细节问题做出决定，但保留了对所有纲领性核心政治问题的方向性决定权。在国家行政部门的现行官僚主义例行公事之外，希特勒建立了一套"特殊全权代理"（Sonderbevollmächtigungen）体系。他将当前特别紧急的任务委托给自己信任的追随者，并授权他们建立自己的平行管理机构。但是，纳粹政权虽"职责混乱"，却行之有道。因为它激起了一场内部竞争。在这场竞争中，胜利和更多的权力都落入了那些能过关斩将的追随者手中。希特勒在内政和外交方面都遵循其社会达尔文主义的信念。以特殊元首命令（Führerbefehlen）的形式战略性地利用对领袖的忠诚，成为一个带来活力的因素。而其代价是职权纠纷以及额外的行政管

---

① 一致化（Gleichschaltung）也译作一体化、均质化、同质化，是一个纳粹术语，特指一项纳粹政治文化战略，即在消灭政府和社会中的多元主义，建立独裁专政。

理开支。

尽管"第三帝国"的国家行政部门与党政机关之间存在竞争，但纳粹政权的行政管理效率仍然出奇地高。新的统治者成功地动员了德国大部分1933年上任的公务员，以实现该政权的政治目标。这些公务员大多是保守派并具有民族意识。"为元首工作"成了这种自我动员方式反复提及的座右铭。如果没有这种自我动员，这一政权几乎不可能发展出令对手和中立的旁观者都倍感惊讶的效力。在新的"民族社会主义精神"的指引下，为了在具体的行政行为中更好地实现独裁专政的目标，现有的规范和法律不断被规避或重新解释，这也体现了高度的遵从和调试的意愿。这一点在该政权针对犹太人、反对派人士、患遗传病者以及"反社会者"所采取的措施中体现得尤为明显。

除国家机构外，纳粹党及其专门组织发展成为独裁专政的第二支柱。在魏玛共和国时期，该党于1925年的重组为其创造了组织方面的先决条件。特别是在其1930年以来在选举中大获成功的几年里，纳粹党作为一个反对党，建立了广泛的成员基础（1933年5月1日有250万党员）。1937年解除入党禁令后，党员人数迅速增至1939年的530万。1945年，每五名成年德国人中就有一名党员。这意味着纳粹党在所有社会环境中都扎下了根。从驾驶员、医生、律师、学生，到希特勒青年团（Hitlerjugend）和德国少女联盟（Bund Deutscher Mädel），众多专门协会将纳粹党员组织了起来，确保了其广泛的社会存在性。有了冲锋队（Sturmabteilung，简称SA），纳粹党在夺取政权的阶段就有了一支招之即来的党军，可以有效地利用这支军队来恐吓政治对手，其方式类似于意大利法西斯主义者的战斗同盟。1934年6月，以恩斯特·罗姆（Ernst Röhm）为首的冲锋队领导层被肃清后，冲锋队失去了其重要性。但如果纳粹政权想利用自己的政党基础，公开有效地施加压力的话，可以一次又一次地重新启用冲锋队，正如他们在1938 年 11 月 9 日和 10 日针对德国犹太人的屠杀中所做的那样。

在动员民族同胞（Volksgenossen）时，党的组织也是必不可少的。正如意大利法西斯主义那样，纳粹独裁政权也特别注重深刻地改变本国人民的态度，并将其凝聚成"民族共同体"（Volksgemeinschaft）。起初，纳粹党对整个社会生活进行了"一致化"（Gleichschaltung），并取缔了其他所有政党。呼吁德国人民跨越宗教、阶级和旧党派边界实现新的团结是纳粹宣传的永恒主题。这一民族共同体的建设采取了意大利法西斯主义的模式，例如建立休闲组织"力量来自欢乐"，并推广大众及竞技体育运动。但纳粹主义在社会政治方面要更加积极。在 1935 年之前，纳粹党在宣传和组织方面都高度重视消除失业及其所带来的困难。创造就业机会的措施、寒冬赈济以及国家劳役团等，都是与其秘密进行的军备计划配套的、高调宣传的方案。有了这一方案，在不考虑公共债务和通货膨胀风险的情况下，纳粹政权比邻国更快地克服了大萧条的后果。

1933 年后，民族共同体被从种族卫生学的角度予以定义。逐步排斥"犹太"德国人（1933 年 4 月 7 日的《公务员法》的雅利安条文，1935 年 9 月 16 日的《纽伦堡法案》、1938年 11 月 9 日和 10 日的全国屠杀犹太人之夜、自 1936 年起的经济雅利安化）以及对"患遗传病的"德国人实行强制绝育（1933 年 7 月 14 日的法律）是这一旨在创建"雅利安"民族共同体的种族主义计划的基石。德意志国对犹太人的迫害从一开始便从两个方面展开：在法律上限制他们的权利和生活条件，同时在地方上以分散的方式对犹太人个体进行迫害和歧视。持续伴随这种剥夺权利政策的是反犹宣传，以及依照纳粹世界观对官员、党员和青年进行的意识形态教化。

与之相对，在遗传上健康的雅利安家庭成了社会政策措施的重点。这些措施包括儿童福利、婚姻贷款①、青少年保护法以及母亲与儿童援助组织（Hilfswerk Mutter und Kind）等。社会政策变成了人口政策。从一开始，纳粹独裁政权就不遗余力地向自己的人民灌输民族及种族优越性意识，并将种族卫生和种族学知识深植于德国人的常识。因此，该政权的种族主义还针对其他"外来种族"群体。"吉普赛人"和"黑人"被视为"不受欢迎的""劣等的"，并被排除在民族共同体之外。因此，纳粹主义关于民族共同体的概念在政治目标方向上远远超出了有关民族统一与团结的大众化观念，也超出了整个民族主义右派所共同追求的将所有德国人团结在同一个民族国家中的目标，是具有帝国主义特征的。它涉及征服和统治，以及将德意志国边界之外、位于东欧的生活空间殖民化的能力。

在欧洲历史的框架内，纳粹政权还有最后一个不容忽视的结构要素：建立有效的警察和恐怖机构。在夺取政权阶段，希特勒政权还通过有针对性的暴力手段以及系统性的恐怖手段来威吓政治对手（也包括犹太公民），或将他们驱逐出境。与意大利法西斯主义者一样，冲锋队也没有回避政治谋杀。1933年至1934年，有超过10万人被监禁，数万人成为暴力行为的受害者，被杀害的估计有600~1000人。然而，在此后的第二个阶段，以海因里希·希姆莱（Heinrich Himmler）为首的党卫军领导层将整个警察及安全机构捆绑在一起，并系统地组织了起来。其控制范围从集中营一直延伸到秘密国家警察。1939年，随着党卫队国家安全部（Reichssicherheitshauptamt，

---

① 自1933年起，身体健康、无家庭病史的新婚夫妇可以申请获得以家用物品购买券形式发放的贷款，即婚姻贷款（Ehestandsdarlehen）。这一规定最初是以新娘在婚后停止工作为前提条件的。

简称 RSHA）的成立，一个在意识形态方面训练有素的安全机构建成了。其领导者大多是年轻、坚定的民族社会主义者。他们的职责随该政权具体的日常政治目标而变化，但都遵循明确的意识形态纲领。它所要打击的对手包括共济会成员（Freimaurer）、天主教徒、自由主义者、民主派人士，以及其主要对手——犹太布尔什维克主义者。与此同时，其"危险防御"的对象也包括"遗传病患者""反社会人士""共同体敌人"以及"外种族人士"。所有可能危及纳粹统治的政治稳定、妨碍建立基于种族卫生的统治秩序的潜在危险源都被视为对手。由此，该政权拥有了一个强大的镇压机构，其组织结构和导向为其在军事扩张过程中承担恐怖任务做好了准备。

211

比较历史研究必须处理这样一个问题，即纳粹专政在何种程度上是个别现象，或应在何种程度上被解释为整个法西斯主义潮流或一种政体类型的激进版。如果从第二次世界大战的角度来审视这一问题，就会看到与只关注战间期完全不同的景象。纳粹政权和德意志国防军在第二次世界大战期间释放出了如此强大的暴力和帝国主义式的追求权力的意志，从而使这种政权的特殊性显露无遗。这一点在下一章中将逐渐清晰起来。但若将战前的这一政权与其周边的其他独裁政权相比——尤其是同意大利模式进行比较的话，便会发现一些不容忽视的相似之处。直到 1938 年，纳粹德国主要是在实现民族复兴、以威权主义方式构建民族团结和行动能力等这些范畴中为人所知的，该政权也竭尽所能地宣传与之相符的形象。甚至其反犹法案和种族卫生法也绝没有使其成为欧洲和国际社会的局外人。德国解决"犹太人问题"的方案被认为是值得讨论的，并成了其他民族主义和法西斯主义运动及政权的榜样。20 世纪 30 年代，在欧洲的科学家和专家中间，优生和种族卫生观念的传播达到了顶峰，这些人口政策观念甚至也一直在公开辩论中出

212

现，在右翼和右翼自由派中尤为流行。此外，纳粹独裁与欧洲上层阶级和中产阶级广泛的反布尔什维克的反应之间也存在联系。在对共产党员和马克思主义者在宣传上的否定和肆无忌惮的迫害中，纳粹政权与欧洲所有其他独裁政权实际上是并肩而行的，并且也获得了民主国家的保守派和民族自由派人士的掌声。此外，在战间期行使殖民权力的背景下鼓吹种族主义也是一种欧洲现象。不仅殖民势力参与到了其中，而且种族主义和反犹太主义一样，是更为广泛的达尔文主义社会思潮的一部分。这一思潮作为一种"文化法则"，在欧洲社会蔓延了开来。欧洲的这些联系是不容否认的，也是必须予以强调的，特别是在第二次世界大战中的纳粹占领政策和勾结现象方面。纳粹主义作为一场运动和一个政权，吸纳了这些思潮，将其系统化，并转化为激进的政策。

但是，也有一些特殊性使得纳粹主义从一开始就具有了自己的特点。只有在德国，激进的种族主义、反犹太主义潮流才与民族沙文主义或民族保守阵营持久地融合在一起。在其他所有国家中，诸如希特勒运动那样的激进思潮都处于边缘状态，并且在组织上仍然与民族保守派分离；而在德国，这些思潮都被吸纳了进来，从而在"第三帝国"中占有了一席之地，甚至还被整合进了纳粹主义的世界观。在这方面，意大利的情况颇具可比性，只是意大利温和派和激进派之间的紧张关系依然未能得到缓和。

与意大利法西斯主义相比，纳粹政权更有效地结合了德国民族主义更显著的帝国主义传统。与意大利社会相比，德意志帝国和一战的帝国主义的遗风在战后德国社会中的根基更广。作为一个帝国主义国家，德国在这一点上与英国、法国或日本等国家更加具有可比性。对一战失败的集体的压抑心理，以及由此产生的对《凡尔赛和约》的排斥，成为纳粹上演的民族共

213

同体大戏的完美的集体扩音器。而这场戏始终是围绕大国身份以及国际地位的恢复展开的。在这方面，该政权获得了精英阶层的支持。这些精英包括普鲁士贵族、莱茵兰－威斯特法伦州的企业家、民族保守派或民族自由派的大学教师，以及部委官僚，等等。在此期间，文化－民族的（kulturell-völkisch）和种族生物学的解释及动机一再交织在一起。

不容忽视的是，在 1933 年至 1939 年间，该政权获得了越来越多的德国民众的支持。这首先得益于其外交和经济政策的成就。这些成就粉碎了其政治对手迅速破坏稳定的所有希望。另一个成功的策略是，该政权在夺取政权并迅速瓦解工人政党有组织的抵抗之后，才酌情使用恐怖手段，并对曾经支持民主政党的人开放了加入纳粹"民族共同体"的通路。在工人队伍中，纳粹政权所获得的忠诚支持远远超过了意大利法西斯主义在其更长的统治时期内曾得到的支持。该政权通过奉行象征性的民族团结政策，并在其自身组织内宣传消除"民族共同体"内部的阶级壁垒，从而成功地跨越了魏玛共和国时期出现的尖锐的阶级对立。

4　苏联的斯大林政权

自 1921 年内战结束并与西方邻国签订和平协议之后，以及 1923 年欧洲其他地区最后一次共产主义革命尝试被镇压以来，新的社会主义苏联在欧洲政治中已被边缘化。对于战胜国和自由资本主义的战后秩序来说，它所代表的布尔什维克危险已退回遥远的东方。20 世纪 30 年代，苏联以截然不同的方式重返欧洲。它于 1934 年加入了国际联盟，与西方民主国家建立了外交关系，并于 1935 年与法国缔结了防御条约。此外，虽最初有所犹豫，但自 1936 年至 1937 年的冬季以来，苏联向西班牙共和国提供了军事上和政治上的支持，对抗佛朗哥领导的民族主义政变。后者从意大利和德国获得了大量军事援助。共产党跟随苏联脱离了孤立主义的极"左"路线，并主张在其余民主国家中建立广泛的反法西斯防御联盟。

在反对法西斯主义及右翼威权政体的联合防御中，共产主义者和民主主义者得以和解。与此同时，很大一部分自由主义和左派公众对社会主义实验进行了重新评估。从1928年开始宣传的社会主义国家建设以及第一个五年计划与资本主义世界的经济危机形成了鲜明的对比。工业化和军备扩充使苏联在20世纪30年代成为不容西方邻国小觑的力量因素。

自1928年以来，工业化计划的重点一直是建设自给自足的重工业和能源供应体系。这反过来又确保了独立自主的军备行业的建设。20世纪30年代后半期，红军的军备升级成了一件头等大事。与纳粹德国一样，斯大林时期的苏联也专门为战争的来临做了准备。从欧洲力量格局的角度来考虑，防御性的目标是重中之重。但与此同时，苏联领导层对夺回1918年至1921年失去的领土的兴趣也与日俱增。因此，芬兰、波罗的海国家以及波兰和罗马尼亚的部分地区成为苏联扩张计划的重点。与官方的公开说辞相反，随着斯大林的加入，新的苏维埃政权再次追随了其沙皇时代前辈的脚步。

在很长一段时间内，斯大林的统治被解读为一个落后农业国的发展型独裁（Entwicklungsdiktatur）。在极短的时间内，这个国家被以残酷的胁迫手段转变现代工业社会。这种解释既符合西方现代化理论的观点，也符合"进步的"或社会主义历史学家的回顾这一政权的观点——该政权的受害者人数与"第三帝国"不相上下。按照这种论点，该政权毕竟设法将一个落后、贫困的农业国变成了工业超级大国。这样的解读警示且误解了布尔什维克实验。在布尔什维克看来，这实际上不仅仅是他们国家的工业化问题。虽然强制实行农业集体化的目的是解放劳动力和资源，以便为社会主义超级大国建立一个独立的能源和重工业基地，但 1928 年至 1932 年的"文化革命"是为了迫使大多数人改变他们的整个生活方式。就此，约尔格·巴贝罗夫斯基（Jörg Baberowski）谈到了与建设"指令型经济"[2]（Kommandowirtschaft，又称 Planwirtschaft，即计划经济）并行的"文明化专政"（Zivilisierungsdiktatur）。对所有运动而言，创建新的社会主义文明仍然是一种乌托邦式的装饰和对未来的承诺；为了将不断被修改的计划转变为勉强可以接受的结果，他们必须一次次借此将民众动员起来。与长期动员相呼应的是，在面对交货不及时、生产不合格以及运输延误等情况时长期临时抱佛脚。当前的解释呈现了该政权的全能幻想与其面对自己造成的混乱时实际上的无能为力之间的矛盾。不过，经过两个五年计划，苏联还是成功地建立了重工业军备综合体。这使苏联得以跟上 20 世纪 30 年代后半期及第二次世界大战期间帝国军备竞赛的步伐。

强制集体化、强制工业化以及 1937 年至 1938 年间的"大恐怖"（Großer Terror，即苏联肃反运动，又称大清洗运动）的受害者总数仍然存在争议。据估计，直到战争开始前，死亡人数在 400 万至 800 万人之间。此外，在 1931 年至 1932 年间，乌克兰和高加索地区还有因强制过量收粮而发生的饥荒的遇难者。强制集体化以及当局对富农的迫害造成了农业的混乱，从而导致了这样的灾祸。当局即使不情愿，也不得不接受这种情况。与其他政权不同，斯大林的统治针对的是其农村人口的绝大多数。这意味着要通过使他们摆脱旧的生活环境、习惯和思维方式将其改造成苏联人。从苏联统治者的角度来看，这一社会实验同时受到了具有压倒性优势的敌人的威胁，尤其是苏联残余的旧社会秩序的代表，包括市民阶级专家、拥护沙皇的军官和公务员、东正教和伊斯兰教士等。最终，为了揭露在农村的新秩序的敌人，一个单独的阶级——富农——被创造了出来。但是，面对社会主义建设过程中持续不断的问题，布尔什维克认为，新的敌人有增无减，他们正在破坏预期的成功；这其中包括自己队伍内部托洛茨基主义的（trotzkistisch）阴谋家，敌对外国资本主义国家的间谍和破坏者，以及敌视苏维埃的民族成员和罪犯。界定和发现敌人是恐怖运动的基础。通过恐怖运动，在本国被孤立起来的布尔什维克在斯大林的领导下开始着手改造经济和社会。

在组织和意识形态上，在斯大林领导下的共产党领导层倒退回 1918 年至 1921 年的战时共产主义的方法，来应付向工业化未来的计划不周、执行不力的飞跃：领导层到处使用军事和恐怖手段来实现其经济目标。苏共领导层还组织各项运动，以动员其支持者为实现这些目标而奋斗。他们发动了地方暴力，并鼓励地方干部猛烈攻击。正如在内战中一样，该政权制造了持续受到内外敌人威胁的状态，臆造了被资本主义外国包围的危险，以及叛徒和阴谋无处不在的假象。由此，秘密警察成了斯大林时期的国家机器最重要的工具。秘密警察的使用是针对所有社会团体的。在不懈寻找阶级敌人、破坏者和阴谋者的过程中，使用秘密警察最终也是针对党本身的。恐怖运动为了 20 世纪 30 年代斯大林统治的中流砥柱：它由中央管控，并由斯大林办公室直接指挥。在 1937 年至 1938 年所谓的"大恐怖"期间，共有 157.5 万人被捕，681692 人被执行死刑。怀疑和逮捕无处不在，告发是镇压机构实际工作中不可或缺的要素。对捏造出的谋反行动的"头目"进行的大型公审起到了公开揭露"人民公敌"真面目的作用。一方面，共产党的保守派成为其受害者；另一方面，斯大林自己的追随者自 20 世纪 30 年代初起在各地建立的自治权力网络在大清洗期间被系统性地

218

摧毁；这样，只有最亲近的、忠心耿耿的助手的圈子才在这场党组织的大清洗中幸免于难。甚至连内务人民委员部（俄语简称 Ｎ Ｋ В Д，罗马化为 NKVD），最终也被"清洗"了。最后剩下的，是一个全新的政党。1939 年，在国家和政党的 3.3 万名官员中，有 2.6 万名官员的任职时间不满一年。

随着恐怖运动的增加，苏联的劳改营体系也随之膨胀，发展为社会主义建设的阴影地带和黑社会。在 20 世纪 30 年代，劳改营关押的囚犯数量随着镇压浪潮的节奏而增长。劳动法的收紧、对农民的压迫，以及打击反革命阴谋家和破坏分子的运动确保了古拉格（Gulag）劳改营有源源不断的新囚犯。1938 年，被关押在劳改营的人数增加到了 188 万人。他们不得不在最恶劣且缺乏食物的情况下完成最艰苦的工作。相应地，那里的死亡率也很高。劳改营制度及其稳定的强制劳动力群体逐渐成为新的社会主义计划经济的重要因素。例如，在不同的年份，劳改营提供了木材产量的 25%~50%，以及超过 60% 的黄金开采量。

恐怖运动影响了苏联社会的所有职业群体和社会环境，从而为打破所有残存的社会联系、使官方宣传变成每个个体赖以生存的要素创造了先决条件。一幅社会图景由此而生：政敌、"反派"要对所有挫折、物资短缺和灾难负责。

自 20 世纪 20 年代末，"自上而下的革命"改变了苏维埃政权与所有社会团体之间的关系。通过强制集体化，布尔什维克终止了与帮助其夺取政权的农民之间的契约。从那时起，集体农庄（德语 Kolchose，转写自俄语 колхо́з，即 коллекти́вное хозя́йство 的简称）和国营农场（德语 Sowchos，转写自俄语 совхо́з，即 сове́тское хозя́йство 的简称）中新出现的农业工人阶级成为物质要求最低、权利又没有保障的社会阶层。但是，从占多数的农民中也产生了新的社会主义工人阶级，他们从农村涌入了城市。他们在工业化建设的大型工地，随后又在新建成的工厂里找到了工作和食宿，但只能受制于严格的管控和严厉的惩罚。此外，他们还失去了20世纪20年代作为名义上的领导阶级所保留的所有自治权。但是，大多数新的忠于政权的攀附者都是从他们的队伍中招募的。当局赋予这些新人越来越多的物质和象征性特权。对监工、检查员、管理人员、工程师以及行政人员、党务干部的需求迅速增长。这一新的上层阶级在住房、休假和奖金方面得到了优惠的待遇。其余绝大多数人仅是为了存活下来就需要进行斗争。他们在复杂的地下经济中，靠生产、非法获取和交换各种食品和消费品求生。相比之下，上层阶级的物质特权显得更加刺目了。

该政权在其动员战略和对社会的革命化改造中充分依靠了青年。在一个文盲率很高的社会中，年轻人成了所有活动的第一目标群体。他们似乎最愿意从旧秩序中解脱出来。具体而言，在尽可能短的时间内调动国家所有教育资源的尝试针对的主要是青少年。而此类尝试大多不够充分。考虑到对技术工人、工程师、科学家和教师的巨大且迫切的需求，1928年以来，通过简化后的课程和考试，国家为新的建筑工地和工业企业培训了尽可能多的受过部分教育的从业人员。同时，迅速发展的国家机器也大量吸纳了这些新毕业生。这样，在20世纪30年代的恐怖之中，出现了新一批骤然得志、飞黄腾达的人。这些人走上了各个层级的许多新的领导岗位，或者取代了那些在新一轮迫害浪潮中沦为受害者的工业及党政干部。

自20世纪30年代中期以来，该政权开始支持在新的社会主义社会中传播以前被低估的保守主义秩序模式。家庭、融入新的等级秩序和纪律成为新苏联人的美德。家庭再次受到了法律的特别保护。公司引入了职称和职级差异，并提高了其可见度。全国众多中小学和大学建立起了一套威权主义教学制度。
权威和领导力成了新兴斯大林主义社会的核心导向。这种保守
转向在文化政策中表现得尤为明显。在国有化的文化创作之
外，疑似具有颠覆性的艺术只能在边缘化的夹缝中生存。而国
有化的文化创作重温了 18 世纪和 19 世纪的民族文化经典，并
辅以一种神话化的艺术创作。这种以社会主义现实主义为名义
的艺术必须描绘社会主义建设的愿景、阐释官方的世界观。在
斯大林的统治下，遵从主义和机会主义成了深刻塑造日常生活
的行为教条。

5 威权政体与极权主义秩序模式

考虑到出乎意料的斯大林个人崇拜、恐怖手段的推行，尤
其是考虑到对整个旧的布尔什维克领导层的肃清，以及一个
代表等级、纪律和保守秩序模式的社会的建立，左翼观察家们
发出了警告。显然，尽管它们都是反自由主义的，但这些政权
与欧洲其余地区的许多其他类似政权之间存在着一道鸿沟。后
者关注的主要是保护和稳定受到威胁的社会等级制度和国家秩
序。胡安·林茨（Juan Linz）影响深远的分类方法将其他类
似政权描述为"威权政体"（autoritäre Regime）。林茨指出，
这些政权通常只限于对民众进行控制，只有在特殊情况下才准
备动员他们。[3] 他们的意识形态野心也更为温和，而且所有这
些政权都具有明显的社会保守主义倾向，从而确保了经济、政
府和社会中的传统精英阶层能够获得影响力和政治自由，并导
致了有限的政治多元化。

这种保守主义的基本特征会辅以一种好战的民族主义意
识形态。土耳其的凯尔末主义现代化独裁在这方面是明显的例
外。就其本身而言，它以官方对英雄式的民族历史的崇拜为导

向，并将捍卫宗教、传统道德和既定社会秩序与保护民族身份结合在了一起。这一点在 20 世纪 30 年代和 40 年代初受法西斯主义启发的两个伊比利亚独裁政权中更加清晰地呈现了出来。在稳定其统治时，它们最优先考虑的还是与保守的、不信任任何"现代"潮流的天主教会之间的紧密联盟，以及上层阶级的经济和社会利益，并在意识形态方面将自己局限于对其伟大殖民历史的民族主义崇拜之中。对现代文化的压制、对书籍和艺术创作的审查以及政府对诸如电影、广播等新兴大众媒体的控制与此有明显的关联性。

因此，从比较的角度来看欧洲时，必须将威权式的稳定化与乌托邦式或极权式的动员运动明确区分开来。

第七章

帝国扩张与歼灭战：第二次世界大战及其后果

1　扩张和升级阶段：帝国战争

像墨索里尼在 1935 年那样发动征服战争也是希特勒的坚定目标之一。然而，考虑到凡尔赛秩序的获胜国对此进行军事干预的风险很高，在其独裁初期，希特勒仅限于在外交方面准备其战争计划。1935 年至 1936 年间，他首次进一步冒险，重新实行义务兵役制，入莱茵非武装区（Rheinland），并制订了德国经济的四年计划。同时，德国在意大利对埃塞俄比亚的征服战争中为其提供了经济和外交支持，并从 1936 年夏天起同意大利一道向西班牙的政变者提供武器援助，从而建立了意大利和德国之间新的联盟关系。柏林 - 罗马"轴心"（die "Achse" Berlin-Rom）使得权力平衡有所偏移，进一步损害了凡尔赛秩序保障国的利益，并使德意志国早在 1938 年 3 月便得以吞并奥地利，从而在修改《凡尔赛条约》的道路上又迈出惊人的一步。实际上，在英国领导下的两个西方大国都已接受德国在最短的时间内恢复其大国的地位的可能性。绥靖政策（Appeasementpolitik）将这种妥协与一种虚情假意的努力结合了起来——它们为了不将自己的东方盟友完全沦为德国扩张行径的牺牲品而做出了敷衍了事的努力。正如希特勒所希望的那样，针对捷克斯洛伐克的战役并没有在 1938 年 9 月就开始，这完全是因为英国和法国在《慕尼黑协定》（Münchner

Abkommen）中同意将苏台德兰地区割让给德国。

自 1935 年至 1936 年以来，在德国和苏联高军备水平的压力下，所有欧洲大国纷纷扩充了自己的军火库。西欧大国是唯一在军事上能与新的德意志国防军相抗衡的对手，也是保护东欧和中欧免遭德国或苏联进攻的唯一力量。因此，争取时间对它们来说是重中之重。这同样也适用于苏联。起初，苏联似乎是西欧大国的"天然"盟友。但 1939 年夏天，德意志国向其提议瓜分波兰，并放手让苏联向西扩张（芬兰、波罗的海诸国、布科维纳和比萨拉比亚）。1939 年 8 月 23《希特勒 – 斯大林条约》（Hitler-Stalin-Pakt，又称《苏德互不侵犯条约》）附加议定书的签订，为第二次世界大战的第一阶段确定了方向。当时，纳粹战争计划者们开始了一场与时间的赛跑。在 1941 年 12 月之前的整个第一阶段战争中，这始终是一个标志性的特点。德意志国试图通过突袭式的"闪电战"逐一消灭对手，以避免令其担忧的多战线战争并防止逐年增长的军备潜力的不平衡朝着有利于其对手的方向发展。

第二次世界大战在欧洲战场上可分为两个截然不同的阶段。第一阶段一直持续到 1941 年春季，由德国、意大利和苏联发动的一系列"平行战争"（Parallelkriegen）组成，但结果却大相径庭。德意志国发动了一系列战役，所有战役都摧毁了对手的军事抵抗力量，并以德意志国防军的迅速胜利告终。在两年的时间里，德国采取了快速机动进攻和大规模歼灭战的新型战争策略并取得了成功，其打击对象包括波兰、比利时、法国，以及后来的南斯拉夫和希腊。德国装甲部队的优越性、摩托化部队的速度以及空军在战场上有针对性的大规模部署起到了决定性的作用。此外，德意志帝国通过入侵中立国家（丹麦、卢森堡、荷兰、挪威），为其进攻战争夺取了重要的军事战略出发点。由此，它的统治范围从北角（Nordkap）一直延

233

伸到了克里特岛（Kreta）。

1940 年秋，意大利进攻希腊和驻埃及英军并发动平行战争，从而引发了地中海战争。"闪电战"给德国带来了迅速的成功和丰厚的战利品；然而与其德国盟友不同，意大利武装部队未能成功地展开这样的"闪电战"。苏联在 1939 年至 1940 年间对芬兰的所谓冬季战争（Winterkrieg）中也有类似的负面经历。斯大林发动这场战争是为了实现《希特勒－斯大林条约》授予苏联的北部边境的领土利益。但是，"冬季战争"让苏联袭击者付出了惨重的代价，以至于斯大林对割让卡累利阿（Karelien）、佩琴加港和其他较小的边境地带仍感到满意，并放弃了将芬兰并入苏联的想法。

1941 年春，比利时和法国已退出战争，波兰和南斯拉夫已被瓜分，希腊也已被占领。当时轴心国的战争对手只剩下英国。1940 年至 1941 年间的冬季，英国经受了德国空军轰炸战对平民所造成的后果。然而，英国背后仍有美国的支持。美国总统罗斯福决心阻止希特勒的胜利，并向英国提供了越来越多的物质援助。

对希特勒来说，进攻苏联早在 1940 年秋冬便已是板上钉钉的事情。在更进一步、更大规模的闪电战中，布尔什维克对手将被消灭，从而实现纳粹政权真正的战争目标：征服"东方的生存空间"（直至乌拉尔山），并在一场彻底的种族主义歼灭战中"消灭"苏联这个国家及其大部分人口。1941 年 6 月 22 日，"巴巴罗萨行动"（Unternehmen Barbarossa）开始，第二次世界大战进入了为期六个月的决定性阶段。这一阶段一直持续到 1941 年 12 月。这"命运攸关"的几个月[1]为接下来的战争进程埋下了所有伏笔。在被占领的苏联领土上，针对犹太人和斯拉夫人的种族战争开始了。与此同时，纳粹政权做出了屠杀被占欧洲境内所有犹太人的决定。到十月底，鉴于红军的巨大损失以及德国闪电战战略的再次成功，苏联似乎已濒临政治和军事崩溃的边缘。其西部的大部分领土以及那里的矿产资源和粮食储备都已落入德国征服者手中，并在近三年的时间里都处于德国势力范围之内。但是，从 1941 年 10 月起，德国的攻击者明显低估了苏联的抵抗和自己的损失（仅在 8 月底前，就有 40 多万人伤亡）；而且，在既定时间内（冬季来临之前）迅速征服如此巨大的领土的后勤问题无法解决。随着苏联发起保卫莫斯科的反攻（1941 年 12 月 5 日），德军最后一场闪电战终于失败了。

与此同时，欧洲战争演变成一场世界大战。1936 年 11 月 25 日，日本同德国签订了针对苏联的《反共产国际协定》（Antikomintern-Pakt），意大利于 1937 年加入了这一协定。这三个国家之间随之形成了一个名副其实的战争联盟。这为日本对美国的战争，以及日本在南亚针对荷兰和英国相的进一步扩张奠定了基础。在 1941 年 12 月 7 日日本袭击珍珠港后，希特勒于 12 月 11 日向美国宣战。于是，美国在未声明的情况下站在英国一边加入了战争。英美两国于 1941 年通过《大西洋宪章》（Atlantikcharta）重申了双方的政治合作。美国的加入促成了西方民主国家和苏联之间的战争联盟。这一新的联盟从一开始就充满了不信任。但与德意日同盟不同的是，同盟国在军事和政治方面都进行了合作：美国成为两个盟友的原材料、食品、武器和运输工具的主要供应国。与此同时，美国建立了自己的武装部队，并在太平洋战争初期基本上单独对日作战。

2　从战争转折点到轴心国投降

1942 年，日本和德国在三大战区（太平洋、北非、苏联）的扩张均告结束。同时，在苏联领土上的战斗的激烈程度达到

1942年的欧洲

- 德意志帝国及其附属地区
- 德国民事管理下的地区
- 德国占领区
- 意大利/阿尔巴尼亚
- 意大利占领区
- 轴心国的仆从国
- 芬兰、罗马尼亚、匈牙利和保加利亚占领区
- 中立国及非战争参与国
- 灭绝营
- 大型集中营
- 1942年11月的前线

挪 威 海

法罗群岛

设得兰群岛

挪威

卑尔根

奥

特

北 海

斯卡格拉克

格拉斯哥

丹

哥

北爱尔兰

爱尔兰

都柏林

曼彻斯特

大 不 列 颠

荷兰

汉堡

伦敦

海牙　莱茵河

汉诺

英吉利海峡

比利时

科隆　莱

大 西 洋

布雷斯特

瑟堡

布鲁塞尔

卢森堡

德意

巴黎

南特

南锡　阿尔萨斯　斯图

洛林

多

波尔多

维希

伯尔尼

瑞 士

里昂

法 国

罗

葡萄牙

波尔图

马德里

图卢兹

马赛

热那亚

米兰

威

意 大

里斯本

西 班 牙

巴塞罗那

科西嘉

罗马

那

塞维利亚

巴伦西亚

巴利阿里群岛

撒丁岛

丹吉尔

直布罗陀（英）

马略卡

地 中 海

第勒尼

拉巴特

西属摩洛哥

0 100 200 300 400 500km

摩洛哥
（法）

奥兰

阿尔及尔

阿尔及利亚
（法）

突尼斯市

突尼斯
（法）

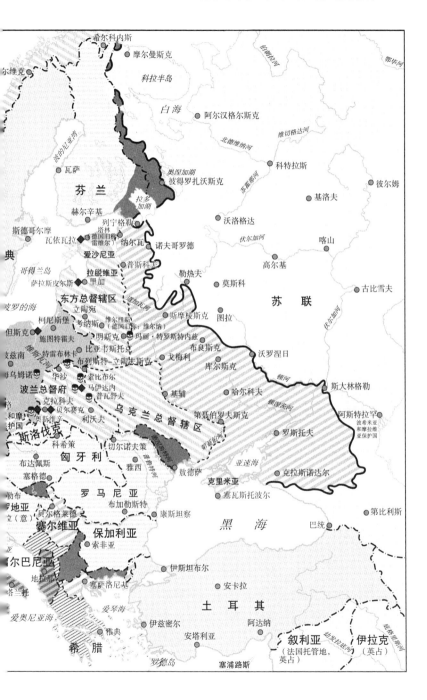

238 了顶峰。在双方都损失惨重的情况下，德国国防军第二次试图征服苏联欧洲部分的战争以失败告终，从而决定了"东方"的战局。1942 年至 1943 年冬季，随着第 6 集团军在斯大林格勒附近被大规模围剿，这场战争结束了。在北非，增援意大利战败部队的德国远征军在进军埃及时在阿莱曼（El-Alamein）（1942 年 6 月 30 日）被阻拦，并被迫撤离。在太平洋，美国舰队在中途岛击败了日本海军。但是，这三次军事上的胜利都发生在轴心国遥远的前线。1943 年 1 月，三个同盟国在卡萨布兰卡达成协议，决定只接受敌人的无条件投降，不单独媾和。这对第二次世界大战的政治历史而言是至关重要的。

1943 年 7 月，盟军在西西里岛登陆，9 月在那不勒斯修建了桥头堡。斯大林要求已久的第二条战线随之建立起来。其目的是缓解苏联盟友的压力。然而，后者继续承担着战争的主要负担。在东部，红军终于在 1943 年掌握了主动权，并开始缓慢地收复苏联的领土。同时，西欧的同盟国加强了对德国和意大利的工业区、交通枢纽和主要城市的空袭轰炸。然而，直到 1944 年 6 月底，德国的东部前线才首次被突破。当时，红军在名为巴格拉季昂（Bagration）行动的大规模进攻中，一举攻占了德国东部前线的整个腹地，从而拉开了德国最终败局的序幕。与此同时，英军和美军于 1944 年 6 月在诺曼底登陆，开辟了第三条战线。

随着前线向后方逼近，所有其他盟军都试图通过与同盟国单独进行停战谈判以减轻进一步站在德国一方作战所带来的迫在眉睫的灾难性后果。在 1943 年 7 月英美军队登陆西西里岛之后，意大利法西斯政府才采取了这一做法——尽管此举违背了墨索里尼的意愿。领袖被废黜，沦为阶下囚。当意大利经过长期犹豫后于 9 月签订停战协定时，政府已经无法阻止德国军队将意大利大部分领土收入麾下，并在北部成立激进的法西斯傀儡政权。墨索里尼被德军解救，成为这一傀儡政权的领导。因此，意大利在 1945 年 4 月 28 日之前一直是战区。大多数意大利士兵被国防军解除了武装，予以关押，并被迫为德意志国工作。有了这个具有威慑力的榜样，匈牙利、罗马尼亚、保加利亚、斯洛伐克和芬兰等其余盟国到 1944 年夏天德国东部战线被击溃、红军挺进东南欧时，才怆惶退出了战争。这样，1944 年 8 月至 9 月间，芬兰、罗马尼亚和保加利亚陆续迅速结束了与同盟国的战争状态。罗马尼亚和保加利亚被红军占领。他们的武装部队随之加入了同盟国的战争联盟。在斯洛伐克和匈牙利，德意志国的军事干预阻止了它们以这种方式退出战争，以至于匈牙利在战争最后阶段也一直是战场。

尽管自 1942 年至 1943 年的冬季以来，轴心国就无望赢得战争，但德意志国和日本的抵抗分别持续到 1945 年 5 月和 9 月。这场超过两年半的防御战争在军事和政治上毫无意义。在此期间大量士兵和平民丧生，绝大多数在纳粹政权势力范围内的犹太人被杀害。仅在 1944 年，就有 60 多万犹太人被遣送到奥斯威辛集中营。

在战争的最后阶段，德国方盟军在"东方"发动的针对平民、"游击队"和敌方士兵的暴行也蔓延到了其他战线和所有被占领土。面对不断增强的抵抗，德国的撤军升级为针对平民的一系列屠杀。在希腊、意大利、南斯拉夫和法国，游击组织继续与德国占领者作斗争。这些国家受到的冲击尤其严重。同时，纳粹政权在国内也越来越多地采取恐怖手段，迫使本国民众无条件地为保家卫国而战。

在这一阶段，只有同盟国的进一步和平计划才具有政治意义。经过一系列会议以及在德黑兰和雅尔塔的两次峰会，各国就欧洲战后秩序的基本原则达成了共识。在德意志国于 1945 年 5 月 7 日和 8 日投降后，日本仍继续进行既无望但又激烈的抵抗。直至美国在长崎和广岛投下两枚原子弹，太平洋战争才得以结束。1945 年 9 月 2 日，大日本帝国也签署了投降书。

3 希特勒的战争与纳粹对欧洲的占领

德国和初期的意大利的战争目标是征服一片属于自己的帝国统治空间，并迫使英国和美国重新划分利益范围。德国法学家卡尔·施密特（Carl Schmitt）在其有关德国门罗主义的论文《禁止外国势力干涉》中完美地概括了这一目标。[2] 日本在建立其东南亚帝国时也有类似的计划。苏联签订《希特勒－斯大林条约》也意味着它赞成这种帝国主义的空间秩序理念。在德国发动进攻后，斯大林与英国，随后与美国结成了联合战争同盟，继续奉行这一理念。

在德国领导层看来，这片大统治空间基本等同于德国国防军所占领的欧洲领土，并包括剩余的中立国家。瑞典或瑞士等中立国并没有被占领，但实际上仍被迫与德国帝国进行广泛的合作。西班牙、葡萄牙和土耳其之所以能够在交战双方之间自保，还得益于他们较好的军事战略地位。然而，从意识形态上来说，伊比利亚半岛的两个独裁政权更接近轴心国。就西班牙而言，该国抽调了自己的一个志愿师前去共同抵抗苏联。

然而，在这一统治空间内，纳粹征服者划定了一个核心殖民统治区。除了归还给罗马尼亚的领土外，这一区域还包括所有被征服的波兰和苏联领土。新建立的德国行政领地——如波希米亚和摩拉维亚保护国（Protektorat Böhmen und Mähren）和波兰总督府（Generalgouvernement in Polen），已被视为未来殖民帝国的一部分。在这一殖民帝国中，一个新的德国定居者阶级将作为主宰种族，统治这个地区的其他居民。德国领导人所宣称的目标是将整个地区"日耳曼化"。

因此，德方从一开始便是将这场战争作为一场"种族战争"（Rassenkrieg）来打的。这一点在其入侵波兰期间的东部主战场上已显而易见：在前线后方以及在随后的占领期间，德国采取了消灭波兰知识分子阶层、屠杀或驱逐犹太人的措施。在前线后方以及被占领的地区的战争中，欧洲国家之间以往的战争规则被颠覆。平民被系统地卷入战争。最迟从 1941 年 6 月起，这不仅体现在这些地区的全体犹太人口身上，对于占多数的斯拉夫人而言亦是如此。

国防军和参加这场征服战争的其他所有的安全机构受一系列命令之托，为对苏战争做好了准备。这清楚地表明，在东部地区开展暴力行动是有计划的，也是战略和战争目标的一部分。1941 年 5 月 2 日，即对俄战役前夕，第四装甲集群司令埃里希·霍普纳上将（Generaloberst Erich Hoepner）就即将到来的战事下达了以下命令："对俄罗斯的战争是德国人民生存斗争（Daseinskampf）的一个至关重要的阶段。这是日

图 4　1939 年底，党卫军人员在华沙附近的帕米尔（Palmiry）森林地区带领
被蒙住眼睛的波兰囚犯，前去执行死刑

耳曼人反抗斯拉夫人的古老斗争，是欧洲文化抵御莫斯科－亚洲文化洪流的保卫战，是反犹太布尔什维克主义的防御战。这场斗争必须以摧毁当今的俄罗斯为目标，因此必须以空前的力度进行激战。每项战斗行动都必须以钢铁般的意志来策划和执行，以毫不留情地彻底歼灭敌人。当今俄罗斯－布尔什维克体系的支持者，尤其不配得到任何怜悯。"[3]

在战争的第一阶段，德方翘首企盼的"日耳曼化"进程之快令人惊讶。由于德国与苏联达成了人口交换协议，有 37 万德裔人口从被苏联吞并的领土迁移到了德国东部的新领土。作为交换，到 1941 年 3 月，犹太人和一部分波兰人被从德国吞并的波兰领土驱逐到总督府地区（共计约 575000 人）；另有 50 万波兰人被赶出了他们的房屋和公寓。但后者仍可留在被吞并的地区。随着德国进军苏联，新任命的"巩固德意志民族国家专员"（Reichskommissars für die Festigung des deutschen Volkstums）海因里希·希姆莱的"日耳曼化"计划规模越来越庞大。"东方总计划"（Generalplan Ost）彻底重新设计了东欧的定居结构和人口。从一开始，日耳曼统治空间的概念就直接关系到驱逐部分斯拉夫人和全部犹太人口。但事实很快表明，可被用于这种殖民计划的德国人数量不足。因此斯拉夫人口的"德国化"（Eindeutschung）成为种族政策的下一个目标。在战争期间，党卫军同时追求这三个子目标。在逮捕和驱逐波兰人的过程中，儿童被强行带至德意志国，以便在德国寄养家庭中"德国化"。有一个例子可以说明种族政治家的这套做法：为了在战时就建立起"东方总计划"中拟定的日耳曼定居区，从 1942 年 11 月至 1943 年夏天，波兰城市扎莫希奇（Zamość）周围 300 个村庄的 10 万名波兰农民被驱逐或发配至集中营，4 千名儿童被遣送到德国进行德国化。当地犹太人口或已经被杀害或被遣送至劳改营。拟定的 6 万名来自德国的定居者中，只有 6 千人真正在此定居。1944 年红军进军之前，他们再次逃离了这一地区。

日耳曼化政策的另一个要素是有针对性地杀害波兰的知识分子。鉴于被征服领土上的人口状况对日耳曼化政策不利，当地居民的饥荒最终被列为占领政策的一项内容。在短期内，这也符合利用被占领土的粮食储备供应驻东线部队的目标。起初，德国占领者被视作将人们从苏联统治中解脱出来的解放者而受到欢迎。但他们将集体农场的缴纳义务提高到了收成的三分之二。结果，饥饿很快使这些地区的居民相信，德国占领者与苏联势力相比有过之而无不及。在战争的第一年，苏联战俘受到的打击尤其惨重。到 1942 年春，在被德国囚禁的 370 万名苏联战俘中，或有一半因营养不良、流行病和医疗服务不足而亡。同样的厄运也降临到了列宁格勒的居民身上。他们在 1941 年 9 月至 1944 年 1 月期间遭到包围。估计其中 80 万人蒙难。

在对犹太人、辛提人和罗姆人以及部分斯拉夫人口进行日耳曼化和大规模屠杀的同时，接任的德国行政人员和商业代表也对这些地区进行了短期剥削和掠夺。在新的新殖民帝国中，"东方乞丐王"和"金鸡鸟"成为用来咒骂纳粹暴政下无所不为的行政人员的常用脏话。在工厂、原材料和廉价劳动力的分配方面，民政部门、党卫军经济办公室和国防军之间存在竞争。例如，直到 1944 年，华沙一直是德国军备工业的中心。这里有 31 家较大的企业从事装甲车、武器配件和其他军备的生产。全市三分之二的劳动力都为这些企业工作。

除了任由德国开展掠夺和大规模杀戮的"东部领土"（Ostgebiete）外，在整个战争期间，其他战败国或被占领的中立国及其领土和人口在德国霸权之下的欧洲新秩序中所扮演的角色尚不清楚。实际上，德国占领者无视这些国家的权利。很快，所有国家都总结出了经验：他们只是作为军备、原材料、食品和劳动力的供应者而受到关注。在被占领的北欧和西欧国家，德意志国更隐蔽地追求其种族政策目标；但同时，日耳曼化的措施也准备或已经在卢森堡、比利时和法国推行。

鉴于德意志国在战争经济方面为持久战所做的准备不足，德国国防军和占领区当局最感兴趣的是动员纳粹政权统治下的所有国家为德国的战争经济服务。于是，法国工业被并入德国的军备工业，捷克公司被德国据为己有并且也被动员起来加入军备行业。原材料和食品则主要是从其他国家获取的。

德国占领政权的最后一个要素是系统性地使用强迫劳动手段，以确保军备工业能够获得日益稀缺的劳动力；同时，这也是对占领区居民进行管束和恐吓的一种手段。在战争初期，党卫军集中营系统就已经有了固定的结构和组织。随着波兰战役的打响，集中营起到了瓦解被占领土上的反对和抵抗力量的作用。囚犯人数也随之增加。在战争初期，囚犯数目约为 25000 人，1941 年至 1942 年增至 60000 人，随后于 1944 年增至 52.4 万人。直到 1945 年初，囚犯人数才达到 71.6 万人的最高水平。从 1942 年起，战争经济只能通过强迫劳动来维持，而集中营则成为其核心组成部分。据统计，在 1944 年的劳动投入高峰期，仅在德国本土被迫进行劳动的就有 470 万平民、200 万战俘，以及 40 万集中营囚犯。大约一半的劳动力被部署在了德国本土。其余的劳改营分布在整个被占领的欧洲。现在已证实，仅白俄罗斯就曾有 260 个集中营。大多数强迫劳工来自波兰、乌克兰以及白俄罗斯。劳改营中这一强制劳动的世界也是严格按照种族标准组织起来的。

246

4　对欧洲犹太人的屠杀

当针对苏联的闪电战陷入僵局，帝国主义扩张计划失败的可能性迫在眉睫时，纳粹种族战争的第二个主要目标就变得愈发激进了。从 1941 年夏天起，从纳粹占领的欧洲"清除"犹太人就意味着对他们进行屠杀。党卫军掌握着屠杀计划的组织权，但除党卫军的特种部队外，警察部队、国防军及其辅助部队，还有许多民事管理部门，以及被占领国和盟国的行政部门也参与到了其中。大德意志国（Großdeutsches Reich）的整个部级官僚机构都以某种方式参与了这一罪行的实施。从幕后作俑者到实际执行者，这种对机构和人员进行动员的规模，至今仍骇人听闻。

　　谋杀的先决条件和历史准备，是设立单独的犹太人的法律地位，并对他们进行行政登记。自 1933 年以来，此举在德意志国内被逐步推行。随着德国统治范围的扩大，这种法定的反犹太主义也扩展到了被占领国和盟国。法国的维希政权（Vichy-Regime）1940 年 10 月 3 日和 1941 年 6 月 2 日颁布的反犹太法便是例证。犹太裔法国人被禁止担任公务员或从事自由职业，犹太企业可以被雅利安化。德国的各盟国也采取了类似的措施，将对犹太人的登记和歧视合法化。在被占领的国家中，德国占领当局颁布了相应的法令。只有丹麦没有出现这样的立法。

247

　　自 1938 年 11 月以来，纳粹的"犹太政策"一直在不断地激进化。将犹太人口"逐出"德意志国已成为当务之急；但是，德国国防军的推进使越来越多的犹太人落入了纳粹主义者手中。早在征服波兰期间，党卫军特别行动队（Sondereinsatzgruppen der SS）和国防军便对犹太人口进行了屠杀。德国从被击溃的法国那里接管了马达加斯加，并计划将德国在此期间吞并的领土上的所有犹太人驱逐至此，之后又计划将他们驱逐至卢布林（Lublin）地区。1941 年春，党卫军领导层成立了所谓的特别行动队（Einsatzgruppen，简称

"别动队"），其唯一任务就是在不断向前推进的德军后方杀害犹太人和共产主义者。到 1941 年底，这些谋杀队或已杀害 50 万犹太裔男子、妇女和儿童。由于预计德国即将战胜苏联，希特勒大约在 1941 年 9 月至 10 月间下达了杀死德国势力范围内所有犹太人的命令。

犹太受害者被有组织地杀害的方式大不相同。1941 年的屠杀发生后，在被占的东部领土上，绝大多数存活下来的犹太人最初被驱逐到了犹太隔都（Ghetto，又称"犹太区"）之中。在那里，他们生活在最恶劣的卫生条件下，长期供应不足，并被迫为占领者工作。华沙和卢布林这样的波兰城市建立了一些大型隔都。而在苏联地区发生大屠杀后，许多较小的隔都仍继续存在。所谓的犹太居民委员会（Judenrat）接手了对短缺和恐惧的管理。他们被德国当局变成了劳工行动和驱逐工作的助理。1942 年 7 月至 1942 年 11 月间，杀戮达到了高潮。当时，在波兰和苏联的被占地区，有 200 万犹太人被毒气杀害、枪决或以其他方式被屠杀。到 1943 年底，东欧仅存的犹太隔都数量急剧减少。在今属捷克的泰雷津（Theresienstadt）附近只有上西里西亚（Oberschlesien）和被罗马尼亚占领的乌克兰地区等还余存少量隔都。

在西欧，对犹太人的驱逐是在没有事先将其投入隔都的情况下进行的。为此，党卫军动用了与之合作的地方警察当局。先前对犹太人的行政登记对这些警察行动的成功起着至关重要的作用。国家行政部门的运作越有效，生活在那里的犹太人的生存机会就越小。运输犹太人的目的地是东部被占领土上的各个集中营。在那里，大屠杀的主要场所是毒气室。贝乌热茨（Belzec）、特雷布林卡（Treblinka）和索比布尔（Sobibor）的灭绝营（Vernichtungslager）仅用来立即杀害在"莱茵哈德行动"（Aktion Reinhardt）中被驱逐的犹太人，并在 1943

年底行动结束时再次关闭。相比之下，奥斯威辛集中营发展成
了这样一个地方：至少有一部分抵此的犹太人没有立即被送往
毒气室，而是被关押在其中一个营地中，然后像在其他集中营
中一样，因强制劳动和霸凌而遇难。

这一屠杀计划虽未得到官方承认，但却昭然于世，并且
纳粹党、国防军和行政部门的领导层曾在内部对此进行过公开
讨论。但由于文件和痕迹被销毁，受害者人数仅能通过估算得
出。至少有 570 万犹太人被屠杀，50 万犹太人得以逃脱，约
有 100 万苏联西部地区的犹太人得以在 1941 年德军逼近之前
逃离。

考虑到这些种族灭绝行径的程度之严重，谁是肇事者和
旁观者这一问题在今天尤为重要。作为对此负有主要责任的组
织，党卫军培养了大部分受意识形态影响的凶手。作为激进的
反犹主义者，他们对该计划表示欢迎，并在各个层面参与了此
项计划——从策划到谋杀犹太人个体。鉴于参与人数众多（仅
德国估计就有 30 万人参与），因此还必须注意到许多不那么有
意识形态信仰的肇事者。他们更在意物质利益和自己的事业，
或者任凭自己顺应来自大多数人的群体压力。这些肇事者来自
各个阶层，而且不仅仅是德国人。在各地，纳粹当局都成功地
在当地人中找到了同谋。他们勾结合作的范围包括出卖藏匿的
犹太人、志愿组织驱逐行动，以及在集中营充当警卫等。反犹
主义在 20 世纪 30 年代持续升温，在整个被占领的欧洲地区为
犹太人的驱逐、隔都化和屠杀提供了有利的温床。占领国的宣
传、受其扶植的反犹勾结者和盟国政府系统性地加固了这一温
床。这在被占领的欧洲造成了这样一种舆论氛围：一端是反犹
主义的排斥否定态度，另一端是无动于衷的冷漠态度。在拉脱
维亚人、波兰人、罗马尼亚人、克罗地亚人和乌克兰人中，德
国人找到了众多激进反犹主义的支持者。许多西欧人对犹太人

249

的命运至少普遍持有一种无动于衷、漠不关心的态度。犹太人只能在少数国家寻找到更广泛的支持。尤其是在法国、意大利和丹麦，这种支持体现在相当多的犹太人被从驱逐出境和必死无疑的绝路上救了下来。保加利亚和丹麦的情况较为特殊。在民众举行抗议后，这两个国家的政府拒绝了引渡本国犹太人的要求。

5　全面战争的多张面孔

第二次世界大战给欧洲带来了与第一次世界大战截然不同的集体经历。这不仅仅是因为损失和破坏的程度，更是因为战争本身的性质。对于参战国的许多人来说，第一次世界大战给他们带来了相似的经历：前线士兵在冲锋和防御的战火中经历了无处不在的死亡，在战壕中经历了长期的负荷和困窘。平民哀悼倒下的父亲、兄弟和儿子。此外，对于大多数人来说，战争意味着过度劳作和饥饿。然而，我们只能带着极大的不确定性来估算第二次世界大战的死亡总数（大多数估算都认为欧洲和苏联的人口中因战争而死亡的人数在 4200 万至 4400 万之间，其中只有一小部分有官方记录）[4]。这一数字所掩盖的是千差万别的经历和集体的共同命运。一个人究竟是以军人还是平民、以男人还是女人的身份遭遇这场战争，并不那么重要；而其所在的地点、所属的种族群体或民族，才更具有决定性意义。

与第一次世界大战相比，就连阵亡士兵人数的地区分布也更加不均。西部战区阵亡的士兵明显要少得多。绝大多数牺牲者都是在东部战区倒下的。据估计，红军至少损失了 870 万人。[5] 在德国盟军一方，到 1944 年底，有 270 万士兵丧生。希特勒和斯大林在发动战争时，丝毫不顾自己士兵的死活。这些士兵屡屡被迫在道尽途殚时坚守阵地，或被派往血海尸山冲锋陷阵。从一开始，国防军与红军之间的战争就是以歼灭战的形式进行的。而对于士兵个人而言，这场战争往往演变成一场绝望的、走投无路的单兵生存之战。仅在斯大林格勒战役中，就应有 100 万苏联士兵和 15 万德国国防军士兵牺牲；仅在 1945 年 1 月至 5 月间纳粹政权进行的毫无军事意义的防御战中，就有约 140 万德国士兵阵亡。

但是，如果更仔细地查看平民伤亡人数的话，战争经历的差异性就更加明显了：在轰炸战中，英国约有 6.7 万人遇难，德意志国有 38 万人遇难。这些数字已远远低于围攻列宁格勒时的平民遇难者人数（80 万人死亡）。据估计，苏联境内的平民遇难者总数为 1400 万至 1800 万人；约有 450 万至 500 万波兰公民在德国占领期间丧生。与此相比，德国方面大约共有 90 万平民遇难（其中包括许多纳粹战争罪行的受害者）。

就战争造成的破坏和物质损失程度而言，东部战区与西欧和南欧的被占领区之间的差别也显而易见。波兰、波罗的海国家和苏联西部战区两次发生激烈战斗，军队在撤退前有计划地破坏了当地的基础设施。类似的毁坏只有在德意志国的大城市和工业中心才能看到。这些大城市和工业中心一直是同盟国轰炸战的袭击目标，也是 1944 年至 1945 年间最后的战争现场。因此，只有站在有关国家的独特视角，并考虑到战场之间的差异，才能充分了解这场全面战争的经历。

英国在第二次世界大战中的经历可以说是一战的鞍马劳倦和千钧重负的重复和升级。几乎所有英国人都将其视为抗击危险侵略者的一场爱国战争。它很快被作为一种必要之恶（notwendiges Übel）为绝大多数人所接受。1940 年五六月间，英国远征军在法国战败，引发了一场"全面"的社会动员。在温斯顿·丘吉尔的领导下，改组后的全国联合政府得以依靠包括保守党、工党等在内的所有主要政治和社会力量所达成的政治共识。从 1940 年 5 月起，英国联合政府采取了有力措施，加强军备，扩充自己的武装力量。1940 年至 1941 年间德国对英国城市的轰炸进一步将全国受害者群体凝聚在了一起，并使得英国社会显著的阶级矛盾在战争期间逐渐淡出视野。平均主义的应急措施（直到 1951 年才最终废除了粮食配给制）以及政府干预经济的做法迅速深入人心。在英国的白人公民眼中，帝国主义式的英国民主在第二次世界大战期间经历了一次耐久度测试。从 1942 年起，获胜的可能性越来越大，这被视为其道德优越性、政治实力和军事抵抗力的证据。英联邦的广泛支持也功不可没。印度、加拿大、澳大利亚和新西兰为欧洲、非洲和亚洲战场提供了数量可观的士兵。然而，最重要的是，整个帝国共同承担了这场对英国来说确实是全球性的战争。英军阵亡士兵的人数（385000 人，包括除印度以外的其余殖民地部队）仅略少于自 1942 年起在许多战场与英军并肩作战的美国盟友的阵亡人数（446000 人）。

253　　　苏联社会也从一开始就经历了一场"全面战争"，但特性却完全不同。苏联领导层为应对战争初期几个月的军事灾难，全面动员了全国一切资源。苏联政权以激烈的抵抗回应了德国侵略者的歼灭威胁：竭尽全力抵抗，摧毁自己的失地，最后拆除并重建了乌拉尔山另一侧所有可用的工业设施。严厉的惩罚措施确保了集体农场的粮食供应以及军备工厂的增产。战争期间，劳改营囚犯人数也相应较高，总数在 1941 年的 190 万人和 1944 年的 117.9 万人之间波动。起初，苏联部队在技术上不如德国对手，而且管理不善，但却恢复了针对逃兵的严格而残酷的纪律。前线后方的行刑队（Exekutionskommando）以及下放至惩罚队（Strafkompanien）的制度恢复了军纪，直至 1941 年秋。

　　德军屠杀平民的消息很快传来。苏联的战争宣传则进一步强化了这一消息。这些宣传将德国士兵描述为吸血鬼、食人族，杀人犯、盗贼和狗。苏联妇女遭受强奸已成为一个常见话题。帝国主义征服者所宣告的歼灭战被接战，并转而抗击进攻者。尽管损失惨重，但红军普通士兵抗战意志并没有被击垮。

　　然而，苏联军事胜利的基础是全体苏联人民的战斗和牺牲精神。苏联将自己改造成了一座巨大的军备工厂、一台巨大的军工机器。1941 年以及 1943 年至 1944 年间，苏联分别将国民收入的 60% 和 73% 用于国防开支，有效推动了军备生产，同时确保了紧缺的粮食供应。粮食配给量进一步减少，民用物品的生产被控制在绝对最低水平。战争年代也是全民饥荒的年代。工厂成为每一个个体赖以生存的中心场所，因为中央食堂在此供应稀缺的餐食。此外，通过大量建立小型农园（1944年有 1650 万家），粮食供应状况得到了改善。从 1942 年起，苏联获得了美国的支持，后者送来了食品、吉普车、卡车、机车和汽油。在战争期间，苏联的运输系统主要靠美国的供应来维持。

　　事实证明，苏联的计划官僚体制（Planungsbürokratie）在军火工业的组织方面极其有效。简化后的批量生产可以将产量最大化，与德国以质量取胜的小规模生产相比更有优势。尽管可用的劳动力数量不如德意志国，但苏联的飞机、坦克，特别是大炮的产量迅猛增长，在战争期间每一年的产量都超过了德国。苏联有数量上的优势，但同时也有更精良的武器装备和更高的战斗士气，这些最终成为战胜德国国防军的决定性因素。

　　西欧和北欧那些迅速战败并被占领的国家在二战期间的经历与上述情况大不相同。1940 年德国国防军的闪电战以及 1944 年英美军队的解放战争使该地区的战争受害者人数远低

254

于第一次世界大战：法国只有 15 万人死亡，而荷兰和比利时军队分别只有 1.5% 和 0.6% 的士兵阵亡。平民的伤亡人数也明显低于英国甚至苏联。相比之下，占领政权以其典型的表现形式造成了塑造性的影响，这其中便包括日益严重的供应短缺。这种短缺甚至加剧至饥荒的程度。例如，1944 年至 1945 年的冬天，荷兰北部有 2 万人死于供应短缺。另一个塑造性的经历是招募并强迫平民工人为德国军火业工作。此外，一些士兵当了多年的战俘，虽然物质条件尚可忍受，但却肩负着强制劳动的义务。同时，西欧社会也因通敌合作力量和抵抗力量之间的内部矛盾而分裂。但有一个特点是，在这些社会中，公开支持日益残暴的德国占领政权和积极抵抗的两类人都只是少数。绝大多数人在很大程度上是从被动且无能为力的旁观者的角度来经历这场战争，并静待其结束的。1942 年，当驱逐犹太人口的浪潮席卷西欧时，情况依然如此。面对德国占领军的军事优势，只有在战争的最后两年，被占国在伦敦流亡政府的支持下才开展了积极的抵抗。英美联军再次展开了解放行动，但这些国家自己的部队也参与到了其中。

东南战场则被不同的战争经历所塑造。在希腊和南斯拉夫，平民和士兵的伤亡人数明显高于西欧。希腊有 3.5 万多名士兵阵亡，约 30 万平民丧生；在南斯拉夫，或有 120 多万人死亡，其中大部分是平民。这两个国家的伤亡人数并不精确且有争议。但毫无疑问，相对于人口数量而言，因战争死亡的人口比例明显高于西欧，达到 5% 至 10%，接近对德国和奥地利人口战死比例的计算。在这两个国家，武装联盟的游击战所发挥的作用远远大于西欧，并且德国占领军的暴力很早就在这里升级了。与此同时，在克罗地亚，共产主义游击队同保皇派民族主义联盟，即教权法西斯主义的（klerikalfaschistisch）乌斯塔沙政权（Ustascha-Regime）的民兵之间爆发了内战。在这个新成立的仆从国（Satellitenstaat）领土上，战争伴随着对塞尔维亚（serbisch）东正教徒和波斯尼亚（bosnisch）穆斯林人口的屠杀和驱逐。仅在这一过程中丧生的人数就应有20万人。对占领军的袭击、严酷而暴力的占领政权以及对平民的屠杀都是这一战区的日常。同时，这些地区的居民还以更残酷的方式经历了纳粹剥削所有当地资源以供应本国士兵和平民的后果：1941年和1942年间，被占领的希腊粮食供应不足，饿殍遍野。应有10万至25万人沦为受害者。

在希腊和南斯拉夫，共产主义或左翼阵营与其他政治潮流之间的内部政治对立产生了塑造性的影响。一方面，在被占期间，这种对立有所加剧，并演变为武装冲突。在德国占领军撤离、英军抵达后，希腊最终爆发内战。随着共产党主导的抵抗运动的失败，这场内战于1947年告终。另一方面，在南斯拉夫，由铁托（Tito）领导的共产主义游击队战胜了受伦敦流亡政府支持的塞尔维亚切特尼克（Cetniks）和克罗地亚的乌斯塔沙组织，并在德国占领者撤出后，基本上独立地解放了南斯拉夫。与共产主义联盟的胜利相伴而行的是对政治反对派或意大利及德国裔人口的屠杀和谋杀。

在被德军占领的东欧地区——即波兰、波罗的海国家、白俄罗斯、乌克兰和俄罗斯苏维埃共和国被占领的地区，战争期间和战后的岁月更为严重地受到了暴力及专制统治的影响。六年间，它们成了纳粹主义和斯大林主义专政的战场。根据较保守的估计，这里每六名居民中便有一人死于战争，受害者大多数是平民。欧洲这一地区的人民不得不忍受的谋杀、暴力、专断、剥夺、饥饿以及社会关系破裂的程度，已经超过了近代以来所有的战争经历。关于第一次世界大战的记忆完全消失在新的过度暴力事件背后——尤其是德国针对整个犹太人口和斯拉夫多数人口中的特定群体的歼灭战争。对于当地居民而言，这意味着种族归属以及自己的受教育程度或职业资格变得越来越重要，并常常决定着他们的命运：占领者将迫害和灭绝政策对准了被征服的民族和种族群体中所有支持有可能发生的抵抗运动的职业群体。在波兰、立陶宛、爱沙尼亚和拉脱维亚，包括官员、企业家、地主、公立学校教师和神父在内的有产及受过教育的本土阶层，都成为镇压和谋杀的特定目标。

　　在各地，占领军的谋杀方案都伴随着大规模的驱逐出境。第二次世界大战引发了一场规模空前的种族"清洗"。从 1939 年开始，苏联势力范围内的日耳曼人"回迁"到大德意志帝国，同时波兰人也被逐出并入大德意志帝国的领土。1940 年至 1941 年间，许多族裔群体被逐出被吞并的苏联领土。从 1944 年起，所有德裔从这些战区逃离或被驱逐。同时，苏联将乌拉尔山西南部以及高加索地区靠近前线和边界的领土上的所有民族驱逐出境，其中以克里米亚鞑靼人（Krim-Tataren）、卡尔梅克人（Kalmücken）、车臣人（Tschetschenen）和伏尔加德意志人（Wolga-Deutsche）为主。

　　而波兰人则迅速被驱赶或驱逐出西部和东部定居区，然后，从 1945 年起被有计划地从最终归属苏联的东波兰安置到了划分给波兰的当年德意志国在苏联的占领区。该地区的众多犹太人遭受了最严酷的迫害，相较而言，其遇难者人数远高于其他地区。

　　纳粹当局还确保了对犹太人的仇恨和反犹太主义的进一步传播，并确保了在当地有协助他们实施屠杀计划的帮凶。为应对占领政权的残酷镇压和专断统治，波兰抵抗运动在伦敦流亡政府的协调下，系统地建立了地下组织，为解放国家做准备。但出于对本国人民的考虑，这些组织并没有转为公开的武装抵抗。波兰抵抗运动组织起了一个活跃的少数群体，估计大约接近其人口的 5%。该组织最终决定于 1944 年 8 月 1 日在华沙发动军事起义，但由于缺乏苏联的武器援助而被平息。华沙成为一座空城，并被夷为平地。

另外，在被占领的苏联领土上，前线后方的游击战是日常战争的组成部分。"游击斗争"则为限制德国占领者对平民使用武力做出了重大贡献，尽管德方拥有巨大的军事优势，但在战争的第二阶段，游击队的袭击还是在前线的后方给德军制造了越来越多的困难。

在第二次世界大战展开的同时，欧洲这些地区的社会结构和秩序模式遭到了广泛的破坏。犹太人口从城市中消失，知识分子到处遭到迫害。有工作能力的人则面临着被突然搜捕、继而被遣送至德国进行强制劳动的风险。苏联和德国占领者都没收了企业主和地产主的财产。供应不足以及各种形式的法律保障的缺失使腐败、犯罪和违法行为成为存活斗争（Überlebenskampf）中的必要手段。黑市和地下经济也是占领统治及其剥削政策的核心组成部分。占领者的政策还进一步加剧了各族裔之间的紧张关系。结果，到战争结束时，当时红军占领区的战前社会秩序已基本被摧毁。在战争年代充斥着暴力的紧急状态下，社会凝聚力已基本瓦解。

大德意志国居民（德国人、奥地利人、苏台德地区的德国人）的战争经历与前述情况又大不相同。直到战争进入最后阶段，德国社会才开始幸免于二战中典型的平民百姓的高伤亡。纳粹领导人竭尽所能，以防止 1918 年所谓的大后方（Heimatfront）对军队"背后捅刀子"的事件重演。纳粹政权特别注意保障平民的供给。同时，纳粹党及其在大后方的众多组织也被动员起来，以保持民族共同体的凝聚力。这在很大程度上取得了成功。1944 年 7 月 20 日的暗杀未遂事件以及失败的军事阴谋绝非民心所向。直到面对轰炸战突如其来的混乱、政权不断加剧的恐怖措施，以及当时逼近德国的前线时，大多

259

260

数德国人才割舍了与领袖独裁的联结。因此，与英国和苏联相比，德国社会爆发"全面战争"的时间更晚。但德国社会并不缺乏对纳粹政权目标的有效支持和动员，尤其是在闪电战取得胜利和快速扩张阶段。帝国主义计划得到了一致的支持。这不仅因为它满足了1918年受伤的民族自尊心，而且似乎超越了1914年之前德国国际地位最好的时候。统治东部各相邻族的种族主义统治幻想落在了肥沃的土地上；无论如何，在东方实施的帝国主义暴力政策并没有引起广大民众的大规模抗议或道德上的排斥。在德意志国对待760万外国工人和强制劳工的过程中，一个运转顺畅的种族主义民族共同体本相毕露。许多德国人在其中欣然扮演了为他们提供的主人的角色。

一方面，越来越多的德国男性被动员起来服兵役。虽然第一阶段的闪电战只给德方造成了少量人员伤亡，但自从对苏战争开始，死亡人数急剧攀升。以至在战争结束时，被动员起来并阵亡的德国士兵人数只与苏联的数字不相上下。针对平民的暴力有所升级，但绝大多数德国人最初主要是作为警察或党卫军部队成员和国防军战士，以施暴者的身份经历了这一过程。另一方面，在"东线"，大多数德国士兵经历了暴力的大规模爆发。与一战时一样，前线士兵在这里形成了一种紧密的凝聚力。鉴于自身伤亡人数不断增加、战斗条件日益严酷，以及东西线两方战争对手的技术优势均日益增强，前线士兵将自己塑造成了祖国的英勇卫士。自从对苏战役开始就被妖魔化的敌人越来越成为一个可怖的对手。作为集体，人们期待着向敌人复仇；作为个体，人们试图在战争最后两年的拼死抵御战中逃离敌人的魔掌。自斯大林格勒沦陷以来，纳粹鼓励坚守的宣传以及反布尔什维克的防御型意识形态造成了这种认识模式。

对德国社会来说，战争在最后阶段变得越来越可怖。从1943年起，同盟国的轰炸战索取了越来越多人的性命。1944

年到 1945 年的冬天，对德国主要城市的系统性破坏达到了顶峰。在战争的最后两年，即 1944 年和 1945 年，530 万德国士兵中有 320 万人阵亡。与此同时，数百万德国人从东欧逃离或被驱逐出境。起初，与被其占领的或与之结盟的邻国居民相比，德国人受战时典型的粮食和供应紧张的影响要小得多。而法国人、匈牙利人、比利时人，更不用说苏联人，则受到了更严重的影响。战争结束后，饥荒的魔爪才伸向了德国人。从 1945 年到 1947 年间，德国人经历了纳粹自 1940 年以来强行施加给邻国的粮食政策：粮食不足和饥荒。

　　而与德意志国结盟的国家的经历千差万别，要找出共同的趋势实属不易。这些国家在军事外交方面的成功使它们最初能够实现领土吞并。这正符合它们带有政治目的的扩张夙愿以及关于国族力量的权力之梦。只要没有危及自己国族的物质利益，民族保守主义政权广受欢迎的局面就不会被打破。一方面，斯洛伐克人和克罗地亚人为其民族主权而庆贺，而保加利亚人和匈牙利人则得以修整一战的结果，并从其国家领土的扩张中受益。芬兰人试图报复苏联在 1939 年至 1940 年的冬季战争中的入侵，并试图恢复 1918 年的国界线。在很长一段时间内，这些国家的战争经历与一战颇为相似。战争的受害者主要是士兵，但平民百姓不得不忍受配给和供应短缺的情况。然而，只有在芬兰，民族动员的过程才更加漫长，负担才更加沉重。这些负担始于 1940 年。当时，在将领土割让给苏联的过程中，从卡累利阿（Karelien）涌入了 45 万难民和移民，约占芬兰总人口数量的 12%。芬兰不得不接纳并照顾这批人。1941 年，仍在继续的战争被视为一场反抗强大敌人的爱国主义防御战，而这关系到自己民族的存亡。

　　另一方面，自 1942 年以来，与占压倒性优势的德国国防军并肩作战，轻松获利、持续取胜的时光一去不复返。参战

262

的其他国家的威权政权很快也随之失去民心。从此，厌战情绪和对和平的期盼主导了大多数人的态度。然而就意大利而言，自 1943 年 9 月以来，该国一直被夹在交战国的战线之间；自 1944 年秋季以来，东部同盟国也陷入了同样的境地。这些国家成了战争最后阶段各种暴力升级的目击者和受害者。罗马尼亚和匈牙利在战争的最后阶段也进入了激进民族主义者与温和民族主义者之间的暴力冲突时期，这直接导致了随着红军征服这两个国家而开始的大清洗。

6 捍卫民主：战后民主秩序的蓝图

263

第二次世界大战比第一次世界大战更是一场意识形态的战争。在战争的前半段，独裁政权在军事上的成功也给自大萧条以来不断扩张的威权统治模式助了一臂之力。纳粹充分利用了这一点，大谈建立"欧洲新秩序"。它将对威权主义领导方式的赞誉与关于加强社会保障、克制肆意妄为的资本主义以及在德意志国领导下为欧洲各国建立全新的、稳定的安全体系的承诺结合了起来。可以看出，随后实际的占领政策是与之背道而驰的，以至自 1942 年以来，纳粹宣传的塞壬之歌① 越来越集中在反犹太主义和反布尔什维克主义这两块基石上。与此同时，被占领国家和地区的"欧洲新秩序"越来越明显地呈现出专断统治的特征，以及纯粹为德意志战争机器进行剥削的特点。在战争的前两年，反希特勒联盟的流亡政府在反击轴心国的宣传攻势方面几乎没有说服力。部分原因是，在伦敦聚集的

---

① 塞壬之歌（Sirenengesang）的说法源自古希腊神话。塞壬（Siren）是有着美妙歌喉的海妖。她们的天籁之音使得过往水手人迷出神，从而触礁身亡。文中"塞壬之歌"的意思是，纳粹的宣传听上去很美，但实际上却是个暗藏杀机的陷阱。

波兰、比利时、荷兰、卢森堡、挪威、捷克斯洛伐克、南斯拉
夫和希腊的流亡政府主要由保守的民族主义势力主导，其纲领
性视野几乎没有超出恢复国家主权以及惩罚德国侵略者这一范
围。后来他们才逐渐发现，1939 年至 1940 年间的军事崩溃还
需要政治和社会方面的回应。在法国，对这场快得出人意料的
失败的批判性分析，成为重新思考法国民主基础的起点。法国
历史学家马克·布洛赫（Marc Bloch）的自我批判式分析指出
了 1940 年初夏军事失败的结构性原因[6]：军方和政界对德国独
裁者的侵略没有做好思想准备，打仗的过程本身过于迟缓和犹
豫不决，其组织又过于官僚化；当时的法兰西国族的阶级分裂
太深，商界、政界和科学界的精英们还没达到能应对当时问题
的水平。这一分析的结论是，失败的原因在于民主太少、国族
（Nation）太弱。因此，马克·布洛赫理所当然地参加了抵抗
运动，并参与制定了解放后的国内政治改革方案。1944 年 3 月，
他落入盖世太保之手，同年在里昂被杀害。

　　自 1941 年起，西方民主力量对纳粹后自由主义的"新秩
序"（Neue Ordnung）计划的政治回应分别在西欧抵抗运动中
以及英国和美国展开。这种回应的一个重要的灵感来源是罗斯
福总统领导下的美国民主党政府的新政（New Deal）。自 1933
年以来，新政打破了美国式的自由放任式资本主义（Laissez-
faire-Kapitalismus），并推动了美国的社会政策发展。在英
国，工党和自由主义的社会改革家们也将充分就业和福利国家
的建设放在了其战后秩序蓝图的核心位置。早在 1941 年夏天
签订的《大西洋宪章》中，尚未正式结盟的西方民主国家就已
制定共同的政治目标，并提出防止贫困以及"社会保障"的目
标是持久和平的基础。1942 年的贝弗里奇报告（Beveridge
Report）则更加明确地指出了这一点。[7]这份报告受到英国公
众的热烈欢迎，并意外成为盟军战争宣传中的畅销品。贝弗里

264

265 　奇是一位高级公务员，也是受社会自由主义影响的社会专家。他起草了一项全面的改革方案。贝弗里奇将充分就业的经济政策目标认定为任何社会政策改革成功的前提条件。这一凯恩斯主义的方案从战间期正统自由主义经济政策的失败和错误中汲取了教训。他提出，首先，应当扩大社会保障原则，以为尽可能多的人提供最低社会保障：免于贫困是社会公民权利的基础，在此基础上方可建立针对特定群体或个人的特殊养老金计划和特殊保险。其次，组织上的统一性以及相同的缴费率适用于所有基本社会保障福利。《贝弗里奇报告》还呼吁引入家庭津贴，并将其作为社会保障体系的固定组成部分。最后，公共医疗卫生系统还应确保克服医疗方面的阶级障碍。

　　公众对这些提议的巨大反响表明，这些计划在战争期间触动了英国社会的神经。民族动员在英国以前所未有的程度强化了平等的民主理想。社会民主主义的指导思想迅速传播开来，并被纳入欧洲占领区和流亡政治家的民主抵抗运动计划之中。在向积极的劳动力市场政策、充分就业的导向靠拢以及建立健全积极的家庭和卫生政策的过程中，西欧的计划也借鉴了由社会民主主义政府治理的斯堪的纳维亚国家的社会政策。"福利国家"（Welfare State）成为挑战纳粹德国的"战争国家"（Warfare State）的一个相反概念。1949 年，英国社会学家托马斯·H. 马歇尔（Thomas H. Marshall）在一堂著名的课上，将民主中的社会公民权定义为民主公民权的第三大支柱。当时，这与威权主义给（民族）同胞提供"公共服务"（Daseinvorsorge）的说法针锋相对。[8]

266 　　民族社会主义的极权主义势力还导致了天主教会内部的政治调整。虽然直到二战期间，天主教会对大多数欧洲国家获胜的威权主义政权都表示了公开的好感或善意的中立，但在战争过程中，这种密切的关系越来越值得质疑。在法国，天主教学者雅克·马里坦（Jacques Maritain）提出了基督教与民主之间紧密联系的指导思想。[9]他认为，公民民主必须进一步发展成一种完整的民主。这种完整的民主承认公民的一系列基本权利（包括社会和个体的"个人权利"）以及相应的范围更广的社会义务。政治天主教内部形成了一个新的左翼的、或者说是民主的派别。这为战争最后阶段西欧国家基督教民主思潮的复兴铺平了道路。

最后，获胜的轴心国的种族主义暴力政策使民主和人权问题浮出水面。由此产生了西方民主国家意识形态革新的第三个要素。普遍人权和取缔种族主义对于盟军战争目标的合法化而言变得越来越重要。这种价值重估不可避免地引发了社会内部的紧张关系。在西方殖民国家，声势浩大的反种族主义从根基上削弱了这些国家的政府和军队的种族主义习惯，并否定了欧洲定居者以及大多数都市人普遍持有的种族偏见。在美国，这种反种族主义挑战了军队和整个美国社会既有的种族隔离制度。在战争的最后阶段，随着西方公众对纳粹政权种族主义暴力犯罪的程度和系统性有了了解，在民主国家中，将本国的政治和社会秩序同保护普遍人权联系在一起的政治压力越来越大。

267

苏联在意识形态方面充当社会权利、对平等的要求和反种族主义的捍卫者，并宣传超越"资产阶级"资本主义的"进步的社会民主"是欧洲民主党派和共产党人未来的共同目标。与苏联结盟增加了自由派和民主派的这种压力。对于西欧殖民国家来说，这也意味着这场战争必然会像第一次世界大战一样，破坏其殖民和帝国权力结构的政治基础。

7　从抵抗到解放

在整个欧洲，德意志国、意大利和苏联在被攻击的国家以及仅受到威胁的国家点燃了民族主义之火。在其余的中立国家亦是如此。多年的无权和被压迫、被驱逐和被屠杀的经历引发了一波爱国主义抵抗浪潮。在对德国占领者的仇恨中，在对通敌的民族叛徒的集体追捕中，在对解放者的热烈欢迎中，这股浪潮喷薄而出。

战争的最后阶段动员了占领区内的抵抗运动，因此他们的武装或非武装行动在所有战区都有所增加。对此，德国占领军以射杀俘虏、大规模逮捕、屠杀平民等方式做出了回应。在所有国家中，计日以俟的大多数人转而支持抵抗派。这些抵抗派的构成通常极具异质性，它们涵盖了从保守民族主义者到共产主义者的全部政治派别。

只有与占领者密切合作的亲德派激进法西斯组织，才没有加入这些广泛的联盟。伦敦流亡政府与被占领国的地下组织之间的关系往往十分紧张，因为抵抗运动拒绝简单地恢复占领前的状态。他们制定了影响深远的体制改革计划，并期望在自己的国家进行一场道德及爱国主义革新。但是，流亡的政治家们对这些想法颇为怀疑。尽管存在这些紧张关系，但从挪威到卢森堡的西方国家流亡政府还是能够维护自己的权威。因此，在经历了通常由地方团体和倡议组织所主导的短暂解放过渡阶段后，各流亡政府很快掌握了其国家的政治领导权。

意大利和法国的情况较为特殊。这两个国家的官方政府由于与德意志国勾结而不被承认，但却一直存在到战争结束。1943 年 9 月之后，意大利的君主专制政府在同盟国控制的南部建立了起来，它代表着旧的自由主义国家机器的延续。而这一旧国家机器已被与法西斯主义的勾结所腐蚀。相较之下，"全国抵抗委员会"（nationale Komitee des Widerstands）代表了意大利抵抗运动的所有民主主义党派和潮流，并在意大利中部和北部的德国占领区解放后，在那里行使实际的政治权力。在贝当元帅（Marschall Pétain）担任总统期间，他领导下的威权主义的法兰西国（Etat Français）于 1940 年与得胜的德国达成停战协定，此后一直奉行勾结与中立并存的路线方针。从 1943 年起，法兰西国政府在国内的权威日渐衰微，其所面临的抵抗与日俱增。最终，美国自 1943 年秋起不再承认该政府。1943 年 11 月，戴高乐位于伦敦的反对派政府作为法国所有民主力量在同盟军阵营中无可争议的政治代表得到了认可。

在波兰、捷克斯洛伐克、南斯拉夫和希腊，流亡政府的权威要弱得多，而且还遭到了抵抗力量中的亲共派的公开反对，以至在最后阶段，除捷克斯洛伐克外，抵抗力量的不同派别之间的军事力量较量已经初露端倪。

英美军方和政界人士以不信任的态度对待积极的抵抗运动。在希腊，英国解放者立即加强了君主主义势力，以对抗该国的左翼民主抵抗运动。随后，希腊和意大利国内不同政治阵营之间的内部政治冲突很快进入了紧张阶段。最重要的是，国内共产主义抵抗运动的期望落空了——他们本期望反“法西斯”的胜利能引发一场社会革命，并期望能在社会内部对勾结派的精英们进行清算。这是由于西方同盟国坚决反对对反法西斯主义斗争进行这样的解读。

苏联领导层也对被他们解放的土地上的抵抗组织表示怀疑。红军解放东欧所引发的所有矛盾心理都在对待波兰民族方面得到了体现。波兰民族经历了从德国占领下解放出来的过程，这也是其在政治和军事上屈从于苏联解放者的开端。只有共产党控制的协会和组织才能得到莫斯科的支持；苏联政府甚至明显敌视由伦敦流亡政府指挥的所有波兰抵抗力量及其地下军队。在 1939 年被苏联占领后又被吞并的地区，红军的进驻对于生活在那里的波兰人、乌克兰人、爱沙尼亚人、立陶宛人

269

270　和拉脱维亚人而言意味着外国势力的再次占领。苏联安全部队随之立即重新开始了残酷的镇压。在这种情况下，所有民族抵抗运动都再次遭到暴力压制。苏军对乌克兰和波兰东部的民族主义游击队的打击一直持续到 1953 年，造成 15 万余人死亡，33 万人被判刑或被驱逐出境。在波罗的海国家，五分之一的人口被驱逐出境或被杀害，以将任何旨在实现民族独立的努力扼杀在萌芽状态。

8　从同盟国战后计划到"野蛮和平"[10]

在同盟国战后计划开始之际，苏联、美国和英国在原则上同意不与日本、德国或意大利单独缔结任何和平协议，并坚持要求无条件投降。于 1943 年 1 月底达成的这项协议启动了一系列首脑会议。三大盟国的政治领导人在会上试图就共同建立欧洲和平秩序的细节达成一致。外交谈判的结果与军事事件密切相关。在西方盟友登陆诺曼底之前，苏联一直持怀疑态度，并以可能与希特勒单独讲和相威胁。但是，这些关于战争策略的内部争执越来越被一个根本分歧所盖过，即欧洲的政治秩序在战胜希特勒德国之后应是怎样的。但各方仍达成了以下共识，即必须铲除法西斯主义，必须将所有国家中对暴行及军事扩张负责的人绳之以法。首先应当进行的是对战争罪

271　的审判以及去纳粹化（Entnazifizierung）。民主和人民自决权被宣布为战后欧洲秩序的基石。解放后，欧洲人民获得了建立"自己选择的民主机构"的权利。[11] 回归 1919 年的原则主要是以美国为首的西方势力的诉求。但苏联也表示了同意。于是，这些崇高原则得以在 1945 年 2 月 11 日的《雅尔塔宣言》（Erklärung von Jalta）中得到体现。然而，斯大林所提出的保留《希特勒－斯大林条约》的帝国利益的要求给上述原

则蒙上了阴影。在德黑兰会议（1943 年 11 月 28 日至 12 月 1 日）上，西方盟国早已就苏联和波兰的边界问题达成共识：苏波边界线被确定为英国方面于 1919 年提出的寇松线（Curzon-Linie）。会议还把波罗的海国家交付给了苏联，但坚持要求芬兰继续独立存在。同时，会议还商定将波兰向西移至奥得河（Oder）。同盟国还同意应防止东欧和东南欧在政治上如此具有灾难性的少数民族问题卷土重来。驱逐为希特勒的扩张政策发挥过作用的德裔人口也是所有参会国的共识。在驱逐德裔人口之后，东欧各国应完全以土耳其 – 希腊协议（1923 年）① 和《苏德协定》（1940 年）为蓝本进行人口交换。这尤其影响了苏联及其邻国芬兰、波兰和罗马尼亚。这些国家不得不接受来自苏联领土的遣返人员。东欧各国之间的内部人口交换应由新的民主政府负责。

获胜国之间的第二条行为准则也修改了有关民主和自决权的官方原则：斯大林和丘吉尔早已达成一致，同意各大国的军事占领区也应各自成为其政治"行动区"（Operationszone）。就这样，他们以典型的帝国主义作风，在地中海东部和东南欧划分了势力范围。尽管美国起初不愿无条件同意帝国主义对雅尔塔原则的这种限制，尤其是在波兰问题上，美国在万般犹豫中才勉强附议；但实际上，两个西方同盟国在征服意大利、占领希腊时便已经践行了这一原则，即：军事占领者有权以决定性的方式决定这些国家的政治重组。这种默认的势力范围的划分从一开始就破坏了《雅尔塔宣言》。只有在奥地利和芬兰，符合苏联安全理论和雅尔塔原则的共同协议才得以达成。

战犯或由盟国亲自审判，或至少在其占领当局的监督下被

---

① 土耳其 – 希腊协议指的是《洛桑条约》（法语：Traité de Lausanne）中关于希腊、土耳其两国进行人口互换的条款。

审判。此类审判既在国家层级上在与纳粹政权结盟的国家中进行，也以一系列国际审判的形式在纽伦堡战争罪行法庭展开。这种根据国际法对国家罪行的评估确立了新的标准，以危害和平罪、战争罪、危害人类罪这三个类别为基础，旨在涵盖纳粹主义者在国家内部法律之外所犯下的各种违法行为。危害人类罪是一项影响最为深远的创新。它旨在广泛涵盖一系列罪行，包括谋杀、"奴役"、驱逐、袭击和屠杀平民，以及基于政治、种族或宗教原因的迫害等。在此过程中，来自政府、外交机构、武装部队和行政部门的领导人被提起诉讼，他们的个人责任受到了审查。党卫军、盖世太保，以及纳粹党的政治领导层被列为犯罪组织。正如后来的调查和审判所显示的那样，并非所有在政治上负有责任的人员都因参与犯罪而受到了审判。同时，对纳粹罪行的审判仅仅是一个开始，因为获胜国不允许对自己阵营中的类似罪行进行任何相应的调查。例如，苏联于1940 年在卡廷（Katyn）杀害波兰军官一事早已人尽皆知，但这对西方同盟国而言仍是个禁忌话题。但无论如何，对战争罪行的审判标志着在国际法历史上禁止国家罪行和种族灭绝的一个转折点。

获胜国之间的进一步争端主要围绕德国的未来展开。关于该国作为一个政治实体应当解体还是应当继续存在的问题，同盟国的立场在谈判期间几经变化，最终将其领土划分为占领区。西方同盟国将部分占领区让给了应其邀请加入其中的第四个胜利国和占领国——法国。此外，除东普鲁士（Ostpreußen）北部的柯尼斯堡（Königsberg）附近的区域之外，苏联将奥得河—尼斯河一线（Oder-Neiße-Linie）以东的占领区都移交给了波兰。由于美国和苏联未能就管理德国联合经济区赔偿金的一般原则达成共识，而且作为妥协，鉴于战争造成的巨大破坏和损失，苏联被允许从自己的占领区获得更大规模的赔偿，因此可以说1945年8月2日在波茨坦（Potsdam）会议上所通过的规定已经预先判定了德国在经济上以及随后在政治和社会方面的分裂。

从美国和英国的角度来看，民主成功重返欧洲大陆与两个基本前提条件密切相关。首先，需要建立一个集体安全体系，以有效保护较小的国家免受更强大的邻国的侵害。一方面，获胜国应发挥这一作用；另一方面，应当建立一个更有效的国际合作体系来取代国际联盟（Völkerbund）。与一战结束时一样，建立这样一个国际间的国家共同体成为美国政府特别关注的问题。为了建立联合国，美国最终赢得了苏联的支持。当时，战胜国（加上中国和法国）成了安全理事会的常任理事国，并作为一种"国际警察"，在安理会中发挥突出的作用。建立一个欧洲共同安全体系的想法并没有被发展起来——当时，获胜国之间的分歧太大。尤其是苏联，它拒绝任何形式的区域联盟或安全条约，例如东欧国家的流亡政府为弥补个别民族国家的军事和经济劣势而讨论过的此类条约。

其次，从美国的角度来看，欧洲经济的开放和一体化是欧洲民主重建的另一个前提。英美经济专家都呼吁避免战间期的错误。战争赔款、不协调的货币政策以及对个别国民经济体的保护主义封锁都应成为过去。这一点的首要前提是稳定的全球经济框架。早在1944年11月的布雷顿森林协定（Vereinbarungen von Bretton Woods）中，这些框架便已初具雏形。

美元成为主要的国际货币，其他缔约方也同意在彼此之间以及与美元之间实行固定汇率制度。美国的黄金储备成为国际货币体系的保障。为了更好地应对未来的信贷和货币危机，国际货币基金组织和世界银行应运而生。发生危机时，两家机构都应向各个国家提供适量的贷款。同时，各方一致同意取消对世界贸易的种种限制。国际自由贸易协定——《关税与贸易总协定》(General Agreement on Tariffs and Trade，简称 GATT) 就是为这一目的服务的。最初，对重建阶段的欧洲经济而言，这一国际框架并无实际意义。因为在大多数国家，整个外贸领域和国内经济的很大一部分在未来几年内仍由国家主导或掌控。然而，西欧国家为了自己的经济政策目标，接受了《布雷顿森林协定》所建立的框架。苏联并没有加入这一新的全球经济体系。从秩序政策的角度来看，在雅尔塔峰会之便存在着这样一个问题，即新的欧洲民主国家应采用哪种经济和社会政策模式的问题。

9　重建期间的新秩序

　　在 1945 年的前八个月中，各地涌现出一批摆脱了非法状态或新成立的民主政党。在获得解放的国家中，临时政府掌握了政权。它们依靠反法西斯政党和抵抗组织的广泛联盟，并与各自的同盟国占领势力密切合作，落实获胜国的政治协议所确立的广泛框架。各地纷纷展开了反法西斯清洗运动，战争罪行中的勾结与共谋问题成为公共辩论的主导话题，并已引发了最初的争议。在政治人物、政治评论家、企业家和教会代表中，妥协派广泛存在。那些受希特勒佑护的小霸王，即"卖国贼们"及其直接追随者，都落得被处决的下场。作为占领期间的普遍现象，通敌行为更加难以清算。在荷兰，15 万至 20 万名嫌疑犯被拘留。在法国，一万名通敌者被枪决。在红军占领区，反法西斯大清洗也被用作消灭共产党的坚决反对者和所谓的阶级敌人的手段。

　　欧洲的物资供应主要掌握在占领国手中。鉴于大量的人口迁徙、交通运输问题和经济基础建设的破坏，战争最后两年供应紧张的局面持续了整整两年。战败的德国亦是如此。在德国战争机器崩溃、运输线路和部分工业遭到大规模破坏后，欧洲继续依赖美国和国际援助组织提供的大量经济援助，以提振欧洲经济，并开始重建。

大多数政党和政府都更倾向于混合经济体制。一方面，这是战争的直接后果。德国占领政权很多次征用过企业的财产，尤其是犹太人的企业。随后开始的进一步没收德国及其勾结者的资本的浪潮，大幅增加了大多数欧洲国家中公有制有公司的比例。另一方面，社会民主主义者、社会主义者和共产主义者，某些情况下甚至包括新的基督教民主政党，都呼吁将关键产业、运输企业和银行进行国有化。此外，建设这样的公共部门对于迅速实施国家重建计划也具有至关重要的意义。实现自身工业基础的现代化成为欧洲重建阶段的共同目标。在战争期间，欧洲经济持续落后于美国。美国工业生产力的进步使所有欧洲国家都意识到，必须将修复战争损害和从战争经济向军备经济的转型与坚定的现代化计划结合起来。

即便在西欧，在1945年至1947年的重建阶段，自由资本主义的回归似乎还有很长的路要走。然而，这些短缺经济体（Mangelwirtschaft）就在重建热潮中蒙受了巨大的资本和物资的匮乏。这从一开始对资本主义模式有利。

混合经济模式的兴起也同样由于在举行自由选举的地方（大多数西欧和南欧国家），在反法西斯抵抗运动中更为活跃的左翼政党所获得的选票明显高于战前。1945年夏，工党在选举中击败了战争胜利者丘吉尔和保守党，取得了令人瞩目的胜利。英国选民投票赞成了工党所承诺的社会政治和经济改革。芬兰、比利时、荷兰、挪威和瑞典也出现了类似的多数票局面。在这些国家，社会主义或社会民主政党获得了30%~40%的选票。此外，共产党人也赢得了10%~15%的选票。在意大利和法国，在战后的第一次选举中，共产党甚至上升为与社会主义者势均力敌的伙伴。相比之下，在红军的庇护下得到过特殊照顾的共产党的政治影响力最弱。在东欧国家中，共产党除了在捷克斯洛伐克和芬兰分别赢得了 38% 和 23% 的选票外，最多只能算是些分裂的团体，并而且由于与苏联势力关系密切而特别受到怀疑。

然而，在 1946 年期间，欧洲共同民主秩序的行动空间明显缩小。在其势力范围内（芬兰除外），苏联的政策阻止了建立新民主制度的所有努力。其安全机构对独立的左派、资产阶级政党和运动进行了镇压，系统性地破坏了进一步独立发展的先决条件。在西方，美国越来越多地显示出其经济优势，并利用这种优势来实现国民经济自由化，加强自由派或保守派的势力。特别值得关注的是意大利和法国。二者强大的社会主义和共产主义政党被视为对西方民主国家亲西方阵营稳定的威胁。

战后时期结束了，阵营的形成和欧洲的分裂开始了。在一连串的政治变革中，这一进程迅速而又不可逆转地开始了。1947 年上半年，美国采取了主动，并于 3 月首次以杜鲁门主义（Truman-Doktrin）的形式，提出愿意向南欧，尤其是向希腊和土耳其政府提供财政和军事支持，以对抗苏联和共产党的威胁。6 月的马歇尔计划（Marshallplan）为整个欧洲规模宏大的重建计划创造了条件，其目的在于将愿意合作的欧洲国家纳入西方世界的经济秩序。在苏联的强迫下，东欧国家放弃了这一急需的重建援助，从而固化了欧洲分裂为两个敌对集团的局面。作为回应，苏联方面加快了其势力范围内的共产党对内政权力的征服，并开始直接粗暴地推广自己的经济和统治模式。冷战也是通过宣传来发动的：东方的和平大会（Friedenskongresse）和西方的自由大会（Freiheitskongresse）争相抢夺欧洲民众的支持。仅在一年之

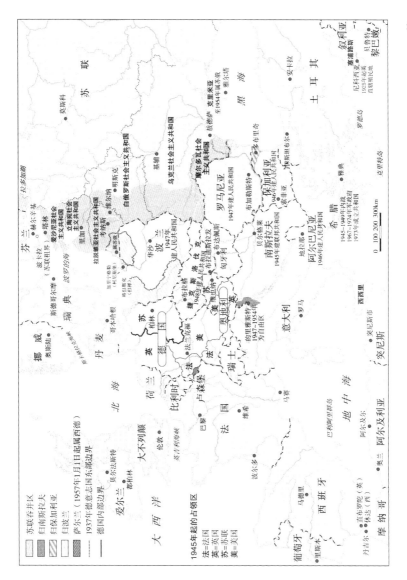

后的 1948 年，这两个阵营都已开始集中精力确保自己的权力范围，并建立符合自身秩序模式要求的体制。在分裂的欧洲，一个稳定的战后秩序的轮廓日渐清晰。

10　殖民主义危机及帝国主义的后果

西方民主国家与意大利、德国和日本这三个帝国主义侵略者之间的对抗对欧洲殖民国家产生了深远的影响。在这方面，第二次世界大战与第一次世界大战的相似之处非常明显。只不过在 1940 年至 1945 年间，亚太地区和北非的军事事件在动摇殖民秩序方面，起着比 1914 年至 1918 年间发生在殖民地的战争更重要的作用。原本是法国和荷兰殖民帝国核心地区的印度尼西亚和印度支那被日本占领。新的统治者刺激了这两个地区民族主义力量的发展。此外，在战胜希特勒后，美国的反殖民立场缩小了欧洲殖民野心的范围。鉴于世界大战中的势力关系，英国在强权政治方面不得不退居美国之后，并且不得不满足于在东南亚和中东地区充当副手的角色。这一点很快便显而易见。

但是，比这些外部因素更重要的是民族解放运动的发展及其在殖民地区的日益普及。在埃及、伊拉克、黎巴嫩和叙利亚等阿拉伯国家，反对法国和英国占领军继续驻扎的民族抵抗运动日益高涨。这些占领军在二战期间不顾这些国家的独立地位，再次进驻了这些国家。英法驻军的存在表明，英法的政策给新的阿拉伯国家的主权划定了严格的限制范围。在阿拉伯国家，各个民族运动和政党公开赞同纳粹政权的法西斯主义和反犹太主义。1942 至 1943 年间，来自英美的外国军队解放了北非的法国殖民区。反希特勒联盟的政治纲领，即自由、民主、反种族主义，反过来又动员了抵抗力量，以反抗殖民统治的延续甚至复辟。1945 年 5 月 8 日胜利庆典当天，在阿尔及利亚的塞蒂夫（Sétif），阿尔及利亚国旗与法国三色旗一同升起。欧洲殖民者与当地民众发生了暴力冲突。殖民势力对此进行了残酷的军事报复。这一殖民大屠杀的受害者人数尚不清楚。据欧洲历史学家估计，共有 15000~20000 名阿尔及利亚人丧生。阿尔及利亚方面则估计有 45000 人死亡。

在南亚和东南亚，民族民主力量的崛起同样引人注目。由于英国在军事、财政和经济上重新依赖于帝国，印度的独立运动在战争期间重新焕发了生机，但却被英国当局成功镇压。在印度尼西亚和越南，民族解放运动利用战争的最后阶段抵抗日本占领者，并在欧洲殖民主义者重返之前宣布了国家独立。在英国的支持下，法国和荷兰才成功地将自己的部队调回这一地区，并夺回了其大部分殖民地。由此可见，第二次世界大战在亚洲也留下了军事"遗患"。

英国政府起初坚守帝国，并希望对希特勒的军事胜利能助其保卫帝国。在战争中，英国成功地守住了自己在地中海地区和近东地区的战略阵地。日本投降后，英国又成功重新占领了其在南亚失去的阵地（马来亚、新加坡和中国香港）。与荷兰和法国的政治家不同的是，英国的一些政治家在 1945 年就已准备逐步有序地退出帝国。1945 年 7 月，丘吉尔这一坚定的帝国主义者被免职。这便为避免与民族独立运动发生直接军事冲突的解决方案扫清了道路。

282

11　挥之不去的旧日阴影：欧洲各国历史文化中的独裁统治、种族灭绝和国家罪行

即使在 70 年之后，第二次世界大战在欧洲人的集体记忆中也明显高居于 20 世纪所有其他事件之上。它比其他任何历

史时期都更有存在感。即使是对欧洲历史一无所知的人，也会（大致）知道希特勒是谁，并且知道他是欧洲这场极具破坏力和杀伤力的战争的罪魁祸首。媒体一直保持对这一主题的关注度：回忆录、小说、战争电影、电视连续剧、漫画以及最近的电脑游戏如今依然吸引着大批受众。同时，德意志国投降以及自己国家解放的纪念日也为公开纪念活动提供了契机。对战争及独裁史的专业梳理已成为欧洲各国当代历史研究的核心。官方对历史的描述与历史研究的成果之间从一开始就存在矛盾，甚至经常出现鸿沟。在长达四十多年的时间里，东欧国家只允许官方对事件的描述。结果，东欧剧变之后，世界大战时期才首次成为公开争论的主题。当时，史学界被要求从根本上修订对国家史学。在这一过程中，史学界也承受了巨大的政治压力，尤其是来自民族主义势力的压力。当代历史研究者所发现的令人不适的事实撼动了战后立即给出的现成解释。西方国家也经历了一代人的时间，才使这些事实被公众接受，并融入国家的历史文化。

283

　　各国纪念文化的不同道路产生了一个矛盾的结果。在大多数欧洲国家，对大屠杀的记忆，即对纳粹政权屠杀欧洲犹太人的历史知识，随着与这一事件在时间上的间隔不断增加，反而有增无减。在欧洲人的历史意识中，种族灭绝在今天比在战争结束时更有存在感。因为在战争结束时，他们自己民族的命运盖过了其他所有事件。长期以来，奥斯威辛集中营主要是以色列、波兰和德意志联邦共和国的民族纪念地；而由于这一屠杀计划的欧洲维度变得越来越清晰，它现已发展为整个欧洲的一个纪念地。

　　尤其是自 20 世纪 60 年代以来，一再进行的针对大屠杀的作案者和作案集团的刑事诉讼和审判，更促成了这种情况。1961 年，阿道夫·艾希曼（Adolf Eichmann）在以色列受审，引起了国际轰动。德意志联邦共和国于 1965 年、1969 年和 1979 年取消了对纳粹罪行的诉讼时效，这为当代史研究和司法处理之间保持密切联系奠定了基础。与此同时，与肇事者个人的对质也使当代人和史学家开始关注许多未被起诉者在战争罪行中的参与。这引发了对既有的免罪理由进行公开和私下的审查的进程。自 20 世纪 60 年代以来，这一审查进程一直在稳步推进，并从最初的德意志联邦共和国扩展到了其他西欧国家，自 20 世纪 90 年代以来也扩展到了东欧国家。

284

　　1945 年，欧洲不同国家的历史文化与不同的关于战争年代和战争事件的集体经历产生了联结。然而，冷战的政治和意识形态秩序模式立竿见影地覆盖了这些地区和国家的差异。特别是在东欧，人民民主和苏联的解释方式为关于第二次世界大战的公众记忆及当代历史研究创造了一个统一的、具有约束力的框架。官方对法西斯主义解释是历史画面的依据：据此，纳粹分子是人民的敌人，与他们勾结的不只是有日耳曼血统的那部分人口，还主要包括商界、军界、政界和社会的旧精英。因此，在整个东欧，战间期的民族政权通常都被归入法西斯阵营，并被视为战争敌人。因此，无论所有这些东欧国家曾与国防军并肩作战还是曾与之抗争，红军在 1944 年至 1945 年间对它们的"解放"，成了这些国家民族民主身份诞生的标志。与此同时，这些国家在二战期间抵抗苏联扩张的民族防御斗争也被列为禁忌话题。尤其是在波兰、波罗的海国家和乌克兰，维持对历史的这种解释只能以隐瞒诸如 1940 年波兰军官在卡廷被谋杀等事件并忽略整个问题的复杂性为代价。同时，在整个东欧，对红军的崇拜也起到了特殊的作用。这种崇拜将红军视作使各国摆脱纳粹暴政的解放者。虽然红军的这种正面形象构成了苏联民众对"伟大的卫国战争"受害者和苦难的记忆的核心，但东欧人对红军的私人记忆仍然不可避免地保持着矛盾的

285

态度。在匈牙利、罗马尼亚以及波兰曾经的东部领土上，红军建立了暴力的占领政权，并与侵犯平民的记忆密切相连。在德意志民主共和国（DDR），这不可避免地导致了对红军征服和占领期间暴力经历的压抑。当时胜利者的复仇主要体现在对德国妇女的强奸上。同时，共产党所领导的抗战——特别是游击战，也被英雄化了。游击队员纪念碑被树立了起来。国家为他们举行了官方纪念活动，并表彰了退伍老兵。

苏联阵营方面关于第二次世界大战的记忆画面还有一个特点，即东欧国家犹太人的苦难和屠杀被一步步边缘化。由于东欧国家持续存在的反犹情绪以及苏联在巴勒斯坦问题上的政治转向（1948 年至 1949 年间从承认以色列国转变为对犹太复国主义的谴责），对欧洲犹太人的种族灭绝被降格到从属于自己国家受害者历史的次要地位。这在波兰尤为明显。最后，苏联阵营对第二次世界大战的解释也掩盖了波兰人、乌克兰人、白俄罗斯人、捷克人、斯洛伐克人、克罗地亚人和塞尔维亚人在战争期间的民族冲突和暴力经历。意大利和德意志国的扩张障蔽了东欧人口群体之间的暴力活动，使之从人们的视野中消失了四十余年。官方的历史文化使东欧的社会主义国家集体自视为希特勒和一小撮民族勾结者的受害者，但同时也下意识地自视为自身所处的地缘政治局势的受害者，以及未信守雅尔塔承诺的斯大林和西方列强的受害者。

自 20 世纪 80 年代以来，即在苏联解体、东欧剧变之前，人们就已经可以察觉到，这种官方的历史描绘已经失去了公信力。1990 年后，整个解释框架崩塌了。这导致人们对战间期和战争年代进行了彻底的重新评估。那时，这一地区的威权主义政权被视为民族利益的捍卫者以及保护本国主权的战士。与战后社会主义时代对他们的谴责形成鲜明对比的是，他们的自由主义特征在当时被加以强调。而与此同时，这些政权参与谋

286

杀犹太人或其他战争罪行的行为即使未被否认，也被轻描淡写地一笔带过。但是，对二战的重新评价主要是以民族主义为导向的，东欧犹太人与其他特殊受害者群体的命运一起成了当时关注的焦点。这与西方纪念文化的变化并行不悖。

在西欧，一直以来都存在多元化的解释。由于对档案的政治控制，对当代历史的研究部分地受到了妨碍和阻碍，但并未受到控制和审查。西欧国家最初也英雄化地描绘了一场将民族团结起来的集体抵抗运动。在这里，第二次世界大战也成为民族重生的阶段。在奥地利、意大利和德意志联邦共和国等战败或被解放的新的议会民主制国家，对战争和抵抗的记忆也被赋予了民族民主开创史的功能。这样，一幅角色分明、具有道德判断的流行历史图景得以在西方建立起来。它主要出现在电影、回忆录以及教科书中，并被国家纪念活动反复更新。与无比强大且暴力的纳粹占领者进行抗争的，是以少数抵抗战士及其群体为代表的国家中的绝大多数人。在德国之外，纳粹分子和德国人之间往往被画上等号。

在此过程中，不同政治阵营之间很快就出现了关于各自抵抗运动的重要性的争论。一方面，在冷战期间，以共产党为主导的左翼抵抗运动在公众的认识中被日益边缘化，其积极分子要求得到物质上和象征性的承认的诉求被官方拒绝。另一方面，共产党人试图将所有积极抵抗归功于自己。这在法国和意大利这两个共产主义团体特别活跃的国家尤为明显。

然而，自20世纪70年代以来，被集体地掩盖的灰色地带在西欧也开始浮出水面。人们发现，对占领统治的抵抗，在很晚的阶段才获得普遍支持；甚至不得不承认，在意大利也发生了像南斯拉夫那样的内战，战争将人口沿着政治和社会的冲突线分裂了开来。此外，还有一点也变得清晰起来，即与占领军勾结的势力得到了广泛支持，特别是在战争的第一阶段。因

此，越来越多的公众开始了解到，贝当（Pétain）直到 1942
年还广受欢迎；而且，德意志国的各西方邻国长期以来一直愿
意与纳粹政权和占领军合作，这不仅是为了维持公共安全和物
资供应，也是为了获取经济利益。除了承认灰色地带之外，还
出现了关于纳粹政权政治盟友的一种修正主义、右翼民粹主义
的解释。在意大利，右翼民众广泛支持为墨索里尼平反；而在
比利时弗拉芒（flämisch）右翼民粹主义圈子里，人们则因弗
拉芒人加入了武装党卫军（Waffen-SS）而弹冠相庆。

　　如果从这种欧洲的视角来看（西德的）德国人的"反思
历史"（Vergangenheitsbewältigung），那么它与这些总体性
的长期趋势的融合最初是令人惊讶的。在德国人中，垮台和占
领这两个话题最初引发了一股激烈讨论新近历史的浪潮。纳粹
德国的垮台使帝国之梦戛然而止，并使得自己国家的存在都受
到质疑。同时，民众还面临着自己也参与了纳粹暴力犯罪的问
题。但是，这一充满私下和公开辩论的阶段很快被另一个阶段
所取代，即严厉否定"集体罪责论"（Kollektivschuldthese）
和所谓的胜者正义（Siegerjustiz）的阶段。20 世纪 50 年代，
西德公开纪念与纳粹有关的过往时，并不涉及那些依然在世的
许多肇事者，也不具体参照德国社会及民族历史。在此期间，
西德的当代历史研究成了保护事实的一种对策，成了对具体肇
事者的侦查寻找，以及对历史关联的清醒重建。20 世纪 60 年
代，对党卫军犯罪集团的司法起诉激起了激烈的公开辩论。其
中涉及德国人在战争罪行中的参与，以及社会对纳粹政权的支
持。当代历史研究在联邦共和国历史文化中所扮演的角色日益
重要。纳粹时代的历史，尤其是屠杀犹太人的历史，越来越多
地出现在波恩共和国（Bonner Republik）所描绘的历史图景
中。西德历史学界确立了通过"德意志特殊道路"（Deutscher
Sonderweg）进入纳粹独裁阶段的学说；公众对彻底澄清罪

行、指证肇事者及其同谋，以及受害者的命运等问题的兴趣不 289
减。这些变化的直接结果是，大屠杀越来越明显地成为德意志
联邦共和国历史政策的中心，以及媒体所呈现的二战史貌的
中心。

后 记
1947 年的欧洲

　　1947 年，欧洲基本上仍是一片废墟。重建工作尚未超出基本修缮和紧急维修的范围。纳粹占领军遗留下来的许多集中营的营房常被用作难民、返乡老兵和集中营幸存者的紧急庇护所。在中欧、东欧和东南欧，对不受欢迎的人口的重新安置还远未完成。截至 1950 年，从波兰、捷克斯洛伐克、匈牙利和南斯拉夫等国驱逐并重新安置的德裔人口已达 850 万。而这绝不是唯一的重新安置行动。波兰人、乌克兰人和匈牙利人不得不按照相关协定更改边界，并迁往新的家园定居。这影响了150 万波兰人和 63 余万乌克兰人。一些欧洲人背弃了自己的大陆，移居国外。1941 年至 1950 年间，至少有 300 万人作为移民离开了欧洲大陆，其中大部分是在战后移民的。他们主要移民到了美国、加拿大、澳大利亚、以色列和拉丁美洲。除大屠杀的幸存者外，这些人主要来自中欧和东欧国家（例如拉脱维亚人、爱沙尼亚人、立陶宛人、乌克兰人、波兰人和德国人）。当时，他们要么担心战胜国的报复，要么认为自己在饱经战乱的故土上或新分配的家园里已走投无路。但来自南欧传统移民地区（例如意大利南部）的人们也再次启程，去海外寻求出路。这是欧洲目前最后一波大规模移民潮。20 世纪 50 年代，可以追溯到 15 世纪的漫长的欧洲移民和扩张时代画上了句号。

　　但对于大多数欧洲人来说，战后时期已拉开序幕。他们专注于个人的存活斗争。这些个人对未来的希望与主导各地公共政治生活的乐观的国家重建计划不谋而合。对未来的各种期望是尤其难以把握的——尤其是如果不仅想听政客和时政评论家的观点，而是更希望获悉普通公民、"市井众生"的看法的话。在战后不久的政治讨论中，人们达成了共识，都不希望回到战间期的状况。在英国 1945 年 7 月的大选中，大多数人明确投票赞成对经济和社会政策进行广泛的改革。英国这一关于重建经济、重启政治的决定似乎得到了许多欧洲国家的响应。第二次世界大战不仅显示出民族团结的局限性，也显示出了民族团结的可能性。同时，在经历了多年的不安全和贫困之后，所有人都希望重获秩序和安全。

　　1947 年，在经历了两次世界大战和大萧条之后，20 世纪的欧洲的经济和社会状况离成功相去甚远。1950 年，欧洲（不包括苏联）的经济价值达到了 1929 年的水平，并超过了 1913 年的水平。在过去的五十年中，平均增长率一直不高，相当一部分投资都流向了军火生产。从 1947 年满目疮痍、经济匮乏的景象来看，对经济财富和技术创新的自我毁灭式使用，不得不说是一种致命的畸形发展。但是，它确实展示出了欧洲仍在沉睡的工业发展潜力。然而，1914 年至 1947 年间，欧洲北部、西部和中部经济较发达、生产力较强的国家同欧洲南部和东部之间的差距不仅并未缩小，反而在一些国家和地区有所扩大。尽管欧洲的"发展中"国家采取了贸易保护主义措施来保护本国的农业和规模大多较小的工业生产，但在那几十年的艰难条件下，这些国家仍未能成功地弥补不利的总体框架条件。资本缺乏、世界市场上农产品和工业产品的价格差距、小农家庭农场低下的生产力等各种不利因素的综合作用，无疑在其中产生了影响。同时，这些国家为参加世界大战付出了高昂的代价。其受害者人数和物质损失在一定程度上超过了欧洲其他地区。

曾多次成为战场的巴尔干西部地区以及维斯瓦河（Weichsel）与伏尔加河（Wolga）之间的整个东欧尤其如此。这一切阻碍了南欧和东南欧国家在 1947 年加入工业化聚居区之列的步伐。许多迹象表明，这些地区的威权主义政权也加重了这种未能融入欧洲和国际市场的状况。他们的社会保守取向使其成为农业利益集团的盟友。而这些利益集团之所以在经济上有利可图，还要归功于落后和欠发达的状态能够得以保持。战间期的后起之秀显然是北欧国家。在战间期，他们成功地利用了始于世纪之交的工业化和农业现代化所带来的经济优势。与东部地区相比，这些国家受战争的影响要小得多。只有芬兰在 1918 年、1939 年至 1940 年以及 1941 年至 1944 年卷入了与东部邻国的战争，无法从这场腾飞（take off）中获益。1947 年，被驱逐者、被迫重新安置者以及以小农为主的人口使芬兰成为北欧的贫民院。

苏联并没有被涵盖在欧洲的这笔经济账目之内。在这里，20 世纪 30 年代在乌拉尔山脉以西打造的工业能力在 1947 年时才刚刚进入重建阶段。苏联想尽一切办法（例如拆卸和强制劳动）获得所需资源，以重建其西部领土上基本被毁的交通线路、工业设施和城市。然而，自 1928 年以来，在东欧所有农业国家中，苏联的发展取得了最大的飞跃。但是，能源和重工业发展的片面性和内部失衡问题在 1947 年比 20 世纪 30 年代初更为显著。1947 年，即便是在一片断壁残垣的欧洲，贫困和供应短缺问题仍然十分突出。军工联合体（militärisch-industrieller Komplex）已成为苏联计划经济的支柱，而农业生产和消费品工业则成为其致命弱点。但是，苏联的这些相对进步，对于向东欧和东南欧的苏联"行动区"（Operationszone）中"落后的"、被摧毁的国家输出斯大林模式来说，仍是十分重要的先决条件。

如果我们对 1949 年欧洲各国（包括苏联的欧洲部分）人口统计中记录的 6969 万欧洲人的生活和就业状况进行研究，并将其与第一次世界大战爆发前的情况进行比较，便会发现一些长期的发展趋势。这些发展趋势超越了大规模的军事和政治动荡，使得"摩登时代"在越来越多的人的生活计划中已不再遥不可及。在所有国家中，采矿业和工业部门的就业人口比例持续攀升。第二次世界大战的军火工业进一步推动了这一增长趋势，特别是在中欧和东欧国家。与 1920 年相比，苏联（从 6.1% 增至 35.4%）、波兰（从 9.4% 增至 23.0%）、芬兰（从 12.8% 增至 27.7%）和瑞典（从 31.1% 增至 40.8%）在这一领域的增长尤为显著。以工业和采矿业为最重要经济部门的国家已大幅增加。北欧三国（不包括芬兰）、英国、比利时、东西两德、阿尔卑斯山地区的瑞士和奥地利、捷克斯洛伐克、意大利和苏联当时都属于欧洲工业化国家。同时，服务行业的从业人员比例也进一步上升，因此，荷兰、法国等国家也可被归为此类国家。

1950 年，半数欧洲人居住在人口超过一万的城市。第二次世界大战所造成的破坏甚至也没有阻止这种城市化趋势。城市化和工业化的这些基本进程与受教育程度的进一步提高密切相关，这包括读、算、写等基本技能，以及接受中学教育。当我们研究与这些基本过程相伴而行的社会结构的变化时，1914年至 1945 年间的政治和军事事件的意义变得尤为明显。在欧洲的中部、东部和东南部地区，第一次世界大战前夕尤在的整个社会结构在一代人的时间里已荡然无存。两次世界大战，尤其是威力更大的二战，瓦解了多种族、多宗教的城市社会，破坏了不同种族和宗教在农村地区的共存。逃难、背井离乡、驱逐出境和种族灭绝迫使这些地区在这些方面难逃欧洲西部和北部的命运：1947 年，波兰、乌克兰和罗马尼亚的城市居民几

294

295

乎全部是主体民族。东部各城市中的两个最大的少数民族群体——犹太人和德国人，已不见踪影。经济和文化生活的重要载体也随之死去或流失。里加、维尔纳（又称维尔诺，德语：Wilna/Vilno，今统称维尔纽斯）、伦贝格（德语：Lemberg，乌克兰语：Львів，拉丁化：Lwiw，今统称利沃夫）、布拉格、敖德萨（Odessa）和塞萨洛尼基（Thessaloniki）等城市的文化多样性已经在帝国战争和民族战争中消失殆尽。

在 1918 年战争爆发以及第二次世界大战的威胁过去之后，欧洲的民族国家秩序于 1947 年再次趋于稳定。但正如第一次世界大战之后那样，人民的自决权只被有选择地落实。爱沙尼亚人、拉脱维亚人和立陶宛人不得不接受将其国家并入苏维埃共和国联盟的决定，但他们得以在联邦制苏联的框架内作为独立的民族而存在。然而，他们为此付出了高昂的代价。这些国家受过教育的以及富裕的阶层中的大部分人被杀害或被驱逐出境；战争结束后，俄国人很快开始在此定居。这一行动的目标明确，就是要控制这些共和国以及当地人的忠诚度。

1945 年，整个欧洲进入了一段民族社会和民族文化同质化的时期。这是一段非同寻常的时期。民族国家的边界比 30 年前，也比 60 年后更加明确地界定了使用哪种语言、进行哪种民族教育、信奉哪种（些）宗教。正如法国抵抗运动领袖、坚定的民族主义者戴高乐所强调的那样，欧洲已经成为由一个个祖国所组成的欧洲（德语：Europa der Vaterländer，法语：l'Europe des patries）。两次世界大战所点燃的民族主义热情在很大程度上促成了这一局面。但不应忘记，这些民族主义至少是对两次世界大战中帝国主义征服行为和强权主张的一种防御性反应。

296

纳粹的种族政策及占领统治在这一转变过程中留下的痕迹最为深刻。它在很大程度上灭绝了欧洲犹太民族，并摧毁了东欧多民族社会结构的基础。苏联当时的占领政策遵循种族清洗和社会清洗并行的原则。在苏联，少数族裔和上层阶级也遭到驱逐和杀害。然而，战胜国却接受了这一既成事实，并在1945 年后通过重新安置和交换人口，给民族同质化的地缘政策添柴加火。但即使战后时期的宪法和政府间协议都同意保护剩余少数民族的语言和文化，两个阵营依然都倾向于建立尽可能同质化的民族国家。除苏联外，在 1947 年，仍有两个国家不符合同质民族国家的理想，即南斯拉夫和捷克斯洛伐克。在另一个国家——西班牙，这种民族同质性政策又通过暴力延续了 30 年。尽管西班牙没有进行驱逐，但却是以民族主义势力对巴斯克（baskisch）和加泰罗尼亚（katalanisch）自治区的文化、语言和政治的压制为代价的。

　　稳定的民族国家秩序的代价是高昂的。在东欧历史上发展起来的较为复杂的社会和文化秩序格局在第二次世界大战中已基本被摧毁。这些地区大多数受过教育者和有产者要么被杀害，要么被驱逐，要么远走他乡。战后，东欧各民族国家的社会结构被简化，收入和贫富差距被极大地缩小。在东欧和东南欧的应急共同体（Notgemeinschaft）和短缺社会（Mangelgesellschaft）中，从农民或（在更少见的情况下）无产阶级出身的“普通人”的精神中产生的关于一个封闭的、平等的国族共同体（nationale Gemeinschaft）的社会浪漫主义，在很大程度上得以实现。这种社会浪漫主义，为给国族建设（nationaler Aufbau）所高唱的人民民主（volksdemokratisch）的塞壬之歌敲了帮腔助势的边鼓。

　　众所周知，第二次世界大战后，欧洲最终不得不让出其世界权力和经济中心的位置。第二次世界大战的结局证实并深化了第一次世界大战的结果。当时，无论就经济实力和军事分量而言，还是就科技优势而言，美国已经成为西方民主国家中唯一的领导力量。在军事方面，美国只需接受苏联为与之旗鼓相当的对手。日本、意大利和德国等挑战者最终不得不放弃其帝国主义大国计划；对于德意志国来说，它甚至连能否作为一个国家继续存在都成了问题。

英国和法国已经收缩为西方霸权大国的副手，但它们的政治家和军事领导人仍然坚持二战获胜国身份在外交层面上赋予它们的大国地位。因此，就全球历史而言，1947 年是欧洲列强撤退和捍卫帝国地位的典型年份。当年，大不列颠开始告别其帝国，并将其殖民帝国的核心——印度，作为独立国家解放出来。这次撤退已明显带有那些在接下来的去殖民化进程中将重复出现的特征。英国殖民势力在匆忙之中临时做出安排，将权力移交给了民族主义势力。而英国直到最后都试图与这股势力一决高下。到那时为止一直屡试不爽的"分而治之"的殖民政策，在当时却成了一种负担，阻碍了殖民权力有序、逐步的移交，并给殖民地留下了一系列未解决的冲突。就印度而言，这些冲突反映在该国的分裂，以及对各宗教少数群体的驱逐和屠杀方面。在巴勒斯坦也可以观察到类似的模式。在那里，英国的托管统治被阿拉伯与以色列的对立所取代。1947 年，法国和荷兰尚未准备好从自己的殖民地撤出。印度支那、马达加斯加和印度尼西亚的警察和军事行动开启了周而复始的殖民解放战争。除英国和比利时外，包括法国、荷兰、葡萄牙和西班牙在内的所有欧洲列强在接下来的三十年中都经历了一轮又一轮殖民解放战争，而且它们都不得不以政治和军事上的失败来结束战争。1949 年，联合国介入冲突，并且美国向荷兰政府提供了两个选择：接受马歇尔计划贷款，或继续同印尼民族主义者进行这场不宣而战的战争。至此，荷兰才放弃了其在经济上十分有利可图的东南亚殖民地。法国在放弃其在亚洲和非洲的殖民主义权力地位之前，曾发动了两次殖民战争——1946

年至 1954 年间在印度支那，1954 年至 1962 年间在阿尔及利亚。葡萄牙和西班牙的独裁政权是战间期右翼民族主义政权的最后幸存者。在冷战的保护下，它们顽固地捍卫自己在非洲的属地，直到它们于 20 世纪 70 年代被迫撤离。去殖民化始于 1947 年，英国在这一年引起轰动的撤退让人们对去殖民化的速度有了期待，但去殖民化的实际进展却缓慢得多。在整个非洲，欧洲殖民国家希望能够迎来一个殖民主义的"金秋"，并加紧努力发展殖民地经济，将其社会政治和行政现代化。殖民主义的文明使命承受着更大的合法化压力，但仍被重新作为一种威权式的发展方案，运用在那些在一两代人之后才能获得独立的地方。

最后的回顾性比较将着眼于欧洲的文化地位。在第一次世界大战前夕，受过教育的欧洲人——尤其是欧洲大陆西部和中部的那些人，都对自己作为世界先进文明的成员而感到自信并怀有种族优越感。他们有时甚至带着传教士般的热情，为将自己的文化传播到全球其他地方而奋斗。1947 年，这种对自己文明的笃信被撼动了；两次世界大战引发了空前的暴力和野蛮行径。尽管如此，欧洲的普世主义主张除了在欧洲中部沉寂下来以外，仍未销声匿迹。然而，在 1947 年，从大多数欧洲人的视角来看，德意志国的两次失败以及纳粹主义扩张和屠杀政策所造成的道德灾难只是德国的，而非欧洲的。当时的大多数欧洲知识分子大多以获胜国两种互相的文明模式为导向，而这两种模式都与 1900 年前后对欧洲文明的笃信有关。这种原有的以欧洲为中心的笃信在美国和苏联的发展模式中找到了庇护所和契合点。保守主义和进步主义的知识分子很快都在这个新的二元对立的领域中找到了自己的位置。而这一领域并没有为人们了解欧洲以外的发展提供足够的空间。

同时，在 1920 年至 1947 年间，美国和欧洲之间的学术潜力发生了翻天覆地的变化。欧洲大陆独裁统治的崛起引发了科学家和知识分子的外流。这极大地加快了美国研究机构和大学追赶其欧洲竞争对手的进程，使美国在 1947 年不仅成为西方的经济和军事霸主，也成为西方的学术和科学中心。自 20 世纪初以来，欧洲的知识分子心怀恐惧和钦佩，反复分析了美国的活力，并将其解释为对欧洲文化的威胁。1945 年后，大多数人开始认识到，欧洲只是一个更大的文明整体的一部分，只是国际科学界的一个分区。欧洲开始在文化上融入"西方"。鉴于东欧的斯大林主义专政的阻碍，整个欧洲大陆未能在短时期内全部迈入这一一体化进程，但这并未改变作为这一进程基础的学术力量关系。

国家解放和日益增长的社会参与在战间期的欧洲造成了民主主义民族国家之间不稳定的秩序，其地理范围从都柏林一直延伸到安卡拉。德国、意大利和苏联为反对凡尔赛体制下的欧洲，进行了帝国主义式反击。这种反击最初是成功的，但后来却自毁长城，并最终导致长达 40 多年的分裂，断送了泛欧洲地区的所有发展前途。1947 年后，欧洲行动（europäische Bewegung）不可避免地收缩为一种西欧的理念（westeuropäische Idee），这种理念与冷战时期的对峙以及美国在西欧的长期在场密切相关。"北大西洋公约组织"（Atlantisches Bündnis）成为一种新的"西方理念"（Idee des Westens）的支点，关于欧洲一体化或统一的思想随后在其中找到了依托。

推荐书目

关于两次世界大战时代的欧洲历史的专业出版物和资料版本来源几乎不计其数。大多数出版物都专注于以国家为单位的历史背景，而比较性的、涉及整个欧洲范围的介绍则要少得多。因此，关于很多主题，读者不得不同时阅读许多以国家为中心的研究。对欧洲历史的说明书式的概述为我们提供了第一个方向，而这些概述又涵盖了更丰富的参考书目，从而为寻找专门的研究资料指明了道路。瓦尔特·L.伯尔奈克（Walther L. Bernecker）的《世界大战之间的欧洲，1914—1945》（*Europa zwischen den Weltkriegen 1914–1945*）（斯图加特，2002年出版）和甘特·麦（Gunther Mai）的《1918—1939年的欧洲》（*Europa 1918–1939*）（斯图加特，2001年出版）提供了这样的介绍。若要了解1914年之前的历史，阅读约格·菲施（Jörg Fisch）的《增长与平等之间的欧洲，1850—1914》（*Europa zwischen Wachstum und Gleichheit 1850–1914*）（斯图加特，2002年出版）可以受益匪浅。霍斯特·莫勒（Horst Möller）的《两次世界大战之间的欧洲》（*Europa zwischen den Weltkriegen*）（慕尼黑，1998年出版）的介绍和参考文献则更简短一些（侧重于政治以及国家关系史）。在《欧洲牛津简史》（*Short Oxford History of Europe*）系列中，朱利安·杰克逊（Julian Jackson）所写的《1900—1945年的欧洲》（*Europe 1900–1945*）一卷（牛津，

2002 年出版）也提供了更简短的专题概述。有关社会和经济历史背景的论述中，由沃尔夫拉姆·费舍（Wolfram Fischer）等人（编）的《欧洲经济和社会历史手册》（*Handbuchs der Europäischen Wirtschafts- und Sozialgeschichte*）（斯图加特 1987 年）的第 6 卷仍是不可替代的。马克·马佐尔（Mark Mazower）的可读性很高的著作《黑暗大陆——20 世纪的欧洲》（*Der dunkle Kontinent. Europa im 20. Jahrhundert*）（柏林，2000 年出版）（英文版初版于 1998）以及哈罗德·詹姆斯（Harold James）的《20 世纪欧洲史》（*Geschichte Europas im 20. Jahrhundert*）（Munich 2004）将这一时期放在了 20 世纪更广阔的时间视野之中。克里斯托夫·夏尔勒（Christophe Charle）在《帝国主义社会危机》（*La crise des sociétés impériales*）（巴黎，2001 年出版）一书中，勾勒出该世纪上半叶英国、法国和德国社会的一部比较史。

勒内·吉浩（René Girault）和罗贝尔·弗朗克（Robert Frank）在《动荡的欧洲和崭新的世界：1914—1941》（*Turbulente Europe et nouveaux mondes 1914–1941*）（巴黎，1988 年出版）一书中，概述了欧洲国际关系复杂而充满冲突的历史，并就此提供了可靠的资料。百科全书式的参考书为人们了解 20 世纪上半叶欧洲经历的两次全面战争提供了一条途径，例如：格哈德·赫希菲尔德（Gerhard Hirschfeld）、格德·克鲁迈希（Gerd Krumeich）、伊琳娜·伦茨（Irina Renz）（编）的《第一次世界大战大百科全书》（*Enzyklopädie Erster Weltkrieg*）（2004 年第二版）；伊恩·迪尔（Ian Dear）等人（编）的《牛津第二次世界大战手册》（*The Oxford Companion to the Second World War*）（牛津，1995 年出版）。约翰·吉根（John Keegan）的《第一次世界大战：欧洲的悲剧》（*The Oxford Companion to the*

Second World War)（赖因贝克，2000 年出版）和诺曼·戴维斯的《大灾难：1939 年至 1945 年战争中的欧洲》（斯图加特，2009 年出版）（英文版初版于 2006 年）就两次世界大战的历史做了通俗易懂的介绍。关于第一次世界大战，还有一本介绍了各种历史学科研究方法、并把各种论点和争议放在国际全局中讨论的优秀著作，即安托万·普罗斯特（Antoine Prost）和杰·温特尔（Jay Winter）所著的《历史中的第一次世界大战》(*The Great War in History*)（剑桥，2006 年出版）（法文版初版于 2004 年）。关于关于纳粹占领统治史，马克·马佐尔（Mark Mazower）的《希特勒帝国：纳粹统治下的欧洲》(*Hitlers Imperium: Europa unter der Herrschaft des Nationalsozialismus*)（慕尼黑，2009 年出版）（英文版初版于 2008 年）一书值得推荐。关于东欧，还需参考迪特里希·拜劳（Dietrich Beyrau）的《独裁者们的战场：希特勒和斯大林的阴影下的东欧》(*Schlachtfeld der Diktatoren. Osteuropa im Schatten von Hitler und Stalin*)（哥廷根 2000）。马克·施波尔（Mark Spoerer）提供了关于纳粹政权下强制劳动的介绍：《纳粹十字下的强制劳动：1939 年至 1945 年德意志国及被占欧洲的外国民工、战俘和囚犯》(*Zwangsarbeit unter dem Hakenkreuz: ausländische Zivilarbeiter, Kriegsgefangene und Häftlinge im Deutschen Reich und im besetzten Europa 1939–1945*)（斯图加特，2001 年出版）。迪特马尔·苏思（Dietmar Süß）对英国和德国空战的后果和伴随现象进行了比较研究，并写出了《从天而降的死亡：德国和英国的战时社会和空战》(*Tod aus der Luft. Kriegsgesellschaft und Luftkrieg in Deutschland und England*)（慕尼黑，2011 年出版）。迪特尔·泊乐（Dieter Pohl）在《纳粹时代的迫害和大屠杀》(*Verfolgung und Massenmord in der NS-Zeit*）（达姆施塔特，2008 年第二版）一书中，提供了有关纳粹暴力犯罪和对欧洲犹太人进行大屠杀的最新资料。在过去的十年中，欧洲战后社会如何处理战争、暴力犯罪和大屠杀，成为许多研究的主题。我们可以从以下几本书中得以概览：诺伯特·弗赖（Norbert Frei）（编）《跨民族的历史政策：欧洲二战后对德国战犯的处理》（*Transnationale Vergangenheitspolitik. Der Umgang mit deutschen Kriegsverbrechern in Europa nach dem Zweiten Weltkrieg*）（哥廷根，2006 年出版），彼得·拉格鲁（Pieter Lagrou）的《纳粹占领的遗产：西欧的爱国记忆和民族复兴》（*The Legacy of Nazi Occupation: Patriotic Memory and National Recovery in Western Europe*）（剑桥，2000 年出版），穆丽尔·布莱夫（Muriel Blaive）（编）的《欧洲记忆中的冲突：共产主义压迫与大屠杀》（*Clashes in European Memory: the Case of Communist Repression and the Holocaust*）（茵斯布鲁克，2009 年出版），维尔托德·波那（Withold Bonner）（编）《回忆过去，（重新）建构过去：俄罗斯和德国关于二战的集体记忆和个人记忆》[*Recalling the Past, (Re) constructing the Past. Collective and Individual Memory of World War II in Russia and Germany*]（赫尔辛基，2008 年出版）。

对欧洲独裁统治和这一时期激进意识形态的比较研究汇成了一个专门的篇章。有一本书介绍了较新的比较法西斯主义研究的视角，即阿恩特·鲍厄刊珀（Arnd Bauerkämper）的《1918—1945 年的欧洲法西斯主义》（*Der Faschismus in Europa 1918–1945*）（斯图加特，2006 年出版）。在一系列比较研究中，值得推荐的有：斯坦利·G. 佩恩（Stanley G. Payne）所著的《法西斯主义的历史》（*Geschichte des*

Faschismus)（柏林，2001 年出版）（英文版初版于 1997 年），叶哲·W. 鲍莱沙所著的《仇恨学校：欧洲的法西斯体系》（*Schulen des Hasses. Faschistische Systeme in Europa*）（法兰克福，1999 年出版）以及埃米利奥·金泰尔（Emilio Gentile）的《何谓法西斯主义：历史与解释》（*Qu'est-ce que le fascisme. Histoire et interpretation*）（巴黎，2004 年出版）（意大利文初版于 2002 年）。以下著作比较了德国和意大利独裁统治：理查德·贝塞尔（Richard Bessel）（编）的《法西斯意大利和纳粹德国》（牛津，1996 年出版），克里斯托夫·迪泊（Christof Dipper）（编）的《法西斯主义与德化法西斯主义之比较》（*Faschismus und Faschismen im Vergleich*）（菲尔洛夫，1998 年出版），阿明·诺尔岑（Armin Nolzen）与斯文·里卡特（Sven Reichardt）（编）的《德国和意大利的法西斯主义》（*Faschismus in Deutschland und Italien*）（哥廷根，2005 年），沃尔夫冈·席德（Wolfgang Schieder）的《法西斯独裁：对意大利和德国的研究》（*Faschistische Diktaturen. Studien zu Italien und Deutschland*）（哥廷根，2008 年），还有从社会学角度进行比较的毛里齐奥·巴赫（Maurizio Bach）、史蒂芬·布勒厄（Stefan Breuer）所著的《作为一种运动和一种政体的法西斯主义：意大利与德国之比较》（*Faschismus als Bewegung und Regime. Italien und Deutschland im Vergleich*）（威斯巴登，2010 年出版）。近年来，出现了一系列致力于比较纳粹主义和斯大林主义专政的新研究。理查德·奥弗里（Richard Overy）的《独裁者们：希特勒的德国，斯大林的俄罗斯》（慕尼黑，2005 年出版）（英文初版于 2004 年）便是一项材料翔实、论证清晰的比较研究。另有两本论文集可以作为其补充：亨利·鲁索（Henri Rousso）主编的论文集《斯大林主义与纳粹主义》（*Stalinisme et nazisme*）（布鲁塞尔，1999 年出版）和伊恩·克肖（Ian Kershaw）和末什·来文（Moshe Lewin）主编的《斯大林主义与纳粹主义》（*Stalinism and Nazism*）（剑桥，1997 年出版）。汉内斯·西格里斯特（Hannes Siegrist）（编）的《欧洲消费史》（*Europäische Konsumgeschichte*）（法兰克福等地，1997 年出版）和沃尔夫冈·柯尼希（Wolfgang König）所著的《消费社会史》（*Geschichte der Konsumgesellschaft*）（斯图加特 2000）开辟了研究 20 世纪上半叶的欧洲消费史和日常生活史的第一条道路。沃尔夫冈·哈特维格（Wolfgang Hardtwig）（编）的《乌托邦和欧洲战间期的政治统治》（*Utopie und politische Herrschaft im Europa der Zwischenkriegszeit*）（慕尼黑，2003 年出版）和托马斯·埃泽穆勒（Thomas Etzemüller）（编）的《现代性的秩序：20 世纪的社会工程学》（*Die Ordnung der Moderne. Social Engineering im 20. Jahrhundert*）（比勒费尔德，2009 年出版）可以帮助读者探索社会工程师和社会乌托邦的世界。

以下作品清晰地呈现了欧洲 20 世纪上半叶历史的帝国主义和殖民主义的一面：鲁道夫·冯·阿尔贝蒂尼（Rudolf von Albertini）的概括性论述《1880 年至 1940 年的欧洲殖民统治》（*Europäische Kolonialherrschaft 1880–1940*）（斯图加特，1985 年第二版），帕斯卡·布朗沙（Pascal Blanchard）和桑德琳·乐迈尔（Sandrine Lemaire）的研究《1871 年至 1931 年的殖民文化》（*Culture colonial 1871–1931*）（巴黎，2008 年出版）和《1931 年至 1961 年的帝国文化》（*Culture impériale 1931–1961*）（巴黎，2004 年出版），以及伯纳德·怀特斯（Bernard Waites）的概述《欧洲与第三世界：从殖民到去殖民化》（*Europe and the Third World: From Colonisation to Decolonisation*）（巴辛斯托克，1999 年出版）。

致　谢

迄今，在欧洲历史上没有哪一个时期的历史研究和讨论像本卷所涉及的两次世界战争的时代这样密集和激烈。这本书也是站在了巨人的肩膀上，承袭了当代历史研究的卓越传统。并且和大多数对该时代较全面的总体介绍一样，本书不仅试图向读者介绍最重要的事件，还试图将这个暴力得令人震惊、极端得令人不安的时代变得易于理解。这里所出版的历史解释的初稿，是在为期三个学期的 20 世纪欧洲史综述课程中形成的。在此，我要感谢特里尔大学的同学们给我提出的许多问题和建议。我特别要感谢的是我的同事安德烈亚斯·葛诗特里希（Andreas Gestrich）、本雅明·齐曼（Benjamin Ziemann）和克里斯托夫·迪泊（Christof Dipper）。他们阅读了手稿的各个章节，并给出了批判性的评论。因为他们的关注，我才得以收获大量建议和更正意见。研究图书馆显然不可忽视，克里斯蒂娜·法利斯（Kristina Fallis）为我在那里的工作提供了支持，在此，我对她表示衷心的感谢。C.H. 贝克出版社的塞巴斯蒂安·乌尔里希（Sebastian Ullrich）仔细、审慎地编辑了这本手稿，我想在最后向他致以特别感谢。

时间轴

10 月 28 日：德国公海舰队（Hochseeflotte）叛变

成立"工人和士兵委员会"（Arbeiter– und Soldatenräten）

10 月 30 日：奥斯曼帝国停战

11 月 3 日：奥匈帝国停战

11 月 9 日：柏林：宣布德国为共和国

11 月 11 日：签订《贡比涅停战协定》

11 月 18 日：拉脱维亚共和国宣布成立

1918~1921 年	俄国内战
1918~1920 年	欧洲暴发西班牙型流行性感冒
1918~1922 年	印度民族运动的抗议浪潮席卷整个印度
1919 年	1 月 18 日：凡尔赛和平会议开始

4 月 13 日：阿姆利则（Amritsar）惨案（英属印度）

4 月 28 日：国际联盟成立

6 月 28 日：德国签订《凡尔赛和平条约》

9 月 10 日：奥地利签订《凡尔赛和平条约》

11 月 27 日：保加利亚签订《凡尔赛和平条约》

瑞典引入参众两院男性和女性普遍选举权

荷兰引入妇女选举权

1919~1921 年	英爱战争（即爱尔兰独立战争）
1920 年	6 月 4 日：匈牙利签订《特里亚农条约》

8 月 10 日：奥斯曼帝国签订《塞夫尔条约》

俄罗斯—波兰战争（1921 年签订《里加条约》并宣告结束）

伊拉克起义

1920~1921 年	希腊—土耳其战争
1921~1926 年	摩洛哥、阿尔及利亚发生里夫战争
1922 年	10 月 27 日—31 日墨索里尼"进军罗马"

12 月：苏联成立

12 月 6 日：爱尔兰分裂，爱尔兰自由邦获得自治领地位

1 月 11 日：法国和比利时军队占领鲁尔区

9 月 13 日：米格尔·普里莫·德里维拉（Primo de Rivera）在西班牙建立军事独裁统治

土耳其第一任总统凯末尔就职（自 1934 年起称"阿塔图尔克"）（任期至 1938 年）

7 月 24 日：希腊、土耳其和胜利国之间签订《洛桑条约》

1924	英国首相拉姆齐·麦克唐纳（Ramsay MacDonald）领导下的工党内

	阁上台
1924	10 月 5 日—16 日洛迦诺会议
1926	5 月：毕苏斯基在波兰发动政变
	9 月 8 日：德意志国加入国际联盟
1928 年	9 月：艾哈迈德·索古国王（König Ahmed Zogu）在阿尔巴尼亚建立君主专制
1928~1932 年	苏联第一个五年计划，农业集体化
1929 年	1 月：亚历山大·卡拉乔尔杰维奇国王（König Alexander Karadjordjevic）在南斯拉夫建立独裁政权
	2 月 11 日：意大利与梵蒂冈签订《拉特兰条约》（Lateranverträge）
	10 月 25 日："黑色星期五"：大萧条开始
1931 年	5 月：维也纳的奥地利信用社（der Österreichischen Creditanstalt）倒闭
	7 月：达纳特银行（Danat Bank）和德累斯顿银行（Dresdner Bank）倒闭
1931~1932 年	饥荒和供应危机在苏联至少造成 500 万人死亡
1933 年	1 月 30 日：希特勒被任命为总理
	1 月 30 日：在丹麦签订《宰相街协议》（Kanslergade-Abkommen）
	2 月 28 日：颁布《国会纵火令》（Reichstagsbrandverordnung）
	3 月 4 日：陶尔斐斯（Dollfuß）在奥地利建立"奥地利法西斯"（austrofaschistisch）政权
	3 月 23 日：通过《授权法案》
	4 月 7 日：颁布《公务员法》的雅利安条文
	7 月 14 日：颁布对"患遗传疾病的"德国人实施强制绝育的法律
1934 年	9 月：苏联加入国际联盟
1935 年	1 月：鲍里斯三世（Boris III.）在保加利亚建立独裁政权
	10 月 3 日：意大利入侵阿比西尼亚（Abessinien），即今埃塞俄比亚
	9 月 16 日：颁布《纽伦堡法案》（Nürnberger Rassegesetze）
1936 年	2 月：西班牙"人民阵线"（德语：Volksfront，西班牙语：Frente Popular）在选举中获胜
	7 月 18 日：民族主义者在西班牙发动政变，西班牙内战爆发
	6 月：法国成立"人民阵线"（法语：Front populaire）政府
	8 月 4 日：梅塔克萨斯（Metaxas）将军成为希腊独裁统治者
	10 月 25 日：意大利与德国之间达成友好条约
	11 月 25 日：德意志国同日本签订《反共产国际协定》（意大利于 1937 年加入）

	12 月 5 日：苏联颁布斯大林宪法
1937~1938 年	苏联"大恐怖"（即"大清洗"）运动
1938 年	2 月：卡罗尔二世（Carol II）在罗马尼亚建立君主独裁统治
	3 月 13 日：奥地利被"并入"德意志国
	9 月 29 日：签订《慕尼黑协定》：苏台德地区被并入德意志国
	11 月 9 日—10 日：德意志国境内发生屠杀犹太人事件（水晶之夜）
1939 年	3 月 14 日：斯洛伐克宣告独立
	3 月 16 日：德军入侵捷克共和国，并成立"波希米亚和摩拉维亚保护国"
	8 月 23 日：签订《苏德互不侵犯条约》及附加议定书（即《希特勒－斯大林条约》）
	9 月 1 日：德国对波兰发动进攻：第二次世界大战开始
	9 月 3 日：英国和法国对德意志国宣战
1939~1940 年	苏联对芬兰发动冬季战争
1940 年	5 月 10 日：德国对法国发动进攻
	6 月 22 日：德意志国与法国之间达成停战协定
	7 月 17 日：贝当成为法国"国家元首"
	10 月 28 日：意大利袭击希腊
1940~1941 年	德国对英国城市进行轰炸
1941 年	春季：党卫队领导开始部署别动队
	6 月 22 日：德国对苏联发动进攻
	8 月 14 日：丘吉尔和罗斯福签订《大西洋宪章》
	9 月：列宁格勒战役开始
	12 月 5 日：苏联在莫斯科附近发起反攻
	12 月 7 日：日本袭击珍珠港
	12 月 11 日：德意志国对美国宣战
1942 年	1 月 20 日：召开"万湖会议"（Wannseekonferenz）：一场协调针对欧洲犹太人的谋杀计划的行政会议
	6 月 30 日：德国北非远征军在阿拉曼（El-Alamein）附近受阻
	11 月：《贝弗里奇报告》（Beveridge-Report）发表
1943 年	1 月 14 日—26 日：卡萨布兰卡会议
	2 月 2 日：德国国防军第六军的剩余部队在斯大林格勒投降
	7 月 10 日：盟军登录西西里岛
	7 月 25 日：墨索里尼被法西斯大委员会推下台
	9 月 8 日：意大利与同盟国停战

	11 月 28 日—1 月 12 日：同盟国召开德黑兰会议
1944 年	6 月 6 日：西方同盟国登陆诺曼底
	7 月 1 日—22 日：布雷顿森林会议
	7 月 20 日：施陶芬伯格（Stauffenbergs）军事谋反，试图暗杀希特勒
	8 月—9 月：保加利亚、罗马尼亚、芬兰与同盟国的战争状态结束
	8 月 1 日—10 月 1 日：波兰家乡军（Heimatarmee）发动华沙起义；华沙军事起义后，波兰方面的抵抗遭到镇压
1945 年	2 月 4 日—11 日：雅尔塔会议：通过了《关于被解放的欧洲的宣言》
	4 月 30 日：希特勒自杀
	5 月 7 日和 5 月 8 日：德意志国 "无条件投降"
	5 月 8 日：塞提夫大屠杀（法属阿尔及利亚）
	6 月 26 日：签署《联合国宪章》
	7 月 17 日—8 月 2 日：波茨坦会议
	7 月 27 日：英国工党在选举中获胜
	8 月 6 日：向广岛投射第一枚原子弹
	9 月 2 日：日本投降
1945~1946 年	对主要战犯进行纽伦堡审判
1946 年	印度支那战争开始（于 1954 年结束，被占国独立）
1947 年	3 月：提出杜鲁门主义（适用于南欧）
	6 月：推出适用于整个欧洲的《马歇尔计划》
	8 月 15 日：印度脱离英国而独立
	希腊内战结束
1949 年	12 月 27 日：印度尼西亚独立

注　释

第一章　1900 年前后的欧洲：世界政治和经济权力中心

1. Zahlen nach Gerhard Hirschfeld/Gerd Krumeich/Irina Renz (Hrsg.): Enzyklopädie Erster Weltkrieg, Paderborn 2003, S. 664 f.; Wolfram Fischer u. a. (Hrsg.): Handbuch der Europäischen Wirtschafts– und Sozialgeschichte – Band 6: Europäische Wirtschafts– und Sozialgeschichte vom Ersten Weltkrieg bis zur Gegenwart, Stuttgart 1987, S. 19; sowie http://en.wikipedia.org/wiki/world_war_II_casualties, eingesehen am 3. 5. 2011.

2. Ulrich Herbert: Europa in der Hochmoderne: Überlegungen zu einer Theorie des 20. Jahrhunderts, in: Zeitschrift für moderne europäische Geschichte 5 (2007), S. 5–21.

3. Jörg Baberowski: Zivilisation der Gewalt, in: Historische Zeitschrift 281 (2005), S. 59–102.

4. Lutz Raphael: Ordnungsmuster der "Hochmoderne"? Die Theorie der Moderne und die Geschichte der europäischen Gesellschaften im 20. Jahrhundert, in: Ute Schneider/Lutz Raphael (Hrsg.): Dimensionen der Moderne. Festschrift für Christof Dipper, Frankfurt/M. [u. a.] 2008, S. 73–91.

5. Jürgen Osterhammel: Die Verwandlung der Welt. Eine Geschichte des 19. Jahrhunderts, München 2009, S. 565.

6. Zitiert nach der deutschen Übersetzung. Ernest Renan: Was ist eine Nation? Hamburg 1996, S. 35.

7. Dieter Langewiesche: Nationalismus im 19. und 20. Jahrhundert zwischen Partizipation und Aggression, Bonn 1994.

8. Zahlen nach Wolfram Fischer u. a. (Hrsg.): Handbuch der Europäischen Wirtschafts– und Sozialgeschichte, Band 5: Europäische Wirtschaftsund Sozialgeschichte von der Mitte des 19. Jahrhunderts bis zum Ersten Weltkrieg, Stuttgart 1985, S. 3 f.

9. Zahlen in: Cornelius Torp, Weltwirtschaft vor dem Weltkrieg. Die erste Welle ökonomischer Globalisierung, in: Historische Zeitschrift 279 (2004), S. 561–609, 568.

10. Rudyard Kipling: The White Man's Burden. Gleichzeitig publiziert in: "The Times", London, und "McClure's Magazine" (U. S.): am 12. 2. 1899.

第二章　帝国冲突：第一次世界大战及其后果

1. H. von Moltke an Theobald von Bethmann Hollweg, 29. 7. 1914, in: Walther Schücking/ Max Montgelas (Hrsg.): Die Deutschen Dokumente zum Kriegsausbruch, Bd. 5, Berlin 1922, S. 349.

2. Wilhelm Lamszus: Das Menschenschlachthaus – Bilder vom kommenden Krieg, Hamburg / Berlin 1912.

3. Rudyard Kipling: For all we have and are, in: "The Times" vom 1. 9. 1914.

4. Werner Sombart: Händler und Helden, München und Leipzig 1915.

第三章　持续负重的民主与民族

1. Zahlen in: Bernard Waites: Europe and the Third World, Houndmills, Basingstoke 1999, S. 245.

第四章　摩登时代与新制度

1. Detlev K. Peukert: Die Weimarer Republik. Krisenjahre der klassischen Moderne, Frankfurt/M. 1987, p. 179.

2. Karl Kraus: Der Fordschritt (1930), in: Schriften, Bd. 20, Frankfurt/M. 1994, S. 162; Kurt Tucholsky: Rez. Ernst Toller "Quer durch", in: Gesamtausgabe, Bd. 14, Reinbek bei Hamburg 1998, S. 67.

3. Gunther Mai: Europa 1918–1939, Stuttgart 2001, S. 127 f.

4. Rudolf Goldscheid: Friedensbewegung und Menschenökonomie, Berlin 1912.

5. Karl R. Popper: The Open Society and its Enemies, London 1991 (1945), Bd. 1, S. 157–168.

第五章　分水岭：大萧条

1. Eigene Berechnungen nach Daten aus B. R. Mitchell: International Historical Statistics: Europe 1750–2005. London 2007.

2. John Maynard Keynes: The General Theory of Employment, Interest, and Money, London 1936.

第六章　法西斯政体的兴起和激进的新秩序模式

1. Jerzy W. Borejsza: Schulen des Hasses. Faschistische Systeme in Europa, Frankfurt / M. 1999.

2. Jörg Baberowski: Roter Terror. München 2008, S. 129, 133.

3. Juan J. Linz: Totalitäre und autoritäre Regime, Berlin 2000.

第七章 帝国扩张与歼灭战：第二次世界大战及其后果

1. Christopher Browning: Fateful months. Essays on the emerging of the final solution. New York 1985.

2. Carl Schmitt: Völkerrechtliche Großraumordnung mit Interventionsverbot für raumfremde Mächte. Ein Beitrag zum Reichsbegriff im Völkerrecht, Berlin, Wien, Leipzig 1939.

3. Zitiert in: Hans-Heinrich Wilhelm: Rassenpolitik und Kriegsführung–Sicherheitspolizei und Wehrmacht in Polen und der Sowjetunion, Passau 1991, S. 140.

4. Knappe, aber umfassende Dokumentation der unterschiedlichen Opferzahlen und ihrer Quellen in http://en.wikipedia.org/wiki/World_War_II_casualties, eingesehen am 3. 5. 2011.

5. Ausführliche Dokumentation in: http://en.wikipedia.org/wiki/ World_War_II_casualties_of_ the_Soviet_Union, eingesehen am 3. 5. 2011.

6. Marc Bloch: Die seltsame Niederlage. Frankreich 1940, Frankfurt / M. 1992.

7. Social Insurance and Allied Services – Report by Sir William Beveridge – Presented to Parliament by Command of His Majesty – November 1942.

8. Thomas H. Marshall: Citizenship and social Class and other essays, Cambridge 1950, S. 1–85.

9. Jacques Maritain: Christianisme et démocratie, New York 1943.

10. Mark Mazower: Der dunkle Kontinent. Europa im 20. Jahrhundert. Frankfurt/M. 2002, S. 307.

11. Bericht über die Krimkonferenzen, in: Amtsblatt des Kontrollrats in Deutschland, Ergänzungsblatt Nr. 1, Reprint Berlin 1997, S. 11–20.

图片来源

图书在版编目（CIP）数据

帝国暴力和民族动员：1914~1945年的欧洲 /（德）
鲁兹·拉斐尔（Lutz Raphael）著；秦祎译. -- 北京：
社会科学文献出版社, 2024.11
（贝克欧洲史）
ISBN 978-7-5228-3118-3

Ⅰ. ①帝…　Ⅱ. ①鲁…　②秦…　Ⅲ. ①欧洲－历史－
1914-1945　Ⅳ. ①K505

中国国家版本馆CIP数据核字（2024）第019213号

审图号：GS（2024）3404号

·贝克欧洲史·

帝国暴力和民族动员：1914~1945年的欧洲

著　　者 / 〔德〕鲁兹·拉斐尔（Lutz Raphael）
译　　者 / 秦　祎

出 版 人 / 冀祥德
组稿编辑 / 段其刚
责任编辑 / 阿迪拉木·艾合麦提　陈嘉瑜
责任印制 / 王京美

出　　版 / 社会科学文献出版社·教育分社（010）59367151
　　　　　　地址：北京市北三环中路甲29号院华龙大厦　邮编：100029
　　　　　　网址：www.ssap.com.cn
发　　行 / 社会科学文献出版社（010）59367028
印　　装 / 北京盛通印刷股份有限公司

规　　格 / 开　本：889mm×1194mm　1/32
　　　　　　印　张：8.125　字　数：204千字
版　　次 / 2024年11月第1版　2024年11月第1次印刷
书　　号 / ISBN 978-7-5228-3118-3
著作权合同 / 图字01-2018-7835号
登 记 号
定　　价 / 69.00元

读者服务电话：4008918866

图书在版编目 (CIP) 数据

帝国暴力和民族动员：1914~1945年的欧洲 / (德)
鲁兹·拉斐尔 (Lutz Raphael) 著；秦祎译. -- 北京：
社会科学文献出版社, 2024.11
（贝克欧洲史）
ISBN 978-7-5228-3118-3

Ⅰ.①帝… Ⅱ.①鲁… ②秦… Ⅲ.①欧洲－历史－
1914-1945 Ⅳ.①K505

中国国家版本馆CIP数据核字（2024）第019213号

审图号：GS（2024）3404号

·贝克欧洲史·

帝国暴力和民族动员：1914~1945年的欧洲

著　　者 / 〔德〕鲁兹·拉斐尔（Lutz Raphael）
译　　者 / 秦　祎

出 版 人 / 冀祥德
组稿编辑 / 段其刚
责任编辑 / 阿迪拉木·艾合麦提　陈嘉瑜
责任印制 / 王京美

出　　版 / 社会科学文献出版社·教育分社（010）59367151
　　　　　　地址：北京市北三环中路甲29号院华龙大厦　邮编：100029
　　　　　　网址：www.ssap.com.cn
发　　行 / 社会科学文献出版社（010）59367028
印　　装 / 北京盛通印刷股份有限公司

规　　格 / 开　本：889mm×1194mm　1/32
　　　　　　印　张：8.125　字　数：204千字
版　　次 / 2024年11月第1版　2024年11月第1次印刷
书　　号 / ISBN 978-7-5228-3118-3
著作权合同 / 图字01-2018-7835号
登 记 号
定　　价 / 69.00元

读者服务电话：4008918866